# Kevin Leman

# HACK
# ORDNUNG

## Die Geschwisterfolge
## bestimmt das Leben

Deutsche
Erstveröffentlichung

W0181013

**GOLDMANN VERLAG**

Titel der amerikanischen Originalausgabe:
»The Birth Order Book«
Originalverlag: Fleming H. Revell Company, Old Tappan,
NJ 07675 USA

Übersetzt aus dem Amerikanischen von Wolfram Mergard

Made in Germany · 11/86 · 1. Auflage
Genehmigte Taschenbuchausgabe
© by Dr. Kevin Leman
Alle deutschen Rechte bei Wilhelm Goldmann Verlag, München, 1986
Umschlaggestaltung: Design Team München
Satz: IBV Satz- und Datentechnik GmbH, Berlin
Druck: Elsnerdruck, Berlin
Verlagsnummer: 11413
Lektorat: Cornelia Richter
Herstellung: Sebastian Strohmaier
ISBN 3-442-11413-6

Meiner erstgeborenen, geliebten Perfektionistin, Holly.
Deine schöpferische Kraft, deine Fairneß,
deine Liebe zu Gott
und dein Feingefühl für andere Menschen
erfüllen mich mit Stolz, dein Vater zu sein.
　Ich liebe dich sehr.

# Inhalt

Die kleinen Dinge machen den Perfektionisten verrückt 83 · Kann ein schlampiger Mensch ein Perfektionist sein? 84 · Perfektionisten sind geschickte Zauberer 85 · Perfektionisten sind gewalttätig gegen sich und andere 87 · Wie kann sich der deprimierte Perfektionist helfen? 88 · Lassen Sie sich vom Leben nicht Ihr Licht ausblasen 94 · Der Unterschied zwischen ›vortrefflich‹ und ›perfekt‹ 96

## Dritter Teil
## Spätgeborene und was sie antreibt

Widersprüche 100 · Mittleren Kindern wird einfach kein Respekt gezollt 101 · Fünfte Räder am Wagen brauchen alle Freunde, deren sie habhaft werden können 103 · Mittlere Kinder entwickeln gute Vermittlerqualitäten 105 · Wie Sie Ihre Mittelposition behaupten 106 · Tips für Mittelgeborene 110

Jüngste Kinder stehen (oft) gern im Rampenlicht 112 · Die Clowns wollen ernst genommen werden 115 · Die wechselvolle Karriere von Kevin, dem Clown 117 · Letztgeborene sind oft einfühlsam 124 · Autoverkäufer sind sehr oft Letztgeborene 126 · Letztgeborene müssen mit ihrer Zwiespältigkeit leben 127 · Tips für Letztgeborene 129

## Vierter Teil
## Geschwisterfolge und Ehe

Die Perfektionisten mit Sexual-Problemen 138 · Sylvia plus Mark gleich Null Kommunikation 142 · Peter und Maria: zuletzt geboren, zuerst verschuldet 146 · Welche Geburtenrangfolgen passen am besten zusammen 148 · Wie Mama Bär den kleinen Bären zum Besseren bekehrte 149 · Wie man in seiner Ehe Ordnung schafft 151 · Ein Quiz für Ehepaare 152

»Ich gelte nur etwas, wenn ich vollkommen bin« 155 · »Ich gelte nur etwas, wenn ich Konflikte vermeide« 159 · »Ich gelte nur etwas, wenn ich Beachtung finde« 164 · »Ich gelte nur etwas, wenn ich die Fäden in der Hand halte« 168 · Falsche Lebensleitsätze verkürzen die Ehe 173 · Wie lautet Ihr Leitsatz? 174

# Fünfter Teil
## Geschwisterfolge und Erziehung:
### Behandeln Sie Ihre Kinder niemals gleich

# Epilog

Mit besonderer Anerkennung

meiner erstgeborenen Schwester Sally, mit der
Bitte um Vergebung dafür, daß ich sie bei mindestens einer Gelegenheit mit einem appetitlichen
Krabbeltier, das ich vor ihrer Nase baumeln ließ,
aufgeweckt habe. Du bist eine außergewöhnliche
Schwester.

Und in unerschütterlicher Dankbarkeit an

Dr. John E. (Jack) Leman, Jr., meinen zweitgeborenen älteren Bruder und Helden, dem ich bei
mehr als nur einer günstigen Gelegenheit in meiner Kindheit ergeben folgte, als er versuchte, mich
loszuwerden. Danke, Jack, daß du, um mich zu
schützen, dem Schläger in unserer Nachbarschaft
angedroht hast, ihn zu Brei zu schlagen.

## Erster Teil

# Was ist Geburtenrangfolge...
# und ist es sinnvoll,
# sich damit zu beschäftigen?

Ja, unbedingt! Ihre Position in der Geburtenrangfolge (d. h. Ihrer Geschwisterreihe) – ob Sie nun als Erstgeborener auf die Welt kamen, als zweiter oder weiter hinten rangieren – hat einen ungeheuren Einfluß darauf, was für eine Persönlichkeit Sie sein werden, welche Art Mensch Sie heiraten werden, welchen Beruf Sie wählen und wie Sie schließlich Ihre eigenen Kinder erziehen werden. In den beiden ersten Kapiteln werden Sie etwas erfahren über:

- die Hauptwesensmerkmale Ihrer Geburtenrangfolge
- die Gemeinsamkeiten erstgeborener Kinder mit dem Weltraum
- die Ursache, warum jüngste Kinder sich oft in den Vordergrund spielen
- die Sicherheit, mit der man Erstgeborene aus jeder Menschenmenge herauspicken kann
- den Altersunterschied zwischen den Kindern, durch den verschiedene Familien innerhalb einer Familie entstehen können
- Zweitgeborene, die den älteren Bruder oder die ältere Schwester ausstechen
- die großen Gefahren, ein Einzelkind aufzuziehen
- die große Wahrscheinlichkeit, mit der Sie eines Ihrer eigenen Kinder vorziehen werden

# Geschwisterfolge...
# ist das so etwas wie Astrologie?

Wann immer ich den Begriff ›Geschwisterfolge‹ benutze, sei es in einem Seminar oder während einer psychotherapeutischen Beratung, wird mir häufig die Frage gestellt: »Geburtenrangfolge, Geschwisterfolge... ist das so etwas wie Astrologie?«

Und oft wird noch gefragt: »Sind Sie Stier oder Steinbock?« Ich widerstehe nur mühsam der Versuchung, darauf zu antworten: »Nein, ich handle mehr an der Börse.« Statt dessen antworte ich in aller Freundlichkeit: »Die Geschwisterfolge hat überhaupt nichts mit Astrologie zu tun, doch sie hat einen starken Einfluß auf Ihre Persönlichkeit: darauf, wen Sie heiraten, wie Sie Ihre Kinder erziehen, welchen Beruf Sie wählen und selbst darauf, wie gut Sie mit Gott zurechtkommen.« Mein Gegenüber schaut mich meist weiter skeptisch an; dann lege ich ihm dar, daß schon seit der Jahrhundertwende Erkenntnisse über die Geburtenrangfolge vorliegen, ernsthafte Auseinandersetzungen und wissenschaftliches Arbeiten mit diesen jedoch erst seit etwa fünfundzwanzig Jahren betrieben werden. Inzwischen befassen sich schon alle möglichen Bücher, Zeitschriften und Forschungsvorhaben mit diesem Thema. Wenn man will, kann man sich bis in kleinste Einzelheiten darin ergehen. Um aber dieses Buch einfacher zu halten, werden wir uns nur mit drei Positionen in der Geschwisterreihe beschäftigen:

– den Ältesten (und mit ihnen den Einzelkindern)
– den zweitgeborenen (oder mittleren) Kindern
– den letztgeborenen Kindern (den Jüngsten – den Nesthäkchen)

Damit Sie einen Eindruck bekommen von dem, was man unter Geburtenrangfolge versteht, lassen Sie uns ein kleines Quiz veranstalten. Welche der folgenden Aufstellungen von Persönlichkeitsmerkmalen trifft am ehesten auf Sie zu? (Nicht *alle* Eigenschaften müssen auf Sie zutreffen; wählen Sie jedoch die Punkte aus, von denen die meisten auf Sie und Ihren Lebensstil übertragbar sind.)

A. perfektionistisch, verläßlich, gewissenhaft, jemand, der sich Listen macht, organisiert, kritisch, ernsthaft, gelehrt ist

B. Vermittler, derjenige, von dem die wenigsten Fotos im Familienalbum zu finden sind, konfliktscheu, unabhängig, seinem Freundeskreis außerordentlich ergeben, viele Freunde und doch ein Einzelgänger

C. manipulierend, charmant, gibt anderen die Schuld, prahlerisch, auf Menschen zugehend, guter Verkäufer, frühreif, einnehmendes Wesen

Sie haben vermutlich gemerkt, daß ich es Ihnen ziemlich leicht gemacht habe, indem ich mit der Beschreibung des Ältesten begonnen und mit der des Jüngsten aufgehört habe. Sollten Sie sich für die Aufstellung A entschieden haben, dann kann man fast eine Wette darauf abschließen, daß Sie ein Erstgeborener sind. Traf Ihre Wahl die Aufstellung B, dann ist die Chance groß, daß Sie ein mittleres Kind sind (das zweite von dreien, oder möglicherweise das dritte von vieren). Haben Sie sich von Aufstellung C am stärksten angesprochen gefühlt, sind Sie wahrscheinlich der Jüngste in der Familie und irgend jemand hat dieses Buch für Sie kaufen müssen. (Mit den Jüngsten möchte ich gern ein wenig meinen Spaß treiben, weil ich selbst auch einer bin; doch dazu später mehr.)

Beachten Sie aber, daß ich Worte wie »fast eine Wette abschließen« oder »die Chance ist groß« gebrauchte. Ich verfüge bestimmt nicht über besondere übersinnliche Kräfte, was die Bestimmung der Geburtenrangfolge eines Menschen angeht, allerdings stehen mir eine Menge Forschungsergebnisse und das gute alte ›Gesetz der Serie‹ zur Seite. Wann immer ich irgendwo Seminare abhalte, mache ich mir einen Spaß daraus, mit einem kurzen Blick in die Runde zehn Leute zu bestimmen, von denen ich annehme, daß sie Erstgeborene oder Einzelkinder sind. Dabei gehe ich völlig von der äußeren Erscheinung aus. Das sind nämlich die Leute, die so aussehen, als wären sie dem Titelbild der ›Vogue‹ entsprungen oder einer Anzeige in einem Managermagazin. Sie sind leicht herauszufinden. Jedes einzelne Haar liegt exakt, und die Kleidung ist farblich von Kopf bis Fuß aufeinander abgestimmt. Meistens liege ich bei neun von zehn richtig, oft auch bei allen zehn.

Bei einigen Zuhörern macht sich der Verdacht breit, sie seien irrtümlicherweise in eine Vorstellung des Zauberers ›Merlin des Großen‹ geraten, was natürlich nicht stimmt. Jedoch hat es mit der Geburtenrangfolge etwas auf sich, denn meine Erfolge beweisen es eindeutig. Sie bietet keine Erklärungen für alle Einzelheiten menschlichen Verhaltens – das kann kein Persönlichkeitstest oder System leisten –, aber sie vermittelt uns eine Reihe von Aufschlüssen darüber, warum Menschen so *sind,* wie sie *sind.*

In meiner Praxis als Psychologe kommen mir meine Ausbildung und meine Forschungen im Bereich der Geschwisterfolge sehr zustatten, und ich konnte vielen Menschen helfen, ihr Leben umzukrempeln. Das Wissen über die Geburtenrangfolge hilft Maria zu verstehen, warum Hans in vielen Dingen so heikel ist, und andererseits gewinnt Hans Einsichten in Marias ›Klein-Mädchen‹-Attitüden, die ihm immer mehr auf die Nerven gehen. Die Geburtenrangfolge verschafft Vater und Mutter einen Anhaltspunkt dafür, woher es kommt, daß Klein-Fritzchen mit seinen zehn Jahren mit seinem befriedigenden Notendurchschnitt unbekümmerter durchs Leben geht als die dreizehnjährige Helga, die nur Einser schreibt und gute Aussichten auf ein Magengeschwür hat.

Normalerweise sind es tatsächlich die Jüngsten aus einer Familie, die sich zum Raumfahrer qualifizieren. Aber auch generell offenbart sich die Geburtenrangfolge, wenn man sein Augenmerk darauf lenkt, wer was in welchem Beruf ist. Von den ersten dreiundzwanzig Astronauten, die in den Weltraum geschossen wurden, waren einundzwanzig Erstgeborene oder Einzelkinder. Alle sieben Astronauten der ersten ›Mercury‹-Mission waren die Erstgeborenen in ihren Familien.[1]

Forschungen von Psychologen haben entscheidende Beweise dafür geliefert, daß Erstgeborene viel stärker zur Leistung motiviert sind als ihre jüngeren Geschwister. Der weitaus größere Teil der Ältesten landet in ›Hochleistungs‹-Berufen wie etwa im naturwissenschaftlichen, medizinischen oder juristischen Bereich. Auch unter Wirtschaftsprüfern, Buchhaltern, leitenden Sekretär(-inn-)en, Ingenieuren und – vor allem in neuerer Zeit – bei Leuten, die mit und an Computern arbeiten, wird man in größerer Zahl Erstgeborene finden. Die stürzen sich nämlich auf alles, was Genauigkeit, starke Konzentrationsfähigkeit und eiserne Geistesdisziplin erfordert.[2]

Ich war etliche Jahre lang Assistenz-Dekan an der Universität von Arizona. Einmal fragte ich ein führendes Mitglied der Fakultät für Architektur, ob er jemals sein Augenmerk auf die Herkunft seiner Kollegen gerichtet habe, was deren Position in der Geschwisterreihe anbetraf. Er starrte mich nur fassungslos an und meinte: »Ich bin wirklich sehr in Eile, Kevin.«

Es waren sicher gute sechs Monate seitdem vergangen, als er mich eines Tages auf dem Campus ansprach: »Sagen Sie mal, erinnern Sie sich noch an diese merkwürdige Frage, die Sie mir stellten über die Herkunft der Leute an unserer Fakultät? Ich habe eine Umfrage gemacht und dabei herausgefunden, daß beinahe jeder in unserer Fakultät ein erstgeborener Sohn oder ein Einzelkind ist.«

Meinem Bekannten hat das die Augen geöffnet. Für mich wurde damit nur ein grundlegendes Prinzip der Geburtenrangfolge bestätigt: Menschen, die Struktur und Ordnung mögen, neigen dazu, Berufe zu wählen, die sehr anspruchsvoll sind. Architektur ist einer jener Berufszweige, die im Ruf stehen, ›vollkommen‹ oder ›perfekt‹ zu sein.

Es ist ebenso faszinierend, Geschwisterrangfolge im Medienbereich einer Betrachtung zu unterziehen. Zeitungs- und Zeitschriftenreporter (-redakteure) – also solche, die für ihren Lebensunterhalt schreiben – sind eher Erstgeborene. Radio- und Fernsehansager und -moderatoren sind dagegen Spätergeborene. Man könnte vermutlich eine Wette darauf abschließen, daß der spaßige Wetterfrosch in den Sechs-Uhr-Nachrichten ein jüngstes Kind ist.*

Er ist ein Schauspieler, ein Unterhaltungskünstler: ein Typ, der einen Nieselregen noch als etwas Lustiges erscheinen läßt. Jüngste Geschwister findet man häufig in Berufen, in denen die Fähigkeit zum Agieren auf der Bühne, zur Schauspielerei gefordert wird.

### Der Stamm der Lemans, und wie wir aufwuchsen

Um Ihnen einen gerafften Eindruck der drei ›typischen‹ Positionen in der Geschwisterreihe zu vermitteln, verweilen Sie noch einen Augenblick mit mir, während ich Ihnen die Familie vorstelle, in der ich groß wurde. (Meine eigene Familie, meine Frau Sande, meine Töchter Holly und Krissy und meinen Sohn Kevin II lernen Sie später noch kennen.) Vater und Mutter Leman hatten drei Kinder:

– Sally – die Erstgeborene
– John, Jr. (Jack) – das mittlere Kind, drei Jahre später geboren
– Kevin, der ›Jüngste‹ – fünf Jahre nach Jack geboren

* (Anm. d. Ü.: Die TV-Wettervorhersagen werden im US-Fernsehen nicht selten in Form einer kurzen Unterhaltungsshow dargeboten.)

Auf den ›Jüngsten‹ komme ich später noch einmal zu sprechen, weil ich bis auf den heutigen Tag so gesehen werde. Schauen wir uns zunächst meine Schwester Sally an, eine typische Erstgeborene, die in einer Kleinstadt im Westen des Staates New York lebt. In fast jeden Sommerferien besuche ich mit Frau und Kindern Sallys makelloses Haus. Das erste, was uns allen sofort auffällt, ist der ›durchsichtige Kunststoffläufer‹, der zu jedem Zimmer im Haus führt. Seine Botschaft ist unüberhörbar und eindeutig: »Du sollst den darunterliegenden blauen Teppich nicht betreten, außer wenn es unbedingt notwendig ist.«

Sally ist einer jener Menschen, die schon mindestens zwei Tage, bevor sie eine kleine Gesellschaft gibt, nervös und aufgeregt ist. Größere Einladungen verursachen dasselbe Gefühl schon eine Woche oder zehn Tage vor dem Ereignis. Für Sally hat wohl die Faustregel Gültigkeit: »Je größer die Einladung, desto größer die Aufregung.« Selbstverständlich muß alles farblich zusammenpassen: die Servietten passen zu den Kerzen, diese zur Inneneinrichtung des Speisezimmers, die wiederum auf die Farbe der Augen ihres Ehemannes abgestimmt ist. Wenn es ginge, würde Sally auch noch den Fußabstreifer bügeln.

Niemand in unserem Familien-Clan wird je die Zeit vergessen, als wir uns zu einem gemeinsamen Camping-Ausflug in den Bergen der Sierra Nevada versammelten. Wir hatten einen herrlichen Tag in der wunderschönen Landschaft verlebt, und gegen zehn Uhr abends zog es jeden von uns in seinen Schlafsack. In dieser Höhe fielen die Temperaturen nachts auf unter zehn Grad, so daß sich die meisten von uns entschlossen, in Jeans, Sweatshirt und den Klamotten zu schlafen, die wir zum Camping mitgenommen hatten. Nur Sally nicht. Sie trat zum Gute-Nacht-Sagen aus ihrem Zelt nur mit einem Nachthemd bekleidet. Sie konnte einfach nicht verstehen, warum wir alle in schallendes Gelächter ausbrachen. Weshalb sollte man kein Nachthemd auf eine Camping-Tour mitnehmen, wo man doch früher eine Hauswirtschaftslehrerin war und jetzt zur Vorschuldirektorin aufgestiegen war? Weshalb sollte man einem Campingplatz nicht ein bißchen Klasse verleihen, wenn man bei allem, was man tut, immer kreativ, künstlerisch und ordentlich ist?

Wenn Sally etwas tut, dann richtig. Ihr ganzes Leben lang war sie selbstsicher und gelehrt, und sie wurde gemocht.

Mein Bruder Jack ist der Zweitgeborene, und wie das mit vielen mittleren Kindern so ist, bereitet diese Position größere Schwierigkeiten, die Charaktereigenschaften präzis zu fassen. Zum einen ist das zweite Kind dafür bekannt, daß es die genau entgegengesetzte Richtung zum Erstgeborenen einschlägt. Da aber Sally eine so ganz typische Amerikanerin ist – gute Schülerin und Studentin, beliebt usw. usw. –, hätte es für Jack, wäre er das genaue Gegenteil geworden, bedeutet, in den Spielhöllen oder vielleicht in einer sogenannten Hilfsschule zu landen.

Als Gymnasiast war Jack kein ganz so guter Schüler wie Sally, dennoch erreichte er ausgezeichnete Noten. Er hielt immer einen Zweier-Notendurchschnitt und machte ebenso in der Football-Mannschaft Furore. Bei den Uni-Bällen war er ein gefragter charmanter Tänzer – ein typischer wilder junger Amerikaner.

In bestimmter Hinsicht war Jack auch ein ›Erstgeborener‹ – nämlich der erste *Junge* in der Leman-Familie. Eine Rolle, in die ein mittleres Kind nicht selten gerät, doch darauf werden wir noch ausführlicher zu sprechen kommen.

Der Zweitgeborene ist der Vermittler und Verhandler, der Konflikten aus dem Weg geht. Paradoxerweise ist er selbständig und zeichnet sich durch extreme Loyalität zu seinen Freunden aus. Er ist ein Einzelgänger mit vielen Freunden. Gewöhnlich ist er der erste, der sein Zuhause verläßt oder der seinen wahren gesellschaftlichen Umgang außerhalb der Familie sucht, weil er sich in der Familie übergangen fühlt.

Auf meinen Bruder treffen einige dieser Eigenschaften zu, allerdings nicht alle. Er ist ein außergewöhnlich gewissenhafter, ordentlicher, ernsthafter und gelehrter Doktor der klinischen Psychologie geworden, und, wie ich schon ausführte, ist er der erste männliche Nachkomme in unserer Familie.

Und dann gab es schließlich mich. Ich wurde fünf Jahre nach Jack geboren. In bestimmten Fällen hätte das dazu führen können, wie Psychologen das zu bezeichnen pflegen, daß aus mir ein ›quasi-Einzelkind‹[3] geworden wäre. Häufig beginnt beim letzten Kind, das fünf oder mehr Jahre nach dem vorherigen geboren wird, eine ganz neue Geschwisterfolge. Ein Kind, das so viel jünger ist als seine Geschwister, bleibt oft sich selbst überlassen und kennt daher ein wenig von dem, was es heißt, das ›einsame Einzelkind‹ zu sein.

Das Einzelkind-Syndrom schließt normalerweise mit ein, daß man von seinen Eltern wie ein kleiner Erwachsener behandelt wird, der große Erwartungen zu erfüllen hat. Diesen Druck hat mein älterer Bruder von mir genommen, weil er das direkte Ziel der elterlichen Erwartungen abgab. Sein offizieller Name war John E. Leman, *JUNIOR*. Er war dazu bestimmt, der Arzt zu werden, der mein Vater immer hatte sein wollen, aber nicht hatte werden können, weil seine Familie dazu zu arm war und weil er auch nur über den Hauptschulabschluß verfügte. Vater projizierte alle seine eigenen Wünsche nach einem guten und gebildeten Beruf und seine Angst davor, ein ›Niemand‹ zu sein, auf Jack. Es sind meist Erstgeborene und Einzelkinder, die den Beruf des Arztes ergreifen; in meiner Familie aber hat nie jemand auch nur im entferntesten den Gedanken gehegt, daß für mich eine solche Karriere in Frage kommen könnte. Als ich elf Tage alt war, gab man mir den Kosenamen ›Junges‹, und der blieb mir haften. Anstatt unbeachtet und mir selbst überlassen zu bleiben, wurde ich das Maskottchen der Familie, das immerzu in irgendwelche merkwürdigen Sachen hineingeriet.

Ich lernte schon sehr früh, daß über mir zwei ›Super-Stars‹ waren und es für mich auf dem Weg von Leistung wirklich nicht viel zu bestellen gab, um Beachtung zu finden. Die einzige echte Errungenschaft in meiner Oberschulzeit war, im Baseball-Team zu spielen (will heißen, wenn ich zur Verfügung stand – meist die ersten sechs Wochen des Frühlings-Halbjahrs bevor die Noten herauskamen). Jack hatte sich nie mit Baseball aufgehalten; er hatte sich für (American) Football entschieden, das in den meisten Highschools der wichtigste Sport ist. Im Westen des Staates New York, wo wir aufwuchsen, ist Baseball der Sport für die harten Burschen, die bereit sind, sich im unvorhersehbaren Frühlingswetter vor einer ärmlichen Zuschauerkulisse dem Erfrierungstod auszusetzen.

Aber Klein-Kevin war nicht derjenige, der sich beiseite schieben ließ. Er wurde zu einem Manipulierer, einem Charmeur und Aufschneider, er war altklug und besaß ein gewinnendes Wesen. Mit acht Jahren, als ich mich als Anfeuerer für das Schulteam meiner Schwester versuchte, fand ich meine ›wahre Berufung‹ im Leben. Ich entdeckte, daß Unterhaltungskünstler Aufmerksamkeit erregen. So wurde ich der unterhaltsame Faxenmacher, besonders für meine Klassenkameraden in der Grundschule. Ich wurde so etwas wie eine Mischung aus Schulschreck und Schulkasper. Ich verfügte über ein unglaubliches Talent, Lehrern den Nerv zu rauben. Darüber dann mehr, wenn ich mich mit dem jüngsten Kind befasse.

## Alles ist auf den Familienstamm zurückzuführen

Es entzieht sich meiner Kenntnis, wie die Familie beschaffen war, in der Sie aufwuchsen, aber ich vermute, daß Sie ebenfalls eine ganze Reihe von Charakteren wie die der erwähnten Leman-Kinder aufzählen könnten: die guten Schüler, die Athleten, die Schauspieler, die Aufmerksamkeitsheischer und diejenigen, die schwerer einzuordnen sind. Nach nunmehr zwei Jahrzehnten der Beschäftigung mit Psychologie in Theorie und Praxis bin ich mir nur über einige wenige Dinge ganz im klaren:

1. *Die engsten und intimsten Beziehungen, die wir jemals im Leben haben, sind die innerhalb unserer Familien – der, in der wir groß wurden, und der, die wir durch Heirat selber geschaffen haben.*

2. *Auf ein heranwachsendes Kind wirken keine stärkeren Einflüsse ein als die in seiner Familie.* (Ja, ich weiß, wieviel Zeit Kinder in der Schule, im Sportverein, bei den Pfadfindern verbringen; in Wirklichkeit ist das aber nur ein Tropfen in einem Eimer verglichen mit dem, was sich zu Hause zuträgt.

3. *Die Beziehung zwischen Eltern und Kindern ist im Fluß, dynamisch und von äußerster Bedeutung.* Mit jedem neugeborenen Kind *ändern sich die gesamten familiären Lebensbedingungen.* Zu einem wesentlichen Teil wird das endgültige Schicksal eines Kindes von der Art, wie Eltern mit ihm umgehen, sobald es in den Kreis der Familie eintritt, bestimmt.

Ich bin mir nicht ganz sicher, ob die letzte Bemerkung erschöpfend ist oder nur ein bißchen feierlich klingt. Was ich allerdings weiß, ist, daß mein Vater nie die Gelegenheit hatte, über die achte Klasse hinauszukommen, etwas, was er immer bedauerte. Er wünschte sich für wenigstens einen seiner Söhne, daß er Arzt werden möge. Ich glaube nicht, daß seine Vorliebe für den Arztberuf auf irgendwelchen Vorstellungen von der Rettung der Welt von Krankheit und Tod beruhte, sondern schlicht von dem Wissen herrührte, daß Ärzte ein gutes Ansehen genossen und gut bezahlt waren. Ausbildung wurde für ihn zu einem jener wichtigen Werte, die er auch seinen Kindern vermittelte – selbst dem kleinen Kevin, der nicht so vielversprechend war wie seine älteren Geschwister.

Hat das eine prägende Wirkung gehabt? Nun ja, die Ergebnisse sprechen für sich. Die erstgeborene Schwester Sally hat ihr ganzes Leben lang nur Einser gehabt.

Mein Bruder Jack ist Psychologe im klinischen Bereich und irgendwie ist auch das ›Bärenjunge‹ Kevin Psychologe geworden. Bei Sally und Jack war der Erfolg im Beruf keine so große Überraschung. Wie aber hat es Kevin, der ›Clown‹, geschafft, einen Doktortitel zu bekommen? Die eine Antwort lautet: »Mit einer gehörigen Portion Schwierigkeiten!« Später erzähle ich mehr darüber. Lassen wir es jetzt damit bewenden, daß wir es in die Kategorie der kleineren Wunder einordnen. Meine

Oberschullehrer mögen es vielleicht als *größeres* Wunder bezeichnen.

4. Wir bringen nicht genügend Zeit dafür auf, uns bewußt zu werden, wie unser Ast an den Familienbaum paßt. Erstgeborener oder der einsame einzige, das mittlere Kind oder das ›Nesthäkchen‹ – wir alle sprießen in eine eigene einzigartige Richtung und leisten unsere eigenen einzigartigen Beiträge. Ich glaube fest, daß es nicht nur Spaß machen wird, dieses Buch zu lesen, sondern daß es auch sehr hilfreich sein wird. Ich bekomme dafür täglich Beispiele geliefert. Wenn die Menschen anfangen, die Bedeutung der Geburtenrangfolge zu verstehen, verbessern sich ihre Beziehungen dort, wo es wichtig ist – mit ihren Freunden, am Arbeitsplatz und – am allerwichtigsten – zu Hause mit den Menschen, die ihnen am nächsten stehen, aber nicht immer die liebsten sind.

Natürlich erkenne ich, daß Sie immer noch ein wenig skeptisch sein mögen, wie etwa auch jener Mann, der an mich herantrat und meinte: »Moment mal, Herr Leman. Ich habe einmal ein Gespräch über Geschwisterfolge gehört (oder ein Buch darüber gelesen). Die Beschreibungen darin treffen auf meine Familie absolut nicht zu. Dazu kommt, daß ich ein Erstgeborener bin, und das ist mir nie irgendwie zustatten gekommen. Ich habe daraus nie Vorteile ziehen können.«

Und ich lächle nur, nicke zustimmend und sage: »Ja, es ist ganz deutlich, daß Sie ein Erstgeborener in ihrem ›Familienzoo‹ sind. Nehmen Sie Platz, und lassen Sie mich Ihnen erklären, wie sich die Sache verhält…«

# Jeder einzelne
# lebt in seinem »Familienzoo«

Immer wieder tritt jemand an mich heran – meist ein Erstgeborener, denn die neigen eher zu analytischem und kritischem Denken – und äußert lauten Protest darüber, wie die ›typischen‹ Beschreibungen des letztgeborenen Kindes so überhaupt nicht auf seine (oder ihre) Familie zutreffen (oder es zumindest für ihn/sie so scheint). Ich freue mich über solche Einwände, weil sie mir dabei helfen, der betreffenden Person einen tieferen Einblick in die Geburtenrangfolge zu vermitteln.

Stellen wir daher einmal ein Gespräch zusammen von der Art, wie ich es oft nach einem Seminar oder einem Workshop führe oder wie es manchmal mit einem Ratsuchenden abläuft, mit dem ich gerade erst zu arbeiten begonnen habe. Dieses Szenario sieht mich in einem Gespräch mit ›Frank, dem Erstgeborenen‹:

FRANK, DER ERSTGEBORENE: Ihr System der Geburtenrangfolge trifft auf meine Familie überhaupt nicht zu: Sie sagen, daß Erstgeborene ordentlich sind. Ich bin der Älteste, und ich bin bekannt dafür, daß mein Schreibtisch der schlampigste von allen ist. Das letzte Mal, als jemand die Oberfläche meines Schreibtisches sah, war am Tag bevor ich bei der Firma zu arbeiten anfing. Nun, was sagen Sie dazu, Herr Doktor?

DR. LEMAN: Ganz interessant. Was sind Sie von Beruf?

FRANK, DER ERSTGEBORENE: Ich bin Elektroingenieur.

DR. LEMAN: Das klingt nach einem sehr stark von Struktur und Ordnung bestimmten Gebiet – 'ne Menge Mathematik und geistige Disziplin?

FRANK, DER ERSTGEBORENE: Das ist wahr, aber was sagen Sie zu dem schlampigen Schreibtisch?

DR. LEMAN: Ihr Schreibtisch ist unordentlich – gut, aber finden Sie alles wieder, was Sie brauchen?

FRANK, DER ERSTGEBORENE: Selbstverständlich. Normalerweise weiß ich immer, was in jedem Papierstapel drin ist.

DR. LEMAN: Das heißt also, Sie haben in Ihrer Unordnung eine gewisse Ordnung? Sie gehen einer sehr von Disziplin geprägten Beschäftigung nach – als Ingenieur. Und obgleich Ihr Schreibtisch unaufgeräumt ist, haben Sie immer das Gefühl, gut organisiert und ordentlich zu sein. Meine Vermutung ist, daß Sie ein Perfektionist sind, und Perfektionisten stehen im Ruf, schlampige Schreibtische zu haben als Ausdruck ihres Mißmutes darüber, daß das Leben nicht immer so verläuft, wie sie es sich wünschen. (Wir werden noch näher auf den ›resignierten Perfektionisten‹ eingehen.) Ein weiteres gilt für den Perfektionisten: Wenn sie auf etwas stoßen, das falsch oder unvollkommen ist, dann neigen sie dazu, diese eine Ungereimtheit zu verallgemeinern und den ganzen Krempel hinzuwerfen. Vielleicht versuchen Sie, das Geburtenfolge-Kind mit dem Bade auszuschütten.

FRANK, DER ERSTGEBORENE: Nun gut, ich bin dafür, konsequent zu sein und die Dinge ordentlich zu erledigen. Außerdem paßt Ihre Beschreibung des jüngsten Kindes ganz und gar nicht auf meine Schwester. Sie sagten, daß das jüngste Kind manipuliert, liebenswert und frühreif ist und ein einnehmendes Wesen hat – ein echter Verkäufertyp. Meine jüngste Schwester besitzt und betreibt ihr eigenes Geschäft für Inneneinrichtungen. Ihre größte Stärke liegt in ihrem Organisationstalent und im kaufmännischen Geschick. Sie ist ziemlich zurückhaltend und überläßt das Verkaufen ihren Angestellten. Die Beschreibung des Verkäufers mit dem gewinnenden Wesen trifft dagegen vollkommen auf meinen Bruder zu. Er ging in den Verkauf von Computer-Software und wurde so erfolgreich, daß er jetzt eine eigene Firma, ein herrliches Haus, ein schickes Auto etc.... besitzt.

DR. LEMAN: Gestatten Sie mir die Frage: Sind Sie und Ihr Bruder sich ähnlich oder eher gegensätzlich?

FRANK, DER ERSTGEBORENE: Oh, wir sind eher gegensätzlich. Während ich auf der Oberschule nur einen guten Freund hatte, hatte er gleich Dutzende. Ich war Leichtathlet und lief die Mittelstrecke, er spielte Football. Nach Abschluß der Schule ging er in den Verkauf, und ich ließ mich zum Ingenieur ausbilden. Im Gymnasium gab ich ihm Nachhilfe in Algebra. Die beherrscht er bis heute noch nicht, aber er verdient trotzdem dreimal soviel Geld wie ich. Die Grundrechenarten beherrscht er ausgezeichnet – wie etwa Einzahlungen auf sein Bankkonto.

DR. LEMAN: Also gut, lassen Sie mich sagen, was ich über Sie und Ihren Bruder denke. Es ist ganz normal – fast schon unvermeidlich –, daß der Zweitgeborene sich vom Erstgeborenen unterscheidet. Jeder Ast am Familienbaum treibt in eine andere Richtung. Sie als Erstgeborener hielten Ihre Augen auf Vater und Mutter gerichtet. Die waren für Sie die ersten Vorbilder, die Sie hatten. Sie waren eher schon ein kleiner Erwachsener – perfektionistisch, verläßlich, gewissenhaft, ein guter Rechner –, und Sie wollten, daß immer alles seine Ordnung hatte. Ihr kleiner Bruder blickte hinauf zu seinem großen Bruder und erkannte, daß der fest auf seinem Platz stand, und er entschloß sich einen anderen Weg zu gehen. Mathematik war nicht seine Sache. Er verzog sich lieber zu seinen Freunden. Sie liefen die Meile, eine Sportart für Einsame, er spielte im Football-Team, dort wo seine Freunde waren.

FRANK, DER ERSTGEBORENE: Was sagen Sie zu meiner jüngsten Schwester Nana? Welche Erklärung haben Sie für die?

DR. LEMAN: O. k., geben Sie acht: Nana war zwar das *dritte* Kind, doch das *erste* Mädchen. Ich vermute, daß Ihr Bruder Willi mehr das Nesthäkchen war als Ihre Schwester. Wahrscheinlich haben Sie ihm Hindernisse aus dem Weg geräumt, und er hat gelernt, sich auf seinen erfahrenen Bruder zu verlassen – zumindest bis er sich draußen seine eigenen Freunde suchen konnte. Sagen Sie mir noch, wie viele Jahre liegen zwischen Ihrem Bruder und Nana, der Jüngsten?

FRANK, DER ERSTGEBORENE: Nana ist sechs Jahre jünger als Willi; und was das andere angeht, da haben Sie recht: Meine Mutter trug mir häufig auf, meinen Bruder zu hüten, bis er in die dritte Klasse ging. Das fand ich immer furchtbar; vor allem hatte er es raus, mich zu ärgern und mir den Nerv zu töten. Und wenn ich ihm dann eine schmierte, schrie er Zeter und Mordio. Jetzt, wo ich darüber nachdenke, muß ich zugeben, daß er ein Meister darin war, mir auf die Nerven zu gehen.

DR. LEMAN: Das überrascht mich nicht. Schauen wir uns nun Nana an. Sie wurde als letzte geboren, aber zu einem sehr späten Zeitpunkt. Man wähnte sie als das Nesthäkchen der Familie, doch sie wurde so spät nach Willi geboren, daß sie wahrscheinlich als Einzelkind aufwuchs. Und: Vergessen wir nicht, sie war das erste Mädchen; das ist ebenfalls von Bedeutung. Hat sich einer von Ihnen um Nana gekümmert?

FRANK, DER ERSTGEBORENE: Eigentlich nicht. Wir waren mit unseren eigenen Angelegenheiten beschäftigt. Ich war auf der Mittelschule und Willi spielte Baseball in einer Mannschaft mit seinen Freunden.

DR. LEMAN: Dann ist es wirklich nicht überraschend, daß Nana Züge eines Erstgeborenen an den Tag legte: ruhig, organisiert, und wahrscheinlich verbrachte sie viel Zeit alleine spielend...

FRANK, DER ERSTGEBORENE: Das nehme ich an. So haben Sie sich also wieder herausgewunden! Na ja, wenigstens habe ich Sie dazu gebracht, sich anzustrengen. Mir macht es Spaß, euch Psychologen ein wenig auf den Zahn zu fühlen mit euren Theorien. Es hat ganz den Anschein, als könnten Sie aus dieser ›Geburtenrangfolge‹ alles herauslesen, was Sie nur möchten.

DR. LEMAN: Nicht nach Ihren Maßstäben, Frank! Was unser kleines Gespräch allerdings bewiesen hat, ist, daß Sie eindeutig ein Erstgeborener sind: äußerst skeptisch, mit analytischem und präzisem Verstand ausgestattet. Ich bin froh, daß Sie mich zu dieser ›typischen‹ Beschreibung des Erst-, Mittel- und Letztgeborenen herausgefordert haben. In Wahrheit sind diese typischen Charakterisierungen nur ganz allgemeine Aussagen. Die Menschen können sich darin unterscheiden, wo sie geboren wurden, in ihrer Geschlechtszugehörigkeit, der gegebenen Familiensituation. All diese Kräfte spielen eine Rolle. Generell spricht man von ›Familienkonstellation‹. Ich spreche lieber von Familienzoo. Wie man es auch immer nennen mag, jede Familie verfügt über eine ureigene Mischung.

## Jeder ›Familienzoo‹ ist anders

Mein obiges Gespräch mit dem erstgeborenen Frank war rein hypothetisch. Jedoch beruhte es auf vielen Diskussionen, die ich mit Leuten geführt habe, die meine Geschwisterfolge-Theorien anzweifelten. Die sogenannten Ungereimtheiten, auf die die Leute immer wieder hinweisen, sind nur Wegweiser, die auf den interessantesten und unterhaltsamsten Aspekt dieser Theorie deuten: auf das, was ich den ›Familienzoo‹ nenne. (Möglicherweise ziehen Sie den würdigeren Begriff ›Familienkonstellation‹ vor. Weil ich aber mit so manch verzweifelter Mutter zu tun habe, die sich mit drei oder vier kleinen ›Rotznasen‹ herumschlägt, die sie den letzten Nerv kosten, ist leicht nachzuvollziehen, warum mir der Begriff ›Zoo‹ in den Sinn kommt.)

Die Theorie der Geschwisterrangfolge besteht nicht aus einer einfachen 1,2,3-Systematik, die aufzeigt, daß alle Erstgeborenen auf eine Art gleich sind, alle Zweitgeborenen auf eine andere Art und die Letztgeborenen immer genau so oder so sind. Es gibt Tendenzen und allgemeingültige Charakteristika, die oftmals zutreffen. Das wahre Problem aber besteht darin, daß zwischen Familienmitgliedern dynamische (in ständiger Bewegung befindliche) Beziehungen existieren. Sie leben sozusagen alle in demselben Bau, sind aber eindeutig voneinander verschieden. Wie kommt es nun, daß zwei, drei oder mehr Kinder von denselben Eltern abstammen, im selben Haus leben und sich doch so verschieden entwickeln? Das ist die wirklich wesentliche Frage. Die Beschäftigung mit der Geburtenrangfolge kann bei der Beantwortung dieser Frage Hilfestellung leisten, solange man sich der veränderlichen Größen bewußt ist, die auf jedwede Familiensituation einwirken.

Was sind diese ›veränderlichen Größen‹? Nach meiner Meinung gehören dazu: der Abstand (die Anzahl der Jahre) zwischen den Kindern, das Geschlecht des Kindes, körperliche Unterschiede oder Behinderungen, die Position der Eltern im Kreise ihrer Geschwister, die Vermischung von zwei oder mehr Familien, die durch Tod oder Scheidung zustande kommt, und schließlich die Beziehung der Eltern zueinander. Schauen wir uns diese Größen nun nacheinander an, und zeichnen wir ein paar mögliche Verbindungen auf, die die Konstellation oder Gruppenbildung in der Familie radikal beeinflussen können.

*Der Altersabstand kann zum Entstehen von mehr als nur einer*
*›Familie‹ beitragen*

Eine ganz offenkundige – und bedeutungsvolle Variable der Geburtenfolge entsteht für jede Familie mit dem Altersabstand der Kinder. Viele Leute versuchen, ihre Kinder im Abstand von zwei Jahren zu bekommen (drei sind tatsächlich der ›ideale‹ Abstand); das läßt sich allerdings nur selten so genau planen. Häufiger finden wir eine größere Alterskluft zwischen den Kindern. Die kann dazu führen, daß sich eine weitere ›Familie‹ bildet. Sobald ein Altersunterschied von fünf oder mehr Jahren klafft, bedeutet das meist, daß eine ›zweite Familie‹ entstehen wird. Anhand des Schaubildes der Familie A zeigen wir auf, wie es dazu kommen kann:

FAMILIE A

| Junge | – | 14 |
|-------|---|----|
| Mädchen | – | 13 |
| Junge | – | 6 |
| Mädchen | – | 5 |

Die Linie kennzeichnet den offensichtlichen Bruch in der Geburtenrangordnung. Die Kluft von sieben Jahren zwischen dem zweiten und dritten Kind schafft eine Situation, die leicht darin münden kann, daß der drittgeborene Sohn Tendenzen eines Erstgeborenen herausbildet. Das bedeutet nicht, daß er nicht auch Wesensmerkmale eines mittleren Kindes aufweisen würde (bei einer Familie mit vier Kindern nehmen das zweite und das dritte Kind die Positionen von ›mittleren‹ Kindern ein). Er könnte sich immer noch zu einem Vermittler entwickeln; er könnte immer noch einen großen Freundeskreis haben. Er kann aber auch ziemlich ›erwachsen‹ sein – gewissenhaft sein, hohe Ansprüche stellen –, weil er so viele Vorbilder hat. Dabei wären es nicht nur seine Eltern, die Erwachseneneigenschaften vorleben, sondern auch die größeren Geschwister.

Noch etwas anderes zu Familie A: In der ›älteren‹ Familie (die Vierzehn- und Dreizehnjährigen) kann es zwei grundlegende Kombinationen geben. Entweder endet es damit, daß die Kinder Eigenschaften eines erstgeborenen Sohnes und einer erstgeborenen Tochter ausbilden, oder aber es entsteht die Konstellation eines erstgeborenen Sohnes und eines Nesthäkchens. Da käme es dann zu einem großen Teil auf die Werte der Familie an.

In einem eher traditionell ausgerichteten Elternhaus bekäme der älteste Sohn normalerweise die ›männlichen‹ Arbeiten übertragen wie etwa: Rasen mähen, Unkraut jäten, den Abfall leeren und dem Vater zu helfen. Seine jüngere Schwester würde mit den Aufgaben betraut, die sie als ›Helferin der Mutter‹ kennzeichneten: bügeln, putzen, abwaschen usw. In dieser Familie wird sich die jüngere Schwester eher zu einem ›verwöhnten Nesthäkchen‹ entwickeln als zu einer ›erstgeborenen Tochter‹. Man bringt ihr bei, sich als Frau zu verhalten, während ihrem Bruder all die schweren ›männlichen‹ Tätigkeiten überlassen werden.

Dann, sieben Jahre später, werden wir in der herkömmlichen Familie noch einmal den gleichen Ablauf erleben: ein weiterer ›erstgeborener‹ Sohn und eine jüngere Schwester, aus der wieder eine verwöhnte ›kleine Prinzessin‹ wird. Aber einmal angenommen, wir ändern die Wertvorstellungen der Familie A. Gehen wir einmal davon aus, daß die Eltern etwas aufgeklärter sind und sich vornehmen, die Aufgaben gleichmäßig unter den Kindern aufzuteilen. Die Buben waschen ab und bekommen andere Hausarbeiten übertragen. Die Mädchen versuchen sich daran, den Rasenmäher in Gang zu setzen. Da haben wir dann die Umstände, die einen erstgeborenen Sohn und eine erstgeborene Tochter hervorbringen können, gefolgt sieben Jahre später ebenfalls von einem weiteren erstgeborenen Sohn und einer erstgeborenen Tochter. Eine treuherzige ›kleine Prinzessin‹ würde es nicht geben, weil die Wertvorstellungen der Eltern dazu keine Möglichkeiten einräumen.

## Die Geschlechtszugehörigkeit eines Kindes kann Druck erzeugen

Eine Möglichkeit, wie das Geschlecht die Geburtenfolge beeinflussen kann, haben wir schon erwähnt, als wir aufzeigten, wie ein drittes Kind zu einem ›erstgeborenen Mädchen‹ werden kann. Richtig interessant wird es erst, wenn man von einer Konstellation von vier Jungen und einem Mädchen ausgeht. Man muß kein ausgebildeter Psychologe sein, um zu erkennen, daß ein Glied dieser Familie etwas besonderes darstellt. Und der Effekt, der sich daraus für mindestens einen der Brüder ergibt, kann sich zwischen ›erheblich‹ und ›furchteinflößend‹ bewegen, je nachdem an welcher Rangfolge das Mädchen sich in der Geschwisterreihe befindet. Schauen wir uns zum Beispiel Familie B an:

FAMILIE B

| | |
|---|---|
| Junge | – 16 |
| Junge | – 14 |
| Junge | – 12 |
| Mädchen | – 11 |
| Junge | – 9 |

Was glauben Sie, welches Kind bei dieser Konstellation in der am wenigsten beneidenswerten Position ist? Haben Sie auf den drittgeborenen Sohn getippt (den Zwölfjährigen), dann haben Sie den Nagel auf den Kopf getroffen. Warum gerade er? Weil die Mutter schon dreimal in der Klinik war und jedesmal mit einem Sohn heimkam. Das war schon zum alten Hut geworden. Die Eltern hatten sich immer schon eine Tochter gewünscht – und nun ist sie da: als viertes Kind eine ganz besondere kleine Prinzessin. Sie kam fünfzehn bis achtzehn Monate nach dem dritten Sohn, der dazu verdammt ist, ihre Schritte anzuerkennen, lange ehe sie überhaupt laufen kann!

Um der Sache noch eins draufzusetzen: Was glauben Sie, *wer außerdem noch* den von der Kleinen ausgehenden Druck zu spüren bekommen wird? Ja, genau – welche Ironie! – es wird der Jüngste sein. Zwar ist er das Nesthäkchen in der Familie, aber seine ältere Schwester sticht ihn absolut aus. Mit großer Wahrscheinlichkeit wird sie – nach drei aufeinanderfolgenden Jungen – Papas (und Mamas) Sonnenschein sein. Nun, zwei Jahre später, kommt der kleine Benjamin, das Schlußlicht. Ihm wird nicht die normale Aufmerksamkeit zuteil werden, die der Letztgeborene sonst erhält: Papa und Mama haben ja schon drei Jungen, jedoch nur ein Mädchen, und das wird mit ziemlicher Sicherheit in den Genuß ganz besonderer Zuwendung kommen.

Für den kleinen Benjamin wird es wahrscheinlich ganz schön hart werden, seinen Anteil an Aufmerksamkeit zu ergattern. Man kann annehmen, daß der kleine Neunjährige die Aufmerksamkeit auf die eine oder andere Weise auf sich zu lenken weiß. Vermutlich wird er lernen, sich mehr oder weniger ehrlich und, sofern er damit gesegnet ist, mit Gewandtheit durchs Leben zu schlagen. Er ist drei Brüdern ausgesetzt, die nur allzu bereit sind, ihn im Wald allein zurückzulassen oder ihn windelweich zu schlagen (ganz besonders dann, wenn er sie reizt, um ihre Beachtung auf sich zu lenken).

Die Konkurrenzsituation, der er ausgesetzt ist, könnte den Kleinen leicht dazu verleiten, sich zum Schlimmsten unter den

Schlimmen zu entwickeln. Genau das habe ich getan als jüngstes Kind im Angesicht der beiden Superstars über mir. Es besteht die Möglichkeit, daß aus Benjamin ein Unheilstifter, ja sogar ein Straffälliger wird. Oder er könnte sich entschließen, hilfloses Weltwunder zu spielen. Seine Schulzeit verbringt er womöglich als intellektuelle Null, wenn er nicht gar ›verhaltensgestört‹ wird. In einer weniger krassen Ausprägung könnte er zu einem Nichtstuer werden, der von Vater und Mutter ständigen Lerndruck braucht.

Welcher Sohn hat wohl die beste Position inne? Mit größter Wahrscheinlichkeit ist es natürlich der älteste, der voraussichtlich ein hervorragender Schüler sein wird. Er wird sich außerdem in viele Rivalitäten mit seinem jüngeren Bruder verstricken, da es, wenn das zweitgeborene Kind vom selben Geschlecht ist wie das erstgeborene, immer große Reibungsflächen gibt. Wenn der ältere Bruder ein wissenschaftlicher Typ ist, ist der zweitgeborene meist ein sportlicher Typ, oder er zieht es vor, im Schulorchester zu spielen und dem dritten Bruder den Sport zu überlassen. Sollte sich dieser tatsächlich zum Sportler entwickeln, dann könnte das seine Rettung bedeuten, da ihm das gegen die Frustrationen helfen kann, die er durch den Konkurrenzkampf mit der kleinen Prinzessin-Schwester erleben muß.

Dies ist nur ein Beispiel dafür, welche Wirkung das Geschlecht eines Kindes auf die Familie ausüben kann. Als Faustregel kann gelten: Wenn durch die Verschiedenheit des Geschlechts eines der Kinder in eine ›besondere‹ Position gerät, dann können die Geschwister, die unmittelbar vor oder hinter ihm sind, starkem Druck ausgesetzt sein.

### In dieser Ecke: Georg der Größere

Eine weitere veränderliche Größe, die den Geburtenfolgefaktor auf den Kopf stellt oder ihn zumindest ein wenig aus dem Gleichgewicht bringen kann, besteht in einem ausgeprägten

Unterschied von Körperbau und körperlichen Fähigkeiten. Nehmen wir beispielsweise den kleinen zehn Jahre alten Christian. Er ist zwar der Älteste, wird aber immer noch der ›Kleine‹ genannt. Warum? Weil er einen Bruder, Georg, hat, der nur ein Jahr jünger ist als er, aber allerdings fast zehn Zentimeter größer ist und zwanzig Pfund schwerer.

In einer solchen Familiensituation mit zwei Kindern – beides Jungen – und mit der natürlichen Rivalität zwischen ihnen, sollte Christian eine Idee schneller und geschickter sein, sonst könnte er schön in Schwierigkeiten geraten.

Schauen wir uns ein weiteres, allzu häufig auftretendes Beispiel an: Susanne, zwölf Jahre alt, die Erstgeborene, ist außerordentlich hübsch, während Anne, zehn Jahre alt, zweitgeborenes und letztes Kind, absolut unscheinbar ist. Wie es auch Dr. James Dobson in seinem Buch ›Versteckenspielen‹ so genau beschreibt, ist Anne der typische Anwärter für ein schwach ausgeprägtes Selbstbewußtsein. Schönheit ist in der Tat der Goldschatz menschlicher Werte.[1] Es ist traurig, aber wahr, die Erwachsenen werden sich lieber mit der niedlichen kleinen Susi beschäftigen als mit der unauffälligen Anne. Wenn es Anne nicht gelingen sollte, eine Art ›Geheimwaffe‹ zu entwickeln, wie etwa sportliche oder schulische Erfolge zu erzielen, dann steht ihr die lange und düstere Laufbahn als ›Susis reizloser kleiner Schwester‹ bevor.

Erweitern wir die Zahl der Geschwister auf vier, und nehmen wir einmal an, daß eines der vier an einer schweren Krankheit leidet. Familie C bietet uns ein solches Beispiel.

FAMILIE C

| Junge | – | 14 |
| Junge | – | 12 |
| Mädchen | – | 10 (an Gehirnlähmung erkrankt) |
| Mädchen | – | 8 |

Hier haben wir eine Familie mit einem besonderen Mitglied vor uns. Was wir von vornherein mit einiger Sicherheit feststellen können, ist, daß das achtjährige Mädchen nicht das Nesthäkchen sein wird – eher wird sie wohl die Rolle des erstgeborenen Mädchens übernehmen. Das nennt man eine ›Rollenverkehrung‹ (oder einen Rollentausch): zwei Kinder, die einen Purzelbaum schlagen. Die erstgeborene Tochter, die Opfer eines schweren körperlichen Leidens ist, wird zum ›Baby‹ in der Familie, während die jüngste Schwester in die Rolle der erstgeborenen Tochter schlüpft (wie sie auch die Rolle eines mittleren Kindes übernimmt).

Was ist aber nun mit den beiden älteren Brüdern? Mit großer Wahrscheinlichkeit wachsen sie zu zwei besorgten, empfindsamen Männern heran, die Frauen gegenüber sensibel reagieren. Sie werden ungeheuer viel Zeit dafür aufbringen, sich liebevoll um ihre behinderte Schwester zu kümmern. Sie werden vermutlich diese Aufgabe nicht immer voller Begeisterung versehen, die Wirklichkeit des Lebens aber wird sie zu empfindsameren Männern formen, als sie es geworden wären, wenn ihre Schwester körperlich und geistig unversehrt gewesen wäre.

Lassen Sie mich Ihnen noch ein anderes Beispiel für körperliche Verschiedenheit geben, die nicht unbedingt augenfällig ist, jedoch sehr wirklichkeitsnah. Familie D sieht folgendermaßen aus:

**FAMILIE D**

Mädchen          –  10

Hier steht es also nun vor uns – das Einzelkind, oftmals auch als das ›einsame einzelne‹ charakterisiert. In unserem Fall mag es einsam sein oder auch nicht, aber ganz bestimmt wird es den Ton angeben. Seit früher Kindheit hat sich alles um dieses Mädchen gedreht, und mit jedem Jahr wird es schlimmer. Jetzt, als Zehnjährige, beherrscht sie nicht mehr nur ihre Eltern, sondern richtet sie zugrunde! Wenn sie von ihnen nicht das bekommt, was sie möchte, dann stiehlt sie es einfach.

Solche Fälle habe ich häufiger in meiner Beratung gehabt. Es dauert auch nicht lange, bis man einige grundlegende Informationen (und Erklärungen) erhält. Ehe die kleine Helen das Licht der Welt erblickte, hatte ihre Mutter schon zwei Fehlgeburten erlitten. Dies ist natürlich ein wesentlicher Schlüssel dafür, warum sich Helen zu einer solchen schrecklichen Plage entwickelte. Eine Frau, die zwei Fehlgeburten hinter sich hat, kann augenblicklich in Tränen ausbrechen, wenn sie im Supermarkt eine Mutter mit einem Baby erblickt, obwohl der Stand mit den Zwiebeln zig Meter entfernt ist. Helens Mutter wünschte sich nach den Fehlgeburten so unbedingt ein Kind, daß Helens Geburt schließlich mehr als nur von großer Bedeutung war, mehr als nur etwas Besonderes.

Eltern unterlaufen eine Menge Fehler, die sie im Namen der Liebe begehen. In Helens Fall haben Vater und Mutter zwar nur einen gemacht, aber den gründlich: Sie waren *zu nachsichtig* und *nachgiebig*. Der körperliche Unterschied bestand in diesem Fall darin, daß es zwei tote, durch Fehlgeburt verlorene Nachkommen gegeben hatte und jetzt ein sehr lebendiges kleines Mädchen da war. Die Eltern verwöhnten (und damit verdarben) ihr Kind nicht nur, sie machten jeden Tag für die Tochter zu einem Bilderbuchtag. Mit zehn hat Helen sie nach Strich und Faden an der Nase herumgeführt! Es bedarf einer Menge Geduld und Entschlossenheit, eine solche Familie wieder ins rechte Lot zu bringen. Um aufrichtig zu sein, ich bin froh, wenn es nur halbwegs gelingt.

### Auch die Geschwisterposition der Eltern ist von Bedeutung

Bisher haben wir uns nur mit verschiedenen Rangfolgen in der Geschwisterreihe bei Kindern beschäftigt. Was aber ist mit den Eltern? Die Geburtenrangfolge der Eltern kann ebenfalls einen ungeheuren Einfluß auf die Konstellation der Familie ausüben. Welche Auswirkung hat die Geschwisterposition von Vater oder Mutter auf die eigenen Kinder? Eine ganz wesenseigene Kraft, die da am Werk ist, liegt in der Neigung des Elternteils, sich mit dem Kind zu identifizieren, das der eigenen Position in der Geschwisterposition entspricht.

Ich erinnere mich an eine Vorlesung über Kinderpsychologie, die ich als außerordentlicher Professor an der Universität von Arizona hielt. In einer der Stunden führten wir vor 200 Studenten, von denen die Mehrheit Lehrer und Berater waren, eine ›Demonstration von Familienkonstellationen‹ durch. Ich führte eine Familie, bestehend aus Vater, Mutter und drei Kindern vor, mit denen ich mich eine Zeitlang vor den Zuhörern beschäftigte, einzeln und gemeinsam.

Nachdem die Familie den Saal wieder verlassen hatte, bat ich um Reaktionen und Wortmeldungen aus dem Publikum. Da die meisten keine Neulinge auf dem Gebiet, sondern Leute aus der Praxis waren, war ich auf ihre Reaktionen sehr gespannt. Es wurden zwar unterschiedliche Beobachtungen zum Ausdruck gebracht, aber in einem Punkt gab es große Übereinstimmung: »Es hatte den Anschein, als hätten Sie einen Großteil Ihrer Aufmerksamkeit dem Jüngsten der Kinder, dem vierjährigen Mädchen, geschenkt.«

Ohne mir groß Gedanken zu machen, antwortete ich: »Ja, war sie nicht süß?«

Aber dann traf es mich wie ein Schlag. Natürlich fand ich das Jüngste süß! Ich selbst bin doch auch der Jüngste in meiner Familie. Mein ganzes Leben lang – in der Schule wie auch danach – wurde ich als niedlich und süß bezeichnet.

Und da ich nun schon dabei bin, über mich und den Umgang mit meinen eigenen drei Kindern nachzudenken: An wessen Späßen ergötze ich mich am meisten? Natürlich an denen von Kevin II, unserem Jüngsten! Wenn Holly, unsere Älteste, zwölf Jahre alt, oder Krissy, unser mittleres Kind, elf Jahre alt, zu mir kommen und sich über Kevey, den Siebenjährigen, beklagen, daß er sie drangsaliere und piesacke, dann sage ich: »Schau, mein Liebes, er ist doch unser Kleinster ... kleine Brüder verhalten sich nun mal so gegenüber ihren Schwestern.«

Andererseits bin ich wohl eher etwas strenger, wenn Kevin

derjenige ist, der klagt und sich über seine Schwester Holly beschwert. Wir neigen, so scheint mir, eher dazu, von unseren älteren Kindern mehr zu erwarten, besonders von Erstgeborenen, nicht wahr? Wäre ich Holly gegenüber so streng, wenn ich in meiner Familie der Älteste gewesen wäre? Da bin ich nicht so sicher. Ganz gewiß bin ich nicht der einzige, der sich mit dem Kind (über-)identifiziert, das in der Geschwisterreihe ihm selbst am nächsten steht. Ich stoße zu häufig darauf in den Familien, die in meine Beratung kommen.

Nehmen wir das Schaubild der Familie E als Beispiel des Falles, daß beide Eltern Erstgeborene sind:

FAMILIE E

| | | |
|---|---|---|
| Ehemann | – | Erstgeborener und Zahnarzt |
| Ehefrau | – | Erstgeborene und Vorsitzende des Eltern-Lehrer-Verbandes |
| Mädchen | – | 16 |
| Mädchen | – | 14 |
| Mädchen | – | 12 |

Wer hat die günstigste Position in dieser Familie inne? Hier kann der Fall eintreten, daß sich die Eltern mit der sechzehnjährigen Erstgeborenen ›überidentifizieren‹, jedoch nicht unbedingt in einer nachsichtigen Weise. Das älteste Mädchen wird wohl eher in die zum Perfektionismus tendierenden Wertmaßstäbe der erstgeborenen Eltern gezwängt. *Deren* Art der Über-Identifizierung wird darin gipfeln, die älteste Tochter unter großen Leistungsdruck zu setzen.

Tatsächlich könnte hier die mittlere Tochter in der besten Position sein, da ihre große Schwester ihr in einem beträchtlichen Maß die Steine aus dem Weg geräumt hat und eine ganze Menge der auf Perfektheit gerichteten Energie, die die beiden erstgeborenen Eltern gerne in ihr erstes Kind einströmen lassen, in sich aufgesogen hat.

Wie steht es nun um das drittgeborene Kind – das Baby in

dieser besonderen Konstellation? Erinnern wir uns, daß Eltern sich gerne mit dem Kind, das ihrer eigenen Rangfolge am nächsten steht, identifizieren. Die Wahrscheinlichkeit ist daher ziemlich groß, daß weder der erstgeborene Zahnarzt noch die erstgeborene Vorsitzende des Eltern-Lehrer-Verbandes sich von den frühreifen und manipulierenden Verhaltensweisen des letztgeborenen Mädchens betören lassen.

In dieser Familie – wie übrigens in jeder Familie – kommt es zu einem großen Teil auf den Erziehungsstil an. Pflegen beide Eltern den autoritären Stil, d. h. begegnen sie ihren Kindern mit großer Härte und Unvernunft, dann können sie damit erreichen, daß die älteste Tochter aufbegehren und zu einem Rebellen werden wird. Sie wäre ein aussichtsreicher Anwärter dafür, in der Schule zu versagen – vielleicht sogar mit Absicht – nur um die Pläne ihrer ›perfektionistischen Eltern‹ zunichte zu machen.

Haben sich diese Eltern andererseits ein paar gute Ratschläge in Form von Büchern zu Gemüte geführt, sind sie vielleicht in der Lage, zwischen einem autoritären und einem ausgewogenen von Autorität bestimmten Erziehungsstil, der zwar Ansprüche stellt, aber gerecht und vernünftig gehandhabt wird, zu unterscheiden.

Durch einen vernunftgeprägten, von Autorität getragenen Erziehungsstil könnte es erstgeborenen Eltern gelingen, ihre älteste Tochter dazu zu bringen, das Abitur zu machen und sich als Luftfahrtingenieur ausbilden zu lassen. Oder zu was auch immer. Sie könnte Astronautin oder Pilotin werden. Vor gar nicht langer Zeit wurde ein Flugzeug der Frontier Airlines von zwei Frauen (Pilotin und Co-Pilotin) gesteuert. Es war das erste Mal, daß dies bei einer größeren Fluggesellschaft geschah.

*Was geschieht, wenn zwei Familien zusammenleben?*

Eine ganze Menge. Als Familienberater, der sich in der Beratung von Stieffamilien auskennt, bin ich versucht, den Rat zu erteilen: »Liebe wird beim zweiten Mal selten schöner.« Ich will keineswegs zynisch sein oder alles zu schwarz sehen. Die Statistiken sprechen jedoch eine deutliche Sprache. Mit Erstgeborenen, Mittel- und Letztgeborenen umzugehen ist schon eine ziemliche Herausforderung, wenn man aber zwei Familien zusammenlegt, dann kann der Umgang mit den Kindern erst recht schwierig werden.

*Wenn man im Begriff ist, unterzugehen*

Wenn mir jemand, der Kinder hat, erzählt, daß er überlegt, sich mit einem anderen Partner, der ebenfalls Kinder hat, wieder zu verheiraten, dann äußere ich mich immer folgendermaßen: »Man kann in einer Stieffamilie leicht untergehen.« Die Gründe gegen zweite Ehen sind (günstigstenfalls) übermächtig. Es ist schon schwierig genug, wenn einer der Ehepartner Kinder mit in die neue Ehe bringt, aber nimmt man dann die Verwicklungen und Probleme hinzu, die zwei Gruppen von Kindern, die mit den Eltern unter einem Dach leben, verursachen, dann kann das hart sein – *sehr* hart. Obwohl viele Menschen in Kenntnis dieser Vorgaben sind, scheinen sie sich davon nicht beunruhigen zu lassen. Es ist naiv, anzunehmen, daß zwischen allen Angehörigen einer Stieffamilie ›unmittelbar Zuneigung und Liebe‹ ausbricht, doch heiraten viele Leute wieder, weil sie glauben, daß ›es bei uns anders sein wird‹. Eltern sind zwar gut zu ihren Stiefkindern, aber anstatt unmittelbare Liebe zu verspüren, sehen sie sich gewöhnlich vor unmittelbare Probleme gestellt. Stiefväter oder Stiefmütter müssen sich vor Augen halten, daß die neugewonnenen Stiefkinder in ihrer vorherigen Familie über Jahre hinweg besondere Beziehungen gehabt haben. Dazu dauert im Vergleich die Periode bei neuverheirateten Partnern normalerweise höchstens zwei Jahre, meist weniger. Es ist absolut unvernünftig, anzunehmen, daß eine zwei Jahre dauernde Beziehung schwerer als die Eltern-Kind-Beziehung, die zehn oder zwölf Jahre angehalten hat (oder wie alt das Kind auch immer sein mag), wiegen soll. Um das alte Sprichwort zu gebrauchen: Das Blut in den Adern blutsverwandter Familienangehöriger ist dicker als der Punsch, der bei der Feier der Wiederheirat serviert wird.

Für den Erfolg beim Aufbau von gefühlswarmen Beziehungen in Stieffamilien spielt das Alter der Kinder zum Zeitpunkt der Wiederheirat eine wesentliche Rolle. Sind die Kinder noch jung – beispielsweise ein Jahr und drei Jahre, die Stiefschwestern und die Jungen, mit denen sie in der neuen Familie zusammengebracht werden, zwei und vier Jahre alt – dann stehen die Chancen um vieles besser. Ihre Persönlichkeit ist noch im Begriff, sich herauszubilden, und die Zeit läuft für die Eltern.

Gesetzt den Fall jedoch, die Kinder sind älter – ein zehnjähriges Mädchen trifft mit einer Stiefschwester von dreizehn Jahren und einem Stiefbruder von fünfzehn Jahren zusammen, dann haben wir es mit Persönlichkeiten und Beziehungen zu tun, die schon weit entwickelt sind. Der Aufbau neuer Beziehungen zwischen allen Beteiligten wird Zeit in Anspruch nehmen, Geduld – und wahrscheinlich ein Quentchen Glück.

*Einzelstücke zusammenfügen*

Um die Schwierigkeiten zu beleuchten, vor die sich die Mischfamilie gestellt sieht, schauen wir uns kurz einmal an, wie das Element ›Geschwisterrangfolge‹ sich auswirkt, wenn die Mutter ihre und der Vater seine Kinder mit in die zweite Ehe einbringen. Sie haben alle die Hoffnung, daß sich unmittelbar Liebe und Harmonie einstellt, obwohl doch, wie unser Schaubild zeigt, ein unmittelbarer ›Kriegsausbruch‹ am ehesten zu erwarten stünde.

| Vaters Kinder | | Mutters Kinder | |
|---|---|---|---|
| Junge | – 12 | Junge | – 13 |
| Junge | – 11 | Junge | – 11 |
| Mädchen | – 9 | Mädchen | – 8 |

Bei einer so gearteten Konstellation wird es zwangsläufig zu Spannungen kommen. Jede einzelne Gruppe von Erst-, Zweit- und Drittgeborenen ist schon in den natürlichen Kampf um die Verteilung des Kuchens verstrickt. Wenn Leute zu mir kommen, die eine solche Eheverbindung erwägen, dann lautet meine prompte Empfehlung: »Tun Sie es nicht!« Denn dies ist eine Situation, in der es nichts zu gewinnen gibt.

Kommen dann Leute zu mir, die schon eine solche Verbindung eingegangen sind, bin ich versucht, ein wenig scherzhaft zu fragen: »Ihre einzige Hoffnung ist jetzt wohl, Ihre Kinder loszuwerden? An der Küste zahlen sie ganz gute Preise!«

Natürlich schlagen wir niemals wirklich vor, die Kinder zu verkaufen, aber der Gedanke ist verführerisch. Der Feind vieler Stieffamilien sind die Kinder. Sie finden es ganz normal, sich das Scheitern der neuen Ehe zu wünschen und auch daran zu arbeiten. Warum? Weil sie sich immer noch dem nicht mehr vorhandenen Elternteil verpflichtet fühlen. Sie können einfach nicht akzeptieren, daß Vater oder Mutter mit einem anderen Partner zusammenlebt.

Steht jede auf diese Weise vermischte Familie vor so vielen möglichen Schwierigkeiten wie Familie F? Schauen wir uns zwei weitere Beispiele an, und überlegen Sie, wer möglicherweise vor größeren Problemen stehen wird.

| Vaters Kinder | | Mutters Kinder | |
|---|---|---|---|
| Junge | – 16 | Mädchen | – 11 |
| Junge | – 14 | Mädchen | – 9 |
| | | Junge | – 4 |

| Vaters Kinder | | | Mutters Kinder | | |
|---|---|---|---|---|---|
| Mädchen | – | 14 | Mädchen | – | 13 |
| Mädchen | – | 10 | Junge | – | 10 |
| | | | Mädchen | – | 8 |

Was glauben Sie, welches Elternpaar wird seine vermischte Familie eher wunschgemäß gestalten können? Die Chancen stehen nicht sehr gut für Familie H, denn dort bestehen die gleichen ›natürlichen‹ Konkurrenzprobleme wie bei Familie F: zwei erstgeborene Mädchen, vierzehn und dreizehn Jahre alt, die um den Platz an der Spitze wetteifern, zwei zehn Jahre alte Zweitgeborene, die sich noch mehr eingezwängt fühlen als vorher, wenn sie sich Raum in der Mitte schaffen wollen, dazu von der Seite der Mutter das Nesthäkchen, die kleine achtjährige Prinzessin, die damit beschäftigt ist, ihren Platz im Rampenlicht durch Charme, Fopperei oder selbst durch Betrug zu erobern.

Die besten Voraussetzungen hat zweifellos Familie G. Niemand wird ernsthaft das Terrain des sechzehnjährigen erstgeborenen Jungen gefährden. Sein nachfolgender Bruder und er haben seit vierzehn Jahren ein gemeinsames Einvernehmen erzielt. Auf der Seite der Mutter ist der kleine Vierjährige für die beiden nur ein ›kleines Ekel‹. Möglicherweise entschließen sich die beiden Älteren, ihn zu ihrem Maskottchen zu machen, vorausgesetzt, er verhält sich dementsprechend.

Was die beiden Mädchen betrifft, die Neun- und die Elfjährige, so werden die für den Sechzehnjährigen keine Bedrohung darstellen. Sie werden damit zufrieden sein, sich ihren Spielen oder dem Fernseher zu widmen.

Wenn es zu Reibungen in der Familie G kommen sollte, dann entstehen sie möglicherweise zwischen dem vierzehnjährigen Sohn des Vaters und jedem der drei Kinder der Mutter. Über vierzehn Jahre hinweg war er der Kleine in seiner Familie, und dann tauchen unversehens drei neue ›Kleine‹ auf, die nun mit ihm um diesen besonderen Platz konkurrieren. Die elfjährige erstgeborene Tochter der Mutter ist wohl diejenige, die das größte Problem darstellen wird. Elf Jahre lang hat sie in ihrer Familie den Ton angegeben. Jetzt, da sie in eine künstliche Rolle als ›mittleres Kind‹ gezwängt wird, möchte sie es nicht mit dem sechzehnjährigen Stiefbruder aufnehmen, doch abhängig davon, wie lebhaft und frech sie ist, könnte sie sich dazu entschließen, den Vierzehnjährigen als Freiwild zu betrachten.

Alles in allem hat Familie G dennoch eine gute Chance, ihren Weg zu gehen, solange Vater und Mutter miteinander auskommen. In der Tat ist die Beziehung zwischen den Eltern in jeder Familie – und ganz besonders in einer Stieffamilie – das wesentlichste Moment, das auf alle anderen Bedingungen einwirkt. Das Geheimnis für den Erfolg einer jeden Ehe ist, sich selbst und nicht die Kinder in den Vordergrund zu stellen. Wir werden das noch näher betrachten, wenn wir uns mit der Geburtenrangfolge und Ehe befassen.

## Zwillinge sind in jeder Geschwisterreihe etwas Besonderes

Ob sie nun ›geschwisterliche‹ (zweieiige und sich kaum ähnelnde) oder völlig gleiche (eineiige und gleichaussehende) Zwillinge sind, in jedem Fall stellen sie etwas Besonderes dar. Im Gespräch mit Zwillingen ist eine Schlüsselfrage: »Wer ist zuerst geboren?« Meist ist einer mit der Antwort schnell bei der Hand, um Sie davon zu unterrichten: »Ich bin der Ältere«, selbst wenn es um kaum mehr als eine Minute Abstand geht.

Zwillinge stellen häufig eine interessante Mischung aus Rivalen und Kameraden dar. Der ›Erstgeborene‹ übernimmt dabei oft die von Selbstsicherheit zeugende Rolle des Führers, während sich der ›Zweitgeborene‹ in die des Folgeleistenden fügt. Ich sage mit Absicht ›oft‹ und nicht ›immer‹. Einige Zwillinge können sich zu echten Rivalen entwickeln, ganz besonders dann, wenn sie gleichgeschlechtlich sind.[2]

Betrachtet man sie unter dem Aspekt von ›Familienkonstellation‹, dann wird von Zwillingen mit großer Wahrscheinlichkeit Druck ausgehen – vor allem auf die nachgeborenen Geschwister. Schauen wir uns als Beispiel Familie I an:

FAMILIE I

| | | |
|---|---|---|
| Mädchen | – | 12 |
| Junge | – | 10 |
| Jungen | – | 7 und 7 |
| Mädchen | – | 3 |

In diesem Beispiel haben die Zwillingsbrüder eine erstgeborene Schwester und einen erstgeborenen Bruder über sich. Die beiden älteren Geschwister werden vermutlich in der Lage sein, mit der besonderen Aufmerksamkeit, die Zwillinge nun einmal erregen, fertig zu werden. Das letztgeborene Kind allerdings wird Probleme damit bekommen, selbst wenn es sich wie in unserem Fall um eine ›kleine Prinzessin‹ handelt. Dennoch wird sie besser dran sein, als es ein letztgeborener Junge wäre.

In der Tat ist die günstigste Position für Zwillinge, wenn sie als letzte Geschwister auf die Welt kommen. Das ist auch meist der Fall, da Frauen über Vierzig eher Zwillinge bekommen als Frauen um die Zwanzig.[3]

*Die Geburtenrangfolge hilft uns dabei, einzigartig zu werden*

Dieser kleine Diskurs über die Zusammenhänge des »Familien-Zoos« sollte veranschaulichen, wie die Geburtenrangfolge mitwirkt, um aus uns einzigartige Einzelwesen werden zu lassen. Wenn wir nun unseren Rang in der Geschwisterfolge mit den variablen Kräften, mit denen wir uns in diesem Kapitel befaßt haben, zuordnen, erhalten wir einige Anhaltspunkte dafür, warum wir so sind, wie wir sind. Selbstverständlich gibt es keine Möglichkeit, stets exakte Voraussagen darüber zu machen, wie sich jeder von uns letztendlich entwickelt haben wird. Dazu sind wir doch zu verschieden und komplex – zu einzigartig. Nur Gott, der uns schon im Mutterleib erkennt[4], verfügt über ein vollständiges Bild von uns. Was wir mit Sicherheit sagen können, ist folgendes:

1. *In einer Familie zu leben ist eine einzigartige und ganz spezifische Erfahrung.* Jede Familie schließt eine Reihe intimer Beziehungen mit ein, wie sie sonst nirgendwo auf der Welt zu finden sind.[5] Diese Beziehungen werden zu einem großen Teil vom jeweiligen Rang in der Geburtenfolge mitgestaltet.

2. *Die Familie eines jeden Menschen übt einen größeren Einfluß auf ihn/sie aus als jede andere Organisation, Institution oder Erfahrung.* Schulen, Kirchen, Vereine, Universität und Berufstätigkeit wirken alle erst später auf das Leben ein, nach den frühen Jahren, die so prägend sind und in denen die grundlegende Persönlichkeit eines jeden Menschen geformt wird. Auch im späteren Leben bleibt der Einfluß der Familie erhalten, selbst über große Entfernungen hinweg, nachdem die Kinder groß geworden sind und das Elternhaus verlassen haben.

3. *Für jede Familie gilt, daß der Rang eines Menschen in seiner Geburtenfolge eine lebenslange Wirkung auf das, zu wem oder was er/sie sich entwickelt, ausübt.* Sind Sie Einzelkind oder Erstgeborene(r)? Dann sind Sie ein anderer Mensch, als Sie geworden wären, wenn Sie zu einem späteren Zeitpunkt das Licht der Welt erblickt hätten. Sind Sie das Nesthäkchen? Ihre Lebensumstände wären andere – wie auch Sie selbst anders wären –, wenn Sie als erstes Kind geboren worden wären. Sind Sie ein ›eingezwängtes‹ mittleres Kind? Dann schauen Sie auf oder vielleicht auch hinunter und denken darüber nach, wie es wohl gewesen wäre, eher oder später auf die Welt gekommen zu sein.

4. *Gleichgültig, welchen Platz wir in unserer Familie einnehmen, es gibt so viele Kräfte, die wirken und unseren Lebensumständen eine andere Gestaltung geben können.* Mir ist bewußt, daß ich die vermischten Familien als ›ziemlich hoffnungslos‹ beschrieben habe. Reibereien, Schwierigkeiten, Frustrationen und selbst ›Kriege‹ scheinen unausweichlich zu sein. Mit gezieltem Eingreifen von denen, die beruflich dazu ausgebildet sind,

Hilfestellung zu leisten, kann es jedoch gelingen, weitreichende Fortschritte zu erzielen.

Zudem ist da natürlich noch ein Faktor, der auf uns einwirkt – nämlich der, eine wahre Beziehung zu Gott zu finden und/oder seinem Glauben mit innigster Hingabe anzuhängen. Als bibelgläubiger Christ zwinge ich anderen meinen Glauben nicht auf; wenn sich aber eine Gelegenheit bietet, dann lasse ich andere an meinem Glauben teilhaben. Ich habe unglaublichste Schicksalswendungen in den hoffnungslosesten Situationen erlebt, einfach nur, weil sich die Menschen aus ihrer Bedrängnis und Schwäche heraushoben mit der Kraft, die dem Glauben innewohnt.

Nachdem wir nun unseren großen Zeh schon im Wasser des Denkens in den Kategorien von Geburtenrangfolge benetzt haben, begeben wir uns jetzt in tieferes Wasser und schauen uns jede der drei Hauptpositionen in der Geschwisterfolge näher an. Dem Erstgeborenen zu Ehren beginnen wir mit ihm.

# Die besondere Bürde aller Erstgeborenen

Es ist immer etwas voreilig und unbesonnen, die einzelnen Positionen in der Geschwisterrangfolge mit einem allgemeingültigen Etikett zu versehen, den Erstgeborenen und ihren engen Verwandten, den Einzelkindern haftet eins an: der *Perfektionismus,* der in extremen Fällen in einen allmählichen Selbstmord münden kann. Erstgeborene und Einzelkinder erhalten eine Menge an Aufmerksamkeit, eine Menge an Ruhm – und sind einer Menge von Druck und Zwängen unterworfen. In den folgenden drei Kapiteln wollen wir uns befassen mit:

- dem Spiel, das Erstgeborene fast immer gewinnen
- den Erstgeborenen, die die ›großen weißen Haie‹ des Lebens anziehen
- den anderen Erstgeborenen, die die ›großen weißen Haie‹ des Lebens *jagen*
- dem ersten Erstgeborenen der Menschheitsgeschichte und damit warum er einen Mord beging
- den Erstgeborenen, die über die meiste Disziplin verfügen
- den Erstgeborenen, die so schnell erwachsen werden müssen
- den Einzelkindern, die oftmals einsam und unbeliebt sind
- den Einzelkindern, die sich selten für ›gut genug‹ halten
- der perfektionistischen Frau, die sich selbst zugrunde richtet
- den schlampigen Menschen, die dennoch Perfektionisten sein können
- Tips, die Perfektionisten helfen sollen, zufriedener mit sich selbst und anderen zu sein

# Der Erstgeborene:
# Wer zuerst kommt, mahlt zuerst

Wenn ich unterwegs bin, um Eltern- und Familienseminare ab-
zuhalten, mache ich oft von einer kleinen Lieblingsübung Gebrauch, die ich durchführe, um den Leuten ihre durch den
Rang in der Geburtenfolge geschaffenen Persönlichkeitsmerkmale bewußtzumachen. Gleichzeitig erhalte ich dabei einen
besseren Eindruck von den Leuten, mit denen ich es zu tun
habe und auch davon, wie ich ihnen am besten helfen kann.

Die Übung sieht folgendermaßen aus:

Ich bitte die Seminarteilnehmer, sich in Gruppen aufzuteilen
und zwar geordnet nach Einzelkindern, Erstgeborenen, Mittelgeborenen und Letztgeborenen (Nesthäkchen) und weise ihnen jeweils eine Ecke im Raum zu, wobei ich den Letztgenann-
ten die entlegendste zuordne, damit sie die anderen nicht be-
helligen. In dieser Phase gebe ich den Gruppen noch keine In-
struktionen, außer, daß ich sie ermuntere: »Reden Sie zwang-
los miteinander, bleiben Sie aber in ihrem Kreis.«

Dann schlendere ich so unauffällig wie nur möglich durch
den Raum, schiebe einen kleinen Zettel in die Mitte einer jeden
Gruppe und lasse ihn umgedreht auf dem Fußboden liegen.
Auch hierbei gebe ich keinerlei Anweisungen – wenigstens
keine hörbaren. Auf jedem der Zettel, die umgedreht daliegen,
steht folgende Anweisung: »Glückwunsch! Sie sind der Führer
dieser Gruppe. Bitte stellen Sie sich den anderen Leuten in Ihrer Gruppe vor, und bitten Sie jeden einzelnen, das gleiche zu
tun. Während des Gesprächs erstellen Sie bitte eine Liste mit
den Persönlichkeitsmerkmalen, die Sie alle gemeinsam zu haben scheinen. Bereiten Sie sich vor, die anderen Teilnehmer
des Seminars über das von Ihnen ›zusammengesetzte Bild‹ zu

informieren. Bitte fangen Sie unverzüglich mit dieser Aufgabe an.«

Was passiert normalerweise? Zunächst warten alle Gruppen auf irgendeine weitere mündliche Anweisung von mir. Wenn dann keine erfolgt, ist es interessant zu beobachten, wie die ›Natur der Geburtenrangfolge‹ ihren Lauf nimmt. Wer hebt den Zettel als erster auf? Fast ausnahmslos ist es jemand aus der Gruppe der Einzelkinder oder Erstgeborenen, der es tut und die Anweisungen liest. Nicht viel später folgen die Mittelgeborenen, und schon bald sind drei Gruppen im Raum mit ihrer Aufgabe beschäftigt.

Und die vierte Gruppe? Die Letztgeborenen ›balgen‹ sich noch übermütig herum, und der Zettel bleibt ungelesen auf dem Boden liegen.

Ich warte noch einen kurzen Augenblick und mache dann folgende Ankündigung: »Sie haben noch ein paar Minuten, Ihre Aufgabe zu beenden. Seien Sie bereit, den übrigen Teilnehmern Ihren Bericht abzuliefern.«

Die Einzelkinder und Erstgeborenen schauen auf wie verstörtes Wild und verdoppeln ihre Anstrengungen, um die aufgetragenen Aufgaben zu erledigen. Die Mittleren schauen nicht ganz so beeindruckt drein, aber auch sie drängen dem Ende entgegen. Was die Letztgeborenen angeht, so haben die so viel Spaß miteinander, daß sie meist gar nicht mitbekommen, was ich gesagt habe.

Bei einem dieser von mir geleiteten Seminare waren die Letztgeborenen in einer entlegenen Ecke versammelt, wobei die Gruppe mehr die Form einer 8 angenommen hatte und großer Trubel herrschte. Einer der Teilnehmer stand zu guter Letzt mit dem Fuß auf dem Zettel, den ich in die Mitte des Kreises gelegt hatte.

Ich erzähle diese Begebenheit nicht, um mich über die Nesthäkchen lustig zu machen. Ich bin ja selbst eins, und wäre ich in dieselbe Situation gestellt worden, wäre sicher ich derjenige gewesen, der auf dem Zettel gestanden hätte. Aber in allen beinahe zweihundert Fällen, in denen ich diese Übung durchgeführt habe, ist es nur ein- oder zweimal vorgekommen, soweit ich mich erinnern kann, daß jemand aus einer anderen Gruppe als der der Einzelkinder oder Erstgeborenen es war, der als erster den Zettel aufhob und den Anweisungen darauf Folge zu leisten begann. Erinnern wir uns an das kleine Quiz, das wir durchführten, und an die ›typischen Wesensmerkmale‹ der Einzelkinder und Erstgeborenen, die mit einschlossen: perfektionistisch, verläßlich, gewissenhaft, Listen-Macher, durchorganisiert, kritisch, ernsthaft, gelehrt.

Dieser Aufstellung könnte man noch hinzufügen: zielorientierte Macher, aufopferungsvoll, gefällig, konservativ, für Recht und Ordnung eintretend, an Autorität und Förmlichkeiten glaubend, gesetzestreu, loyal, sich selbst vertrauend.

In den meisten Büchern, die sich mit der Geschwisterrangfolge befassen, werden die Erstgeborenen meist ausführlicher behandelt, als ihnen gebührt. Das ist nicht weiter überraschend, denn auf die Erstgeborenen werden große Lobeshymnen angestimmt: Sie sind häufig diejenigen, die Großes erreichen, diejenigen, die getrieben sind, erfolgreich zu sein und die auf ihren jeweiligen Fachgebieten Berühmtheit erlangen.

Erstgeborene kann man nicht übergehen. Sind Sie selber keiner, so werden Sie sich dennoch irgendwie mit ihm auseinandersetzen müssen. Das kann in vielen Fällen Reibereien oder sogar heftige Auseinandersetzungen bedeuten. Möglicherweise hat Ihr erstgeborener Bruder oder Ihre erstgeborene Schwester für Sie in Kindertagen den Aufpasser spielen müssen, eine Sache, die wohl beiden von Ihnen nicht so unbedingt behagt hat. Andererseits werden manche älteste Kinder ihren jüngeren Geschwistern zu Vorbildern, ja, sogar zu zweiten Eltern. Genau das war der Fall bei mir und meiner ältesten Schwester Sally.

## Was treibt den Erstgeborenen an?

Es gibt zumindest zwei gute Gründe dafür, warum Erstgeborene gewöhnlich so vollkommen und geradlinig (und manchmal auch ein bißchen streng und zugeknöpft) auftreten. Diese beiden Gründe heißen: Vater und Mutter. Beim Umgang mit ihrem ersten Kind verhalten sich Eltern oft paradox. Der eine Teil ist überbeschützend, ängstlich, zaghaft und unbeständig, während der andere Teil strikte Disziplin fordert, Ansprüche stellt und ständig zu mehr und besseren Leistungen antreibt.

Die schlichte Wahrheit ist, daß das Erstgeborene so etwas wie ein Versuchskaninchen darstellt, an dem Vater und Mutter die Kunst des Erziehens zu erproben versuchen. Sie haben dergleichen schließlich auch noch nie vorher gemacht. *Alles*, was mit dem erstgeborenen Kind zusammenhängt, ist eine außergewöhnliche Angelegenheit, und das beginnt schon lange, bevor Klein-Peter oder Klein-Susi das Licht der Welt erblicken. Während der Schwangerschaft ist die Atmosphäre in vielerlei Hinsicht voller Erwartungen. Halten Sie sich einmal die Vorfreude der Eltern vor Augen (oder erinnern Sie sich an Ihre eigenen Erfahrungen), wie sie sich freuen auf die Geschenke zur Geburt, welche Euphorie sich ihrer bemächtigt bei der Namenswahl, beim Aussuchen der Tapete fürs Kinderzimmer, beim Kauf von Babykleidung und Spielzeug. (Sind die Eltern selber Erstgeborene oder Einzelkinder, kann man dieser Aufstellung noch: Sparschwein, Versicherungspolicen und die Wahl der Schule oder Universität hinzufügen.) Zweifellos übertreiben die Eltern es mit dem Erstgeborenen ein bißchen. Leben die Großeltern in der Nähe, dann unterstützen diese die Freude noch und bannen jeden Schrei, jeden Blick, jede Marotte, jede Bewegung auf Video oder auf Film oder wenigstens mit Omas alter treuer Instamatic auf Platte. Es überrascht kaum, wenn die Wissenschaft feststellt, daß Erstgeborene eher laufen und sprechen können als Spätergeborene. Bei all der Paukerei, dem Ansporn, der Ermunterung, die sie über sich ergehen lassen müssen, tun sie es wahrscheinlich aus reiner Selbstverteidigung.

Ein weiteres typisches Merkmal für Erstgeborene ist ihre Ernsthaftigkeit. Das Leben ist etwas Absolutes und Ernstes für einen erstgeborenen Menschen. Er (oder sie) liebt Überraschendes nicht so sehr. Älteste wollen immer wissen, was geschehen wird und wann es geschehen wird. Ihr Erfolg beruht darauf, die Fäden in der Hand zu halten, pünktlich und gut organisiert zu sein.

Erstgeborene gehören unweigerlich in die Kategorie ›fortgeschritten‹, nicht weil es ihren Wünschen entspricht, sondern weil es für sie nur Erwachsene als Vorbilder gibt, von denen sie ganz selbstverständlich Erwachsenen-Eigenschaften übernehmen. Meist wachsen Erstgeborene zu Bewahrern des Bestehenden heran. Die ganze ihnen innewohnende Energie samt dem Druck, Leistung zu erbringen, versetzt sie in die Funktion eines Maßstabsetzers. Erstgeborene Kinder sind ›kleine Erwachsene‹, die im Leben häufig Führerfunktionen übernehmen und Außergewöhnliches und Großartiges vollbringen und erreichen.

### Sind alle Erstgeborenen gleich?

Ich habe die Ältesten mit einigen kräftigen, groben Pinselstrichen gezeichnet: organisiert, über-erzogen, über-beschützt, zur Leistung gedrängt, Menschen, die etwas erreichen und die die Fäden in den Händen halten wollen. Natürlich ist das nicht ganz so einfach. Insbesondere bei Erstgeborenen gibt es die beiden grundlegenden Typen: nachgiebig und gefallenwollend oder willensstark und kämpferisch.

Der nachgiebige Erstgeborene ist das ›Musterkind‹, das sich zu einem Menschen entwickelt, der anderen gefallen möchte. In den nachgiebigen Erstgeborenen zeigen sich uns die zuverlässigen, gewissenhaften Wunder dieser Welt. Bittet man sie, etwas zu tun, dann reagieren sie mit: »Ja, Mutti... Ja, Vati... Ja, mein Herr... Nein, mein Herr, ich tu' es wirklich gern...« Wer hätte nicht gern solche Kinder oder Angestellte um sich?

Sie sind gute Schüler (Studenten) und gute Arbeiter. Ihnen ist ein starkes ›Bedürfnis nach Anerkennung‹ zu eigen. Sie wollen Anerkennung von Vater und Mutter; sie wollen Anerkennung vom Chef; sie wollen Anerkennung von ihrem Ehepartner.

Meine Frau Sande ist ein klassisches Beispiel für den nachgiebigen Erstgeborenen. Nicht weit von unserem Haus in Tucson, Arizona, gibt es ein erstklassiges Restaurant, das man wohl überall zu den besten zählen würde. Hin und wieder zu ganz bestimmten Anlässen gehen Sande und ich dorthin zum Essen. Bei einem unserer Besuche dort bestellten wir wieder einmal unsere Gerichte, die in der gewohnten tadellosen und korrekten Weise serviert wurden. Während ich aß, warf ich einen Blick zu Sande hinüber und bemerkte, daß sie nur am Rand ihres pochierten Lachses herumpickte.

»Wie ist dein Gericht?« fragte ich. »Alles in Ordnung?«

»Oh... ja. Es ist einfach großartig. Ist es nicht eines der besten Restaurants, das man sich vorstellen kann?«

Weiteressend bemerkte ich, daß Sande immer noch nur an ihrem Lachs herumpickte, ohne ihn wirklich richtig anzuschneiden.

Schließlich platzte mir der Kragen, und ich fragte sie noch einmal: »Sag, ist der Lachs wirklich nach deinem Geschmack? Du ißt ja kaum etwas.«

»Hm... er ist in der Mitte nicht richtig durch.«

Es stellte sich heraus, daß der ›pochierte‹ Lachs innen so roh war, daß er leicht als Sushi (Rohfisch) hätte durchgehen können. Ich als jüngstes Kind, das überhaupt nicht weich und nachgiebig ist, zitierte den Ober zu mir und erklärte ihm den Sachverhalt. Er, wie vor allem auch der Maître de Cuisine und der Koch waren ganz erschrocken. Der Ober eilte mit dem Lachs in die Küche und servierte kurze Zeit später eine gänzlich neue Platte mit einem Lachs, der in Vollendung zubereitet war. Und nicht nur das: der Koch schickte uns kurz darauf ein spezielles ›Friedensangebot‹ in Form eines riesigen Nachtisches: »Mit Empfehlung des Hauses, mit der Bitte um Entschuldigung an Madame für die Unannehmlichkeiten.«[1]

Ich erzähle diese Begebenheit hier nicht, um Ihnen Tips zu geben, wie man selbstbewußt mit Kellnern umgeht oder wie man ohne dafür bezahlen zu müssen an Nachspeisen herankommt, sondern nur, um Sandes nachgiebiges ›Ich beschwere mich lieber nicht, sondern finde mich damit ab‹-Wesen deutlich zu machen. Sande ist ein Mensch, der gefällig ist, ein Heger und Pfleger – alles typische Merkmale des nachgiebigen Erstgeborenen.

Er ist es auch, der häufig die ›großen weißen Haie‹ des Lebens anzieht, die ihm gern hin und wieder einen dicken Brokken aus dem Leib reißen wollen. Diese Leute habe ich oft in meinen Beratungen. Ein typisches Szenario zeigt einen Mann, der einige Jahre im mittleren Management eines Betriebes gearbeitet hat. Sein Vorgesetzter – möglicherweise der stellvertretende Direktor – hat eine eigene Art entwickelt, auf seinem (des Mitarbeiters) Schreibtisch Arbeit anzuhäufen. Ständig kommt er vorbei und läßt kleinere Aufträge auf den Schreibtisch herabflattern. Dabei macht er ihm auch noch nebenbei klar, daß seine Beurteilung im Mai ansteht.

Nun ist der Erstgeborene, der doch gefällig sein möchte, mit einer ganzen Menge von Dingen konfrontiert, die gegen ihn arbeiten. Zu Hause warten eine Frau und vier Kinder, die ernährt und auch noch anderweitig versorgt werden müssen. Der weitaus größere psychologische Hammer, der auf ihn einschlägt, ist jedoch die Tatsache, daß er seit seiner Kindheit derjenige war, der für die Erledigung aller anfallenden Arbeiten verantwortlich war. Er mußte den Müll hinausbringen, das Gras schneiden etc., weil die jüngeren Geschwister noch zu klein oder auch zu unzuverlässig waren. Eltern haben es an sich, sich vom Ältesten abhängig zu machen. Ich nenne das den ›Laß Georg, den Ältesten das tun‹-Komplex.

Bringen Sie den nachgiebigen Erstgeborenen mit einem selbstsüchtigen, narzißtischen Chef oder Ehepartner zusammen, dann haben Sie die Konstellation, die auf der ganzen Linie in einem Chaos enden kann. Nachgiebige Erstgeborene sind dafür bekannt, ›alles hinzunehmen‹ und von einer Welt, die es darauf anlegt, sie zu übervorteilen, rücksichtslos ausgenutzt zu werden. Sie sind allerdings auch dafür bekannt, daß sie ihren Unmut in aller Stille pflegen und ihm dann irgendwann in einer einzigen heftigen Explosion freien Lauf lassen.

Während nachgiebige Erstgeborene ein starkes Bedürfnis haben, gewissenhaft, umsorgend und Diener zu sein, gibt es noch eine andere Kategorie Erstgeborener, die bestimmend und willensstark ist. Diese unter Volldampf stehenden Erstgeborenen können in manchen Fällen dachsähnliche Eigenschaften entwickeln. Sie können Charakterzüge annehmen, die sie dazu treiben, viel zu erreichen, und die sie zu verbissenen Schaffern machen. Sie stellen hohe Anforderungen und haben ein starkes Bedürfnis, im Mittelpunkt zu stehen.

Ein Beispiel eines angetriebenen Dachses ist der klassische Erstgeborene, der seiner Arbeit fünfzig Wochen im Jahr verbissen und hingebungsvoll nachgeht. In den zwei Wochen Urlaub dann, wird aus ihm ein ganz anderer Mensch. Ehefrauen haben mir berichtet: »Sobald wir in Urlaub gehen, ist Harald einfach wunderbar. Er entspannt sich richtig und läßt sogar sein Haar wachsen. Er benimmt sich mir und den Kindern gegenüber fast normal. Aber ungefähr *zwei* Tage vor Ende des Urlaubs kann man beobachten, wie eine Veränderung mit ihm vorgeht. Dieser gewisse Blick kehrt auf sein Gesicht zurück, und auf dem Heimweg hat dieses gewohnte Getriebensein wieder von ihm Besitz ergriffen.« Der Mensch, der diese Charaktereigenschaften des Vorwärtsgetriebenseins besitzt, ist meist stolz auf die Art, wie er die Dinge anpackt und erledigt; aber er bezahlt auch dafür. Wenn er nicht selbst körperlich zusammenbricht, dann tun es sicher die Beziehungen zu seiner Familie und seinen Freunden. Die Geschichte kennt eine Unzahl solcher erstgeborenen Menschen, die tragisch endeten. Im Alten Testament fing es mit Adams und Evas ältestem Sohn Kain an, der davon überzeugt war, daß sein Opfer bestimmt ebensogut, wenn nicht besser war als das seines Bruders Abel. Als Gott Kains ›Früchte des Feldes‹ nicht als Opfer annahm, reagierte der damit, daß er seinen Bruder zum ersten Mordopfer der aufgezeichneten Geschichte machte.[2]

Auf einer viel gemäßigteren Ebene, aber dennoch durchaus erfahrbar, kennen Sande und ich uns auch ein wenig mit dem willensstarken Erstgeborenen aus. Wir haben selber einen. Es ist Holly, unsere älteste Tochter, und während dieses Buch in der Vorbereitung war, steckte Holly in der Spätphase jenes Lebensabschnitts, den man ›Präadoleszenz‹ nennt; das bedeutet, sie war zwölf und ging allmählich auf die siebzehn zu. Holly ist klug, penibel und eigensinnig. Als Beispiel dafür, wie exakt und beharrlich sie sein kann, mag gelten, daß man eine Frage wie etwa: »Wann fahren wir los?« nicht mit einem: »Gleich« oder: »So gegen 9 Uhr« beantwortet. Ihr sollte man eher antworten: »Wir werden den Parkplatz um 21.07 Uhr verlassen!«

### Der erste zu sein, bringt Vergünstigungen mit sich

Wie ich schon früher erwähnt habe, erhalten Erstgeborene zweifellos mehr Aufmerksamkeit und erlangen mehr (traurige) Berühmtheit als sonst irgend jemand. *Alles,* was erstgeborene Kinder tun oder anstellen, wird für die betreffenden Eltern oder die anderen Familienmitglieder zu einer großen, bedeutsamen Angelegenheit. Ihnen wird auf alle mögliche Art und Weise Aufmerksamkeit, Förderung und Ermunterung zuteil. Ganz bestimmt war das bei meiner ältesten Schwester Sally und meinem älteren Bruder Jack, der der erstgeborene Junge in unserer Familie war, der Fall. Von Sally und Jack wurde erwartet, daß sie das Familienbanner in höhere Höhen trugen, und das taten sie auch in vielerlei Hinsicht.

Ein allgemeingültiges Wesensmerkmal des Ältesten besteht in seinem Vertrauen darauf, von seiner Umgebung ernst genommen zu werden. Das resultiert noch aus seiner Kindheit, als die Erwachsenen ihn ernst nahmen und er das auch spürte. Kein Wunder also, daß Erstgeborene häufig in Führungs- und Hochleistungspositionen gelangen. Zweiundfünfzig Prozent aller Präsidenten der Vereinigten Staaten (USA) waren Erstgeborene (nur vier waren die Jüngsten in ihren Familien).

Erstgeborene sind für starke Konzentrationsfähigkeit, Toleranz und Geduld bekannt wie auch dafür, gut organisiert und gewissenhaft zu sein. Diese Wesenszüge verhelfen ihnen in vielen Berufen zu beträchtlichen Vorteilen. Stellen Sie sich vor, Sie wären Direktor einer Bank, und Sie sollten neue Kassierer einstellen: Wen würden Sie nehmen? Ich habe diese Frage auch in meinen Seminaren gestellt. Ein paar Leute meinten, sie würden wohl Letztgeborene – die Jüngsten aus einer Geschwisterreihe – vorziehen, wegen deren Freundlichkeit und dem einnehmenden Charme, was beides für die Arbeit am Schalter mit Publikumsverkehr von ungeheurem Vorteil wäre. Dem muß ich ständig widersprechen. Sicher ist es wichtig, beim Umgang mit den Menschen am Schalter freundlich zu sein, aber es wäre doch auch so typisch für einen letztgeborenen Kassierer, wenn er etwa folgendes äußern würde: »Petra, könnten Sie bitte einmal herkommen und mich für einen Moment ablösen? Ich brauche dringend eine Cola, und an meinem Schalter stehen noch vierzehn Leute an.«

Und dann wäre da auch noch das kleine Problem mit dem Abhandenkommen von Sachen, einem nicht ungewöhnlichen Wesenszug bei Jüngsten: »Schauen wir mal, ich bin sicher, daß die fünfzigtausend Mark hier irgendwo sind...«

Ich will damit keineswegs behaupten, daß Sie, wenn Sie zufällig ein letztgeborenes Kind sind und als Kassierer in einer Bank oder in einem ähnlichen Beruf arbeiten, automatisch ein weniger gewissenhafter Mensch sind, wenn die Arbeitsbelastung Sie zu erdrücken droht, oder daß Sie mit großen Geldsummen sorglos umgehen oder sie sogar verlieren. In der Regel jedoch sind Erstgeborene mit Sorgfalt arbeitende, gewissenhafte und ›perfektionistische‹ Typen – wesentliche Eigenschaften für jemanden, dem große Verantwortung übertragen wird. Erstgeborene verabscheuen es, Fehler zu machen. Sie sind ordentlich und abwägend, und sie sind Kleinkrämer, wenn es um die Einhaltung von Regeln und Vorschriften geht. Alle diese Eigenschaften tragen dazu bei, gestellte Aufgaben ordentlich und zuverlässig zu verrichten.

Das alte Sprichwort ist so wahr, daß es einem angst macht:
»Ihre Stärke ist im allgemeinen auch Ihre Schwäche.« Dieses
Wort trifft ganz besonders auf Erstgeborene zu. Die gebün-
delte Aufmerksamkeit, die Oh- und Ah-Rufe, das Scheinwerferlicht und die Verantwortung, denen sie ausgeliefert sind,
laufen alle auf eines hinaus – *Druck*!

Ein großer Teil des Drucks stürzt in Form von Disziplin und –
in zu vielen Fällen – in Form von Bestrafung über das älteste
Kind herein. Man kann jeden Erstgeborenen fragen, und er/sie
wird eingestehen (oder darüber klagen), daß er/sie häufig be-
straft wurde. Älteste Kinder werden Ihnen berichten, daß sie
nie aus der Reihe tanzen durften, während ihre jüngeren Geschwister es da – zumindest zu einem gewissen Grad – leichter
hatten. Die schlichte Wahrheit ist, daß für jedes neu hinzukom-
mende Kind in einer normalen Familie die Einhaltung von Regeln und Vorschriften immer weniger Gültigkeit besitzt. Ist das
auch im Hause Leman so, wo wirklichkeitstreue (an den jeweiligen Gegebenheiten orientierte) Erziehung so unfehlbar von
dem fachkundigen Psychologen und seiner liebevollen Frau gepflegt wird? Holly, unsere Älteste, und selbst Krissy, unsere
Mittlere, würden Ihnen vermutlich darauf zur Antwort geben:
»Wir müssen die Regeln einhalten, während Kevey sich alles
erlauben darf.«

Um Sande und mich zu rechtfertigen, muß ich sagen, daß wir
besonders hart daran arbeiten, unsere Kinder niemals genau
gleich zu behandeln und trotzdem versuchen, konsequent zu
sein, wenn es um die Einhaltung der Schlafenszeit und anderer
Anordnungen geht. Wenn also Holly, als sie sieben Jahre alt
war, um acht Uhr ins Bett gehen mußte, dann mußte es Krissy
im selben Alter auch, und Kevey muß es ebenso. Dazu mehr in
dem Abschnitt, der sich mit Erziehungsmodellen befaßt.

Wie er die meisten Vorschriften erhält, so bekommt der Erstgeborene gleichermaßen die meiste Arbeit aufgehalst. Wenn
dringende Arbeiten im Haus anstehen, wen ruft man? Es ist der

Älteste, dem sie übertragen werden, seien es Arbeiten im Haushalt, Besorgungen oder das Entfernen von Hundedreck. Und in der Tat ist eine der Hauptklagen der meisten erstgeborenen Erwachsenen im Rückblick, daß ihnen die Aufsicht über und die Verantwortung für ihre jüngeren Geschwister übertragen wurde, wenn sie lieber nach draußen gegangen wären, um mit den Kameraden zu spielen. Sicher, vielleicht übernehmen Erstgeborene die Babysitter-Rolle für einige Zeit ganz gerne, aber schon bald werden sie ihrer überdrüssig. So ist es tatsächlich nichts Ungewöhnliches, wenn ältere Kinder, die ihnen nachlaufenden jüngeren Geschwister im Stich lassen. Ganz am Anfang dieses Buches haben Sie vielleicht meine besondere Anerkennung an meinen Bruder Jack gelesen, der oftmals versuchte, seinen kleinen Bruder Kevin in die Irre zu führen. Es ist ein befolgenswerter Erfahrungssatz, von seinen älteren Kindern nicht zu verlangen, die jüngeren Geschwister zu beaufsichtigen. Allerdings kann diese Regel aus finanziellen Überlegungen, infolge unvorhergesehener Notfälle oder übervoller Terminpläne durchbrochen werden.

Aus irgendeinem (unerklärlichen) Grund erwarten wir von Erstgeborenen einfach zu viel. Wir machen sie zu Schrittmachern und Maßstabsetzern der Familie. Häufig werden sie dazu gedrängt, in Vaters oder Mutters Fußstapfen zu treten, wenn es um die Berufswahl geht. Man kennt ihn gut, den Konflikt zwischen Vater und Sohn, wenn der Vater möchte, daß sein Sohn das väterliche Geschäft übernimmt und der Sohn lieber Förster, Mitarbeiter im Friedenscorps oder sogar Missionar werden möchte.

Auf dem Erstgeborenen, wenn er ein Junge ist, lastet der Druck, ›Kronprinz‹ zu werden. Er hat um sich herum nur Modelle erwachsenen Rollenverhaltens – vor allem das von Vater und Mutter – und ist daher selber eher ein kleiner Erwachsener. Und wo kann er das am besten unter Beweis stellen? Natürlich in dem kleinen roten Schulhaus. Statistiken über Erstgeborene belegen, daß sie in der Schule erfolgreich sind. Für sie ist es ein leichtes, durch gute Noten die Erwartungen von Vater und

Mutter zu erfüllen. Daher sind ihre schulischen Leistungen meist sehr gut. Und natürlich ist die Motivation dazu vorhanden: Jeder kleine Zettel, jedes noch so kleine selbstgemalte Bild oder selbstgebastelte ›Kunstwerk‹, das sie mit nach Hause bringen, erhält positive Anerkennung von den Eltern, ganz zu schweigen von Opa und Oma. Kühlschranktüren (oder ähnliche Plätze) sind während des Schuljahres oft wochenlang oder sogar monatelang von den Werken Erstgeborener mit Beschlag belegt.

Erstgeborene Mädchen stehen nicht so häufig unter dem Druck, ›Kronprinzessin‹ zu sein, aber auch ihnen werden viele Verantwortungen übertragen. Ältere Schwestern sind verläßlich und gewissenhaft; und das wissen natürlich viele Mütter und nutzen das aus. Erstgeborene Mädchen erhalten oft das Etikett ›Glucke‹ oder sogar ›Aufseherin‹.

Es kommt aber auch vor, daß ein erstgeborenes Mädchen ein gutes Verhältnis zu dem Jüngsten entwickelt. So war es bei mir und meiner Schwester Sally. Sally ist sehr stolz auf ihre beiden Brüder. Und jetzt in unseren Erwachsenenjahren stehen wir in engem Kontakt zueinander, wir telefonieren fast jede Woche, obwohl wir in ganz verschiedenen Teilen des Landes leben: Sally in New York, Jack in Kalifornien und ich in Arizona.

Da Jack Sally altersmäßig näher steht, ist ihre Beziehung von gegenseitigem Respekt geprägt. Mich jedoch hat sie in Kinderjahren viel ›bemuttert‹, und, zu meinem großen Vergnügen, tut sie es auch heute noch. Während der Arbeiten an diesem Buch habe ich einige Wochen des Sommers im Westen des Staates New York bei Sally und ihrer Familie zugebracht. Sie hatte schon vorher drei Himbeertorten und zwei Heidelbeertorten gebacken – ganz speziell für mich. Natürlich haben meine Kinder das meiste davon gegessen, aber es zeigt doch, wie sehr meine große Schwester mich noch immer umsorgt.

Kein Wunder, daß Erstgeborene zu ernsthaften, gewissenhaften und überlegten Menschen heranwachsen: Vater und Mutter haben sie gelehrt, sich vor Untiefen, Riffen und Klippen des Lebens in acht zu nehmen. Sie haben gelernt, sich in die Riemen zu legen. Wie oft müssen sie sich sagen lassen: »Sicher machen deine Geschwister dumme Sachen, aber sie sind auch jünger. Von dir erwarte ich einfach mehr. Du mußt dich wie ein Erwachsener verhalten.«

Fast scheint es so, als bestünde die vorrangige Aufgabe des Ältesten darin, immer etwas erwachsener zu sein. Wenn Erstgeborene sich diesem Erwartungsdruck, diesen Anforderungen nicht gewachsen fühlen, kann es passieren, daß sie sich in einer psychologischen Beratungsstelle wiederfinden. Die Mehrheit der Menschen, die hilfesuchend in die Beratungen kommen, sind Erstgeborene oder Einzelkinder. Sie haben ihr Bestes gegeben, um zu gewissenhaften, leistungsstarken, zuverlässigen, reifen – mit einem Wort: vollkommenen – Menschen heranzuwachsen. Das hat oft genug eine Menge Frustrationen und Schuldgefühle zur Folge.

In meine Beratungen kommen viele Erstgeborene, die das Gefühl haben, daß sie immer zielstrebig auf einem vorgegebenen Pfad marschieren müssen, während alle anderen einmal diesen, einmal jenen Pfad benutzen, ohne dafür irgendwelchen Konsequenzen unterworfen zu sein. Die Sache verhält sich natürlich nicht ganz so, wie sie empfunden wird. Wenn man allerdings mit der Bürde: Verantwortung, Charakter und Wertvorstellung groß geworden ist, dann kann diese Last wohl wirklich sehr schwer werden.

Erstgeborene sind ›Zuerstgekommene‹ und auch ›Zuerstbediente‹ von eifrigen Eltern, die die Aufgabe der Erziehung viel besser als alle vor ihnen bewältigen wollen. Jedoch geraten sie auch als erste zwischen die Mühlsteine des Lebens, wo sie sich bewähren müssen oder zerrieben werden.

Wie können Erstgeborene mit diesem ›Fluch‹, den ihnen das

Schicksal auferlegt hat, fertig werden? Sie können in der Tat eine ganze Menge tun. Doch ehe wir darauf zu sprechen kommen, möchte ich den Erstgeborenen dabei helfen, zu erkennen, daß sie in Wirklichkeit nicht ganz so schlecht dran sind. Es gibt nämlich noch eine andere Position in der Geschwisterrangfolge, die den anspruchsvollen Erstgeborenen fast sogar als nachlässig erscheinen läßt, was Gewissenhaftigkeit, Zielorientiertheit und Getriebensein von den ungeheuren Mächten des Perfektionismus angeht. Wer mögen diese übermenschlichen Wunderwesen wohl sein? Im nächsten Kapitel stelle ich sie vor.

### Tips für Erstgeborene

Als Erstgeborener sind Sie mit großer Wahrscheinlichkeit ein gewissenhafter, perfektionistischer, zuverlässiger Mensch. Das ist ein wichtiges Gut, weil man zu Ihnen aufschaut, Ihnen vertraut und das Gefühl hat, sich auf Sie verlassen zu können. Sie sollten sich aber gleichzeitig auch immer bewußtmachen, daß Ihre Stärken Ihre Schwächen werden können. Hier sind ein paar Tips:

1. Nehmen Sie das Leben in kleineren Happen zu sich. Man weiß, daß sich Erstgeborene auf zu viele Sachen einlassen – zu viele Aktivitäten, Organisationen und Projekte etc. Das endet damit, daß Sie zu wenig Zeit für sich selbst haben.

2. Arbeiten Sie daran, nein zu sagen. Die meisten Erstgeborenen wollen gefällig sein – sie mögen es, Anerkennung von anderen zu bekommen, und sie nehmen fast alle Einladungen an, erfüllen fast alle an sie gerichteten Bitten usw. Am besten lernt man das Neinsagen, indem man seine Grenzen erkennt. Es ist schlicht ein Ding der Unmöglichkeit, alles zu tun.

3. Vergessen Sie nicht, daß Ihre Eltern wahrscheinlich an Sie als Ältesten höhere Ansprüche und Erwartungen gestellt ha-

ben als an irgend jemanden sonst in der Familie, und da ist es nur eine natürliche Folge, daß Sie auch an sich selbst hohe Ansprüche stellen. Sie fordern von sich, der erste, der beste – d. h. vollkommen – zu sein. Perfekt sein zu wollen aber ist der beste Weg, allmählich Selbstmord zu begehen. Nehmen Sie sich weniger vor, tun Sie ein bißchen weniger, und genießen Sie dafür mehr Ihr Leben.

4. Erstgeborene stellen bekanntermaßen eine Menge Fragen, wollen alle Einzelheiten erfahren. Sie brauchen sich für diesen Charakterzug nicht zu entschuldigen, denn er ist ein Merkmal einer Führerpersönlichkeit, die eine Situation einzuschätzen vermag, die fähig ist, notwendige Vorgehensweisen zu umreißen und dann einen logischen, stufenweisen Prozeß in Gang zu setzen, der zur Lösung des Problems führt.

5. Sie sind als Erstgeborener eher ein vorsichtiger, bedachtsamer Mensch. Lassen Sie sich nicht von Ihrer Umgebung dazu verleiten, Dinge übers Knie zu brechen, wenn Sie sich lieber die für Sie nötige Zeit lassen möchten, um eine Entscheidung zu fällen.

6. Sind Sie eher der ernsthafte Typ, versuchen Sie, sich einen Sinn für Humor anzueignen. Lernen Sie, über eigene Fehler zu lachen. Nehmen Sie zumindest die Tatsache hin, daß Ihnen bestimmt einmal Fehler unterlaufen werden. Fehler sind dazu da, daß man aus ihnen lernt und Nutzen für die Zukunft zieht.

7. Entschuldigen Sie sich niemals für Ihre Gewissenhaftigkeit und Überorganisation. Sie als Erstgeborener brauchen gewisse Strukturen; Sie brauchen Ihre Merk-Listen. Der ganze Trick besteht darin, sich nicht hetzen zu lassen. Freuen Sie sich darüber, daß Sie so organisiert sind. Teilen Sie diese Fähigkeiten mit anderen: Es gibt eine Unzahl von Leuten, die Hilfe gut gebrauchen könnten!

# Der einsame einzige

Sind Sie eines jener einzigen Kinder auf diesem Planeten, dann
bietet sich hier die Gelegenheit, einmal Dampf abzulassen:
»Wird auch langsam Zeit. Jetzt sind wir schon auf Seite 69, und
Einzelkinder wurden bisher kaum einmal erwähnt!«

Ich verstehe diese Reaktion vollkommen, ganz besonders
von einem ›einsamen einzelnen‹. Einzelkinder neigen dazu,
kritisch zu sein; kritisch gegenüber sich selbst und anderen, und
sie sind häufig einsam, besonders dann, wenn sie in einer Umgebung aufwuchsen, in der es nur wenige Spielkameraden gab.
Da ihre einzigen Familienkontakte im wesentlichen auf Vater
und Mutter beschränkt sind/waren, erhalten sie viel Aufmerksamkeit von Erwachsenen, haben aber andererseits oft Schwierigkeiten, mit Vertretern ihrer eigenen Altersgruppen umzugehen. Dieses Problem begleitet sie ein Leben lang. Das typische
Einzelkind ist bekannt dafür, mit Menschen, die viel älter oder
viel jünger sind, besser zurechtzukommen.

### Die erste Frage lautet: »Warum?«

Die Schlüsselfrage für jedes Einzelkind lautet: »Warum waren
Sie ein Einzelkind?« Das ist aus mindestens zwei Gründen eine
Schlüsselfrage: Wenn Ihre Eltern ursprünglich mehrere Kinder
haben wollten, aber nur eines bekommen konnten – nämlich
Sie –, so bedeutet das, daß die gesammelte Energie und Aufmerksamkeit, die für mehrere bestimmt war, in ein Kind ein-
strömt(e) – in Sie. Ich nenne das das ›besondere Juwel‹-Phäno-
men. Einzelkinder, die ich zu den besonderen Juwelen zähle,

sind meist Kinder von Eltern im fortgeschrittenen Alter – in den Dreißigern gewöhnlich. Diese besonderen Juwele können sich zu sehr verhätschelten und verwöhnten Kindern entwikkeln. Sie haben ein Leben lang mit dem Problem der Selbstzentriertheit zu kämpfen, weil es so schwierig ist, die grundlegenden Eindrücke abzuschütteln, die sie aus ihren frühesten Erinnerungen an die Eltern gewonnen haben. Diese Erinnerungen haben sie in dem Glauben gelassen: »Ich bin der Mittelpunkt des Universums.«

Andererseits könnten Sie ein Einzelkind sein, weil ihre Eltern nur ein Kind geplant hatten und bei diesem Plan geblieben sind. Sie sind möglicherweise das Ergebnis einer durchgeplanten, auf straffer Disziplin aufgebauten Erziehung, die von Ihnen stets forderte, ein ›kleiner Erwachsener‹ zu sein. Dies ist ein Grund dafür, warum so häufig Einzelkinder in meine Beratung kommen, die zu scheinbar beherrschten Menschen heranwuchsen, die angepaßt, gelassen und ruhig sind. In Wahrheit aber brodelt es in ihnen vor innerer Auflehnung. Der Ausdruck ›innere Auflehnung‹ ist treffend für das Einzelkind. In vielen Fällen ist das Leben des Einzelkindes so durchstrukturiert und eingegrenzt gewesen, daß ein mächtiger Strom unterdrückten Grolls dicht unter der Oberfläche seines Selbstsicherheit und Zuversicht ausstrahlenden Äußeren brodelt. Viele Einzelkinder sind voller Verbitterung darüber, daß sie immer die ›kleinen Erwachsenen‹ sein mußten.

Einzelkinder haben mir berichtet, daß sie keine Kindheit hatten. Die Ansprüche, die an sie gestellt und die Erwartungen, die in sie gesetzt wurden, ließen sie sich ständig wie kleine Erwachsene fühlen. Eine umfassende Charakterisierung des typischen Einzelkindes erhält man, indem man die Begriffe, mit denen ich schon die Erstgeborenen kennzeichnete, auch auf das Einzelkind anwendet. Etikette wie: perfektionistisch, verläßlich, gewissenhaft, durchorganisiert, kritisch, ernsthaft, gelehrig, vorsichtig und konservativ treffen auf sie zu, doch sollten Sie jedem dieser Begriffe noch die Vorsilbe ›über-‹ voranstellen.

Einzelkinder – und dabei ganz besonders jene, die in Elternhäusern aufwuchsen, in denen auf vorgegebene Strukturen und
straffe Disziplin Wert gelegt wurde – sind über-verläßlich und
über-gewissenhaft. Wenn sie erklären, etwas Bestimmtes tun
zu wollen, dann tun sie es auch. Nach außen hin vermitteln sie
den Eindruck, über allem zu stehen, fähig zu sein, sich klar zu
artikulieren und alles wohl zu durchdenken. Und doch fühlen
sie sich häufig – mit der besagten inneren Auflehnung einherge-
hend – minderwertig, nicht auf der Höhe. Die Gründe dafür liegen darin, daß sie ihr Leben lang immer besser waren als der
Durchschnitt. Sie wurden stets am Maßstab eines Erwachsenen
gemessen, und der war gewöhnlich hoch – ein bißchen zu hoch.
Einzelkinder haben nie das Gefühl ›gut genug‹ zu sein; perma-
nent stehen sie unter Rechtfertigungs- oder Beweiszwang.
Diese tiefe unterschwellige Strömung aus Minderwertigkeits-
gefühlen ist bei einigen Einzelkindern so stark, daß sie ein ganzes Leben lang dagegen anzukämpfen haben. Für viele wird das
zu einem niederschmetternden Erlebnis – dem Syndrom des
›deprimierten Perfektionisten‹, wie ich das zu nennen pflege.
Mit ihm werden wir uns noch näher beschäftigen.

*Das besondere Juwel kann ein Dr. Müller und Herr Schulz sein*

Viele Einzelkinder können sich zu einer interessanten Mischung aus einem ältesten und einem jüngsten Kind entwikkeln, einer Mischung aus den Charaktereigenschaften eines
Erstgeborenen und denen eines Letztgeborenen. Ihre Handlungsweisen können sehr engagiert und von Verantwortung ge-
tragen sein, und sie können auch geschickt mit Erwachsenen-
Situationen umgehen, im tiefsten Innern jedoch sind sie voller
Furcht, voller Auflehnung und Wut, weil man sie so verwöhnt
und verhätschelt hat, daß sie tatsächlich weit davon entfernt
sind, alles so im Griff zu haben, wie sie es nach außen darzustel-
len versuchen.
Ein solches Einzelkind hat etwas von dem Wesen eines Dr.

Müller/Herrn Schulz. Dieses Einzelkind ist das typische ›besondere Juwel‹, das geboren wurde, als die Eltern Mitte oder Ende Dreißig oder in manchen Fällen sogar Anfang Vierzig waren. Mächtige Kräfte arbeiten für das Einzelkind und zehren an dem ›besonderen Juwel‹. Unübersehbar ist natürlich, daß das Einzelkind keinerlei Konkurrenz um die Aufmerksamkeit der Eltern ausgesetzt ist. Da diese ihr Kind erst in späten Jahren bekamen, ist es für sie um so kostbarer; daher tendieren sie dazu, dieses Kind zu verwöhnen oder zumindest sich zu bemühen, es in den Genuß aller nur möglichen Vergünstigungen kommen zu lassen.

Dieser ›Verwöhnungs-Effekt‹ hat auch etwas damit zu tun, daß Menschen, die erst spät in ihrem Leben Kinder bekommen, schon in festgelegteren Bahnen leben. Sie haben das Leben schon ganz gut begriffen: Sie wissen, was sie wollen, wie das zu erreichen ist und in welchem Zeitraum. Dies sind die idealen Umstände, um aus unserem ›besonderen Juwel‹-Einzelkind einen Anwärter für den ›Ultra-Perfektionisten‹ werden zu lassen. Einzelkinder erwarten, daß alles nach ihrem Willen läuft, und ist das einmal nicht der Fall, wie es ja im Leben so häufig geschieht, reagieren sie unwirsch. Sie können dann in der Tat sehr ungeduldig und intolerant gegenüber Leuten sein, die ihren Maßstäben nicht genügen. Einzelkinder wünschen sich oft insgeheim einfach: ›hinzukommen, zu übernehmen, auszuführen.‹

### Sind alle Einzelkinder unbeliebt und untauglich?

Das Leben kann sich für Einzelkinder sehr schwierig gestalten. Eine Umfrage bei Studenten ergab, daß Einzelkinder als stärker auf sich selbst gerichtet, aufmerksamkeitsheischender, unglücklicher und unbeliebter angesehen werden als Menschen mit Geschwistern.[1] Diese ziemlich neue Untersuchung scheint die Behauptung von Alfred Adler, der praktisch der Begründer der Schule war, die erklärt, daß die Position in der Geschwisterreihe ein wesentlicher Bestandteil der psychischen Entwicklung des Menschen ist, widerzuspiegeln. Alfred Adler fällte ein hartes Urteil über Einzelkinder: »Solche Kinder werden mit jeder selbständigen Tätigkeit Schwierigkeiten haben und für das Leben (früher oder später) untauglich werden.«[2]

Obwohl ich sowohl von meiner psychologischen Ausbildung als auch von der Einstellung her ›Adlerianer‹ bin, muß ich doch anmerken, daß ich glaube, Adler hatte wohl einen schlechten Tag mit ein paar ›einsamen einzelnen‹, als er diese Behauptung aufstellte. Eine ganze Menge Einzelkinder haben sich zu etwas mehr entwickelt als zu Menschen, die unglücklich, unliebenswert und untauglich sind. Nur ein paar Namen von Einzelkindern, die in ihrem Leben nicht zu schlecht abschnitten: Franklin D. Roosevelt, Sammy Davis Jr., Leonardo da Vinci, die Herzogin von Windsor, Charles Lindbergh, Indira Gandhi und Albert Einstein.[3]

Die Einzelkinder, mit denen ich es in meinen Beratungen zu tun habe, kämpfen weitaus häufiger mit ›Perfektionismus‹ als mit ›Untauglichsein‹. Ich treffe viel mehr auf jene Art von Frau, wie ich sie im folgenden beschreiben will. Wir nennen sie einfach...

### Kathie, die deprimierte Perfektionistin

Das Einzelkind, das ein Opfer des Perfektionismus wird, gehört gewöhnlich zu einem der beiden folgenden Extreme:

1. *Es wird kritisch, gefühllos und nüchtern;* es wird nie eigene Fehler oder Versehen oder die anderer Menschen tolerieren. Ein solcher Mensch liebt es, herumzulaufen und ständig vor sich hin zu murmeln: »Das Gute ist der Feind des Besten!«

2. *Es wird jedermanns Retter;* ein Mensch, der sich von den Problemen anderer quälen läßt und andauernd einschreiten möchte, um sie zu lösen. Ich bezeichne das als die ›Pflege-Mentalität‹. Es ist kein Zufall, daß es oft Einzelkinder oder zumindest älteste Geschwister sind, die in Pflegeberufen arbeiten.

Jeder dieser Wege kann in den Persönlichkeitstypus münden, der sich viel zu häufig in meiner Praxis einfindet – das was ich den ›deprimierten Perfektionisten‹ nenne. Diese deprimierten Perfektionisten sind in der Tat sehr ordnungsbewußte, organisierte Menschen, die an sich selbst wie auch an ihre Mitmenschen hohe Anforderungen stellen. Ich habe schon früher erwähnt, daß Älteste ebenfalls über diesen Charakterzug verfügen; Einzelkinder sind in dieser Hinsicht jedoch extremer.

Wenn sich bei mir der Verdacht regt, daß es sich bei einem Ratsuchenden um einen deprimierten Perfektionisten handeln könnte, bitte ich ihn, eine kleine Übung durchzuführen, in der das ideale Ich mit dem realen Ich verglichen wird. Damit bezwecke ich, dieser Person zu helfen, das ›Idealbild‹ – d. h. das Ich, von dem sie hofft, daß andere sie so sehen – ihrem realen Ich – d. h. der Mensch, der sie wirklich ist – gegenüberzustellen. Im Anschluß daran lege ich dem Patienten eine ausführliche Aufstellung vor, mit der ein anderer Patient die ihm zugewiesene Aufgabe erfüllte. Es handelt sich dabei um eine Gegenüberstellung des idealen und des realen Ichs einer einundvierzigjährigen deprimierten Perfektionistin, die ich ›Kathie‹ nennen möchte.

| die ideale Kathie | die wirkliche Kathie |
| --- | --- |
| organisiert und leistungsfähig | leistungsschwach und unorganisiert |
| glücklich und heiter | negativ und mürrisch |
| mitreißend, fähig, aus den Menschen in der Umgebung das Beste herauszulocken | pedantisch; die Menschen in der Umgebung entmutigend |
| realistische Einschätzung von Zeitaufwand und der Menge der durchzuführenden Aufgaben | beginnt Sachen, die in den vorgegebenen Zeitplan nicht hineinpassen – und vermutlich nicht zu Ende geführt werden |
| den Haushalt in Ordnung halten | hängt immer hinterher |
| fähig sein, den Haushalt effizient zu führen | bekommt die Sachen nie in den Griff oder benötigt Hilfe von anderen |

| | |
|---|---|
| energiegeladen und fleißig | meist müde und muß, sich selbst zwingend, Dinge erledigen |
| sexuell angriffslustig und ausdrucksfähig | abgespannt und mechanisch |
| realistische Erwartungen an die Liebe haben | wirklichkeitsfremd romantisch – möchte immer noch so begehrt sein wie vor der Ehe |
| voll innerer Schönheit, die auch nach außen dringt | voll innerlichem Zorn |
| selbstbewußt, ganz gleich, was andere Leute denken mögen | macht sich Gedanken darüber, was die anderen wohl denken |
| beharrliches Verfolgen eines Ziels | zögernd und zaudernd, alles bis zur letzten Minute hinausschiebend |
| Vorgenommenes abschließen | viele unvollendete Vorhaben vor sich liegen habend |
| saubere und ordentliche Schränke haben | zu großes Durcheinander, sich von Sachen nicht trennen können |
| kurz und zur Sache gehörig reden können | könnte immer und immer weiterreden |
| selbstsicher sein | der Anerkennung anderer bedürfend |
| sich sicher fühlen | braucht das Gefühl, gebraucht zu werden |

Wie ich schon sagte, ist das eine sehr ausführliche Darstellung, selbst für einen Perfektionisten. Für einen Nicht-Perfektionisten wie mich (als jüngstem Kind) war es schon ganz schön anstrengend, es nur zu lesen! Und Kathie meinte, sie könne immer noch weitermachen... Die obige Aufstellung ist die ausführlichste, die ich zum Thema ›Vergleich der idealen mit der realen Persönlichkeit‹ erhalten habe. Allerdings überrascht mich das nicht, denn Kathie ist der klassische Fall des aller Hoffnung beraubten Perfektionisten. Und – natürlich – ist sie ein Einzelkind.

Kathie ist sich absolut bewußt, wie sie sein sollte, aber sie kann diese Erwartungen nicht erfüllen. Ihr Ehemann beschreibt sie als depressiv, voller Schuldgefühle, viel zu empfindlich, jemand, der sich unter dem selbstauferlegten Druck plagt, ständig in Bewegung ist, immer damit beschäftigt, neue Projekte zu beginnen, immerzu alles richtig machen möchte, sich immer mehr zumutend, als sie tatsächlich erledigen kann – und sich dabei stets als Mißerfolg oder Fehlschlag begreifend.

Ich wünschte, Sie hätten Kathies Gesichtsausdruck sehen können, als ich ihr vorschlug, beim nächsten Mal, wenn sich ihr depressive Gedanken bemächtigen sollten, anstatt mich aufzusuchen, lieber einen ihrer Schuhe auszuziehen und sich damit ein paarmal gegen die Stirn zu klopfen. Kathie hätte leicht das Buch ›Wie ich mein eigener bester Feind werde‹ schreiben können. In der Tat hausten da etliche Feinde in ihrem Kopf.

Indem wir das ›Ideale‹ mit dem ›Realen‹ in Beziehung setzen, stoßen wir unmittelbar auf das Wesen der Persönlichkeit des deprimierten Perfektionisten. Sicher ist keine der beiden Aufstellungen eine genaue oder gesunde Sicht auf die betreffenden Menschen. In der Spalte mit den ›idealen‹ Eigenschaften hat Kathie sehr anspruchsvolle Ziele formuliert. Als sie diese nicht erreichte, machte *die Vorstellung,* die sie von ihrem realen Ich aufgebaut hatte, sie in großem Maße als eine mit sich selbst nicht in Einklang stehende Persönlichkeit sichtbar. Sie hatte das Gefühl, auf allen Gebieten ein Versager zu sein. In Wahrheit war sie nicht so schlecht, wie es die rechte Spalte zu suggerieren scheint. Aber sie *dachte,* daß sie so wäre. Sie war gefangen in ihrem selbsterrichteten Gefängnis des Perfektionismus.

Weiterhin erschwerte sie ihr Leben dadurch, daß sie unrealistische Erwartungen an ihre Ehe stellte. Davon erhalten wir einen kleinen Eindruck durch ihren Vergleich des ›Realen‹ mit dem ›Idealen‹. Beachten Sie, was sie über Liebe empfand und was sie von ihrem Ehemann erwartete. Wie realistisch ist es für eine Frau, die zwölf Jahre lang verheiratet ist, von ihrem Ehemann zu erwarten, daß er ihr in der gleichen Weise den Hof macht, wie er es vor der Ehe getan hat? Ich glaube an das Romantische. In einem meiner Bücher habe ich das auch betont, wie Ehemänner ihre Frauen mit romantischen Einfällen verwöhnen sollten. Man kann allerdings auch zu hohe Ansprüche stellen; die Wirklichkeit des Lebens ist einfach nicht so.

Das jedoch war Kathies ›Stärke‹: ihre Hoffnungen hoch anzusetzen, um dann von ihrem Mann in ihren Erwartungen enttäuscht zu werden. Statt aber nun über ihren Mann zu urteilen, richtete sie die Beweismittel gegen sich selbst, und gewann dadurch die Überzeugung, daß sie kein guter Mensch war. Wenn sie den Eindruck hatte, daß ihr Mann ihren hohen Ansprüchen nicht genügte, gab sie nicht ihm die Schuld, sondern sagte zu sich selbst, daß sie fehlerhaft wäre, und sobald sie ein besserer Mensch geworden wäre, ihr Ehemann auch sein Verhalten ändern könnte.

## Kathies Vater

Sie haben vielleicht schon vermutet, daß Kathie, als Einzelkind, in einer familiären Umgebung aufwuchs, in der ihr Vater, ein abgesonderter Mann, nie ein Lob für sie fand, ganz gleich, was sie auch tat. Im Gegenteil, er beherrschte es vorzüglich, ihre Fehler aufzuspüren und sie ihr vorzuhalten. Bei Kathie entwickelte sich das Gefühl, Erwartungen entsprechen zu müssen, denen sie aber nicht genügen konnte, gleich, wie sehr sie es auch versuchen mochte.

Ein Beispiel: Im Alter von dreizehn Jahren errichtete sie hinter dem Haus ganz ohne fremde Hilfe eine Ziegelmauer, die einen kleinen Hof umschließen sollte. Für jeden wäre das ein schwieriges Stück Arbeit gewesen, für ein dreizehnjähriges Mädchen allemal. In der ihr eigenen naiv-zuversichtlichen Art jedoch schaffte sie es. Ein ganz ausgezeichnetes Stück Arbeit war ihr da gelungen. Alle Leute, die die Mauer sahen, bewunderten ihr Werk – mit Ausnahme ihres Vaters. Als er von einer Geschäftsreise zurückkehrte und sah, daß die Mauer (die er irgendwann einmal selber hatte bauen wollen) schon errichtet war, geriet er in Wut. Was und wie Kathie es gemacht hatte, war falsch; er konnte überhaupt nichts an dem Werk finden, was richtig gewesen wäre. Das gleiche galt auch für Kathie selbst.

Schon die Umstände, in denen sie aufwuchs, waren schlimm genug; aber raten Sie einmal, welche Art Mann Kathie heiratete? Martin war clever, tüchtig und erfolgreich in seinem Beruf. Auch er war der Älteste zu Hause gewesen, und auch er war verunsichert, weil er das Gefühl hatte, nie irgendwelchen Erwartungen gerecht zu werden. Daraus folgte, daß er ein überaus kritisches, nach Fehlern suchendes Naturell entwikkelte. Zu alledem war er auch noch ein konfliktscheuer Mensch.

Martin war absolut unfähig, für Kathie das zu sein, was sie sich für ihr Leben erhoffte: ein Ehemann, mit dem sie intime Gedanken und Gefühle teilen konnte. Daher mußte ein Teil der Therapie darin bestehen, Martin miteinzubeziehen, um ihm zu helfen, seine Gefühle zu artikulieren. Es war für ihn wie eine Offenbarung, als er sich bewußt wurde, daß er voller Gefühle steckte, die er einfach nicht gelernt hatte zu zeigen. Er hatte Kathie allzeit unterschwellig ›abgelehnt‹, und sie hatte das gespürt. Als sie schließlich miteinander zu sprechen begannen, klärten sich viele Probleme sehr schnell.

Ein Grund für Martins Weigerung, seine Gefühle zu offenbaren, lag ganz sicher in seiner Furcht, von Kathie zurückgewiesen zu werden, wenn er ihr seine wahren Empfindungen offenlegte. Dieser Charakterzug ist typisch für Menschen, die ich ›Kontrollierer‹ nenne, Menschen, die ihre Gefühle für sich behalten. Die Furcht, zurückgewiesen zu werden, wenn sie ihre Gefühle zeigen, läßt sie davor zurückschrecken. Es war für mich eine außerordentlich dankbare Aufgabe, Kathie und Martin zu helfen herauszufinden, ob sie einander ihre Gefühle mitteilen und sich als die Menschen lieben könnten, die sie nun einmal waren.

Ein weiterer wesentlicher Bestandteil von Kathies Therapie war, sie dazu zu bringen, auch einmal nein zu sagen. Sie neigte in einem übertriebenen Maße dazu, sich zuviel zuzumuten. Ich mußte hart mit ihr ringen, bis sie sich bereit erklärte, bestimmte

Dinge, die ihr einfach zuviel waren, aus ihrem Leben zu verbannen. Einer dieser Bereiche waren ihre Aktivitäten in ihrer Kirche. Kathie war eine sehr aktive Christin, und sie fühlte sich ihrer Kirche vollkommen verpflichtet. Sie engagierte sich bei jeder nur denkbaren Gelegenheit, die sich bot. Zusätzlich hatte sie sich entschlossen, ihre beiden Kinder zu Hause zu unterrichten (was man als ›Heimschule‹ bezeichnet) und noch einer Halbtagsbeschäftigung von zweiundzwanzig Wochenstunden nachzugehen.

Selbstverständlich war es unmöglich, alle Aufgaben zufriedenstellend zu erfüllen. Sie hatte keine Zeit mehr für sich selbst, geschweige denn für ihren Mann. Aber so hatte sie ihren Lebensstil nun mal eingerichtet, und dieser brachte sie an den Rand des persönlichen Ruins. Sie hetzte durchs Leben und fragte sich ständig, ob sie auch alles recht machte. Mein Hauptrat für Kathie lautete: ›Entweder einige Aktivitäten fallenlassen oder selbst tot umfallen.‹

Mir gelang es, sie zu bewegen, den Heimunterricht für ihre Kinder wie auch den Halbtagsjob aufzugeben. Ich schlug ihr ebenfalls vor, von einigen ihrer kirchlichen Aktivitäten Abstand zu nehmen, denn sie engagierte sich dort viel mehr, als es für einen Menschen tragbar war. Es fiel Kathie außerordentlich schwer, einige der Funktionen in der Kirche aufzugeben, weil Gott und ihr Glaube von großer Bedeutung für sie waren. Ich versuchte, ihr die Idee nahezubringen, daß sie, wenn sie Gott wirklich dienen wolle, zunächst damit anfangen müßte, sich mehr und intensiver um ihren Mann und ihre Kinder zu kümmern, und ich forderte sie außerdem auf, mit sich selbst besser umzugehen.

Als Einzelkind war es für Kathie normal, Anweisungen zu befolgen, und so wurde sie einer meiner ›Star-Patienten‹. Ihr Leben wurde vielen Veränderungen unterworfen. Dabei stand im Mittelpunkt, daß sie lernte, sich selbst zu bremsen und auch einmal nein zu sagen, nein zu einer Welt, die sie ständig drängte, »voranzugehen und erfolgreich zu sein«. Ehe sie um Hilfe nachsuchte, war Kathies Leben davon bestimmt, sich nutzlos und erfolglos zu fühlen, genau so wie es Alfred Adler als typisch für Einzelkinder beschrieb. Es ist dabei interessant festzustellen, daß, während er Einzelkindern gegenüber eine sehr negative Einstellung hatte, Adler in anderer Hinsicht durchaus optimistisch war. Beispielsweise sagte er, daß es keine wesentliche Rolle spielt, an welcher Stelle in der Geschwisterreihe man geboren wird, denn die Position deute nur auf ein bestimmtes Umfeld hin, in dem man aufwächst. Im Erwachsenenalter sei es möglich, sich seiner Persönlichkeitsmerkmale bewußt zu werden und praktische Schritte zu unternehmen, die eigenen Stärken herauszustreichen und die Schwächen zu stärken.[4]

Genau das tat Kathie! Sie war der lebende Beweis dafür, daß es *immer* Hoffnung gibt, selbst für ein Einzelkind, dessen gefühlsarmer Vater aus ihr einen vollkommen deprimierten Perfektionisten machte. Es gibt in der Tat so viele Möglichkeiten für perfektionistische Erstgeborene und Einzelkinder, gegen den Perfektionismus anzukämpfen, daß ich das gesamte nächste Kapitel nur diesem Thema widmen werde. Auch Perfektionisten aus anderen Geschwisterpositionen sind damit angesprochen. Als unbeschwertes Nesthäkchen (und alles andere als ein Perfektionist) glaube ich, daß es lebensnotwendig ist zu lernen, wie man es erreichen kann, weniger perfekt zu sein – und damit glücklicher.

### Tips für Einzelkinder

Da Einzelkinder ›Erstgeborene hoch drei‹ sind, können alle Tips auf den Seiten 67 + 68 Anwendung finden. ›Super‹gewissenhafte und verläßliche Einzelkinder sollten jedoch folgenden Punkten große Beachtung schenken:

1. Seien Sie rücksichtslos gegen sich selbst im Hinblick darauf, zu viele Verpflichtungen einzugehen und zu hohe Ansprüche an sich selbst zu stellen. Man erreicht viel zu schnell den Punkt,

an dem jeder Tag zu einer Tretmühle wird, ohne daß ein Ende in Sicht wäre.

2. Haben Sie wirklich Zeit und Raum in Ihrer Terminplanung für sich selbst gelassen? Die Mehrzahl der Einzelkinder gehört zu den Menschen, die Zeit für sich brauchen. Unternehmen Sie alles, um das für sich selbst zu verwirklichen.

3. In der Regel kommen Einzelkinder mit viel älteren oder viel jüngeren Menschen leichter zurecht. Sie können sich die Menschen, mit denen Sie zusammenarbeiten oder sonstwie umgehen müssen, nicht nach Alterskriterien aussuchen, aber Sie können in bestimmten Situationen versuchen, Kontakte mit älteren oder jüngeren Menschen selbst herbeizuführen. Tun Sie es, denn das sind die Leute, mit denen es am ehesten ›klappt‹ und die Ihnen mehr Streicheleinheiten zukommen lassen und weniger mit Ihnen streiten.

4. Einzelkinder werden oft mit dem Etikett ›eigensüchtig‹ und ›selbstbezogen‹ versehen, weil sie nie gelernt haben, mit Geschwistern teilen zu müssen. Lassen Sie einmal ehrlich Ihr eigenes Leben an sich vorüberziehen. Wie selbstsüchtig verhalten Sie sich gegenüber Ihrem Ehegatten, Ihren Freunden oder Ihren Arbeitskollegen? Welche besonderen Anstrengungen könnten Sie selbst unternehmen, um andere vornanstehen zu lassen, anderen mehr zu helfen und anderen weniger kritisch gegenüberzutreten?

# Ein Rezept
# für deprimierte Perfektionisten

*Christine, blond, blauäugig, 158 cm, 46 kg, berufstätig, unge-*
*bunden, möchte protestantischen Christen kennenlernen, be-*
*rufst. Mann in den Dreißigern, mit Universitätsabschluß, Mitge-*
*fühl für Mensch und Tier, der die Natur liebt ebenso wie sportl.*
*Betätigung und körperl. Fitneß (kein Mannschaftssport), Musik*
*und Tanzen, Kirche und Familienleben. Wünschenswert ist ein*
*Nichtraucher/Nichttrinker, schlank, 170-180 cm, volles Kopf-*
*haar, keine Brustbehaarung, intelligent, ehrlich und vertrauens-*
*würdig, humorvoll, der seine Gefühle mitteilen kann, sehr sensi-*
*bel, sanft und liebevoll ist, kein einseitiges Rollenverhalten, gü-*
*tig, andere Menschen aufbauend und hilfsbereit, keinen Stim-*
*mungsschwankungen und Ego-Problemen unterworfen, selbst-*
*sicher und finanziell abgesichert, gesundheitsorientiert, gepflegt*
*und sauber, überaus rücksichtsvoll und verläßlich. Ich stehe auf*
*dem Fundament altmodischer Moral- und Wertvorstellungen.*
*Wenn auch Sie so denken und an einer christlichen Bindung in-*
*teressiert sind, schreiben Sie an Postf. 82533. Bitte legen Sie ein*
*aktuelles Farbfoto und Ihre Adresse bei.*

Ich weiß nicht, was Sie von der obigen Heiratsanzeige halten,
die ich aus einer Tageszeitung herausgeschnitten habe, aber
mir sagt sie eins: Ich wette mindestens 500 : 1, daß diese blonde,
blauäugige, 158 cm große, 46 kg schwere Frau eine Erstgeborene (oder vielleicht sogar ein Einzelkind) ist. Ich kann mir
nicht helfen, aber ich frage mich wirklich, wie diese über-per-
fektionistische Dame reagieren würde, wenn sich irgendein Su-
permann auf die Anzeige hin meldete und alle Bedingungen erfüllte, bis auf eine: er hätte eine stark behaarte Brust! Oder was

würde sie tun, wenn der arme Kerl in der Volleyball-Mannschaft seiner Kirchengemeinde spielen würde (keinen Mannschaftssport, erinnern wir uns!). Wir können nur hoffen, daß sie wenigstens in einigen Punkten bereit wäre, Abstriche zu machen. Falls nicht, dann kann es leicht so weit kommen, daß unsere blauäugige Blondine alleine alt werden muß, immer darauf wartend, daß sich Herr Richtig bei ihr melden möge.

### Die kleinen Dinge machen den Perfektionisten verrückt

Der Grund, warum ich so sicher bin, daß die Dame, die obiges Inserat aufgab, eine Erstgeborene oder ein Einzelkind sein muß, ist, daß sie ein typisches Beispiel für die Ansprüche und Anforderungen liefert, die ein Perfektionist an sein Leben stellt. Müßte ich einen Begriff nennen, um Älteste oder Einzelkinder zu charakterisieren, dann könnte er nur *perfektionistisch* lauten. Fast könnte man annehmen, an ihnen zerrten innere Kräfte, die für sie nur schwer unter Kontrolle zu halten sind. Das scheint zumindest bei unserer Tochter Holly der Fall zu sein. Ich habe mir geschworen, meine älteste Tochter niemals in die Perfektionisten-Grube fallenzulassen. Meine Frau Sande und ich haben es versucht, ganz bestimmt, aber ich hätte die Schriftzeichen an der Wand – richtigerweise müßte ich: ›im Sand‹ sagen – erkennen müssen. Wir nahmen unsere eineinhalbjährige Holly auf eine Reise mit der Eisenbahn mit, die uns nach Kalifornien ans Meer führte. Für Holly war es das allererste Mal, daß sie am Strand war, und augenblicklich fing sie an, den Sand zu erforschen. Kurze Zeit später watschelte sie auf ihren krummen Beinchen auf uns zu, einen Finger, an dem zwei, drei Sandkörnchen klebten in die Höhe haltend. »Hu, hu!« brummelte sie. Offensichtlich war sie von dem Sand an ihrem Finger überhaupt nicht angetan, und sie war gespannt darauf, wie wir wohl darauf reagieren würden.

Ich widerstand der Versuchung, ihr einen kurzen väterlichen Vortrag wie etwa: »Ja, Holly, es ist nun einmal so: Wenn du

dich an einem Strand aufhältst, ist es nicht zu verhindern, daß
dein Körper irgendwie mit Sand in Berührung kommt«, zu halten. Allerdings hätte ich in dem Augenblick erkennen müssen,
daß Holly selbst mit achtzehn Monaten Anzeichen eines Perfektionisten offenbarte. Jetzt, im Alter von zwölf Jahren ist sie
genau ein solcher geworden. Trotz aller unserer Bemühungen,
ihr Mut zu machen und den Rücken zu stärken, statt Schwächen zu suchen und an ihr herumzumäkeln, ist Holly auf Perfektion aus. Wenn die Dinge im Leben nicht genau so laufen,
wie sie es sich vorstellt, reagiert sie frustriert oder gar gereizt.
Es sind die kleinen Dinge, nicht die wirklich großen, die dem
Perfektionisten zu schaffen machen. Kleinigkeiten wie etwa ein
paar Sandkörner, ein Tintenklecks auf einem Papier oder zwei
Minuten Verzögerung bei der Abfahrt machen den Perfektionisten verrückt.

### *Kann ein schlampiger Mensch ein Pefektionist sein?*

Ich bin mir darüber im klaren, daß ich mir viel anmaße, wenn
ich erkläre, alle Erstgeborenen und Einzelkinder seien Perfektionisten. Oft bekomme ich deswegen auch von Kritikern Beispiele, die dieser Vorstellung anscheinend total widersprechen,
vorgelegt: »Sie kennen meinen Mann Harald nicht. Er ist ein
Einzelkind und gleichzeitig ein totaler Schlamper. Das einzige,
was er jemals zur Perfektion ausgebildet hat, ist, Unordnung zu
schaffen.« – »Sie sollten mal mit meiner Frau Gertrud zusammenleben. Sie ist eine Erstgeborene. Die einzige Möglichkeit
für mich, mit ihr irgendwo pünktlich zu erscheinen, besteht
darin vorzugeben, wir müßten dreißig bis sechzig Minuten eher
dort sein, als es tatsächlich der Fall ist.«
Ich behaupte dennoch, daß Harald und Gertrud sicher Perfektionisten sind. Allerdings sind sie von der Art, die ihren Perfektionismus mit einem Verhalten tarnen müssen, das nicht
dazu zu passen scheint. Sie gehören der auserwählten und doch
so unglücklichen Schar der ›deprimierten Perfektionisten‹ an.

Perfektionisten gehen mit der sich selber eingeredeten Lüge durchs Leben, die da lautet: »Ich gelte nur etwas, wenn ich perfekt bin.« Suchen Sie nach einer schweren Bürde, um sie durchs Leben zu tragen, dann laden Sie sich diese auf. Alles, was der Perfektionist in die Hand nimmt, muß richtig und ›perfekt‹ sein. Welch einen Preis muß er dafür zahlen, daß er sich immer wieder davon überzeugen muß: »Ich gelte nur etwas, wenn ich perfekt bin.« Sobald er anfängt, an diese Lüge zu glauben, gesellt er sich den Reihen zu, die von den deprimierten Perfektionisten gebildet werden – jenen gejagten und gehetzten Seelen, die Fehler und Irrtümer hassen und dennoch damit leben und das Beste daraus machen müssen. Deprimierte Perfektionisten handeln möglicherweise entgegen ihrem Charakter – indem sie schlampig sind, beispielsweise –, aber damit möchten sie nur die Frustration über die Narben und Beulen, die ihnen das Leben beibringt, überdecken.

Interessant ist, daß Stotterer nicht selten Erstgeborene sind. Sie können sicher sein, wenn Sie einem Stotterer begegnen, daß Sie es mit einem Perfektionisten zu tun haben. Anders gesagt, die Furcht, einen Fehler zu machen, ist so groß, daß sie die natürliche Sprechfähigkeit des Stotterers behindert. Er hat Angst davor, Fehler zu machen. Was macht er also? Fehler.

### Perfektionisten sind geschickte Zauderer

Viele deprimierte Perfektionisten haben in der Tat Schwierigkeiten, mit der Zeit umzugehen. Sie sind Experten des Hinauszögerns. Sie beginnen mit einer Arbeit und lassen sie dann angefangen liegen. Sie gehören anscheinend zu dem ›Entweder-oder‹-Typ Mensch. Wenn sie heißlaufen, dann heißt es: Nimm dich in acht! Sie werden dich rücksichtslos niedertrampeln, damit die Arbeit voll und ganz erledigt werden kann. Bleiben sie hingegen kalt, dann ist es schwer, sie überhaupt in Gang zu bringen.

Zauderer sind eher Dickköpfe. Sie müssen in genau der richtigen Stimmung sein, sonst sind sie nicht in der Lage, ›volle Kraft‹ zu fahren. Sie stellen von Natur aus hohe Anforderungen an die eigenen Leistungen, was dann häufig dazu führt, daß sie sich von Kleinigkeiten verrückt machen lassen. Das sind die Leute, die bis zwei Uhr morgens aufbleiben, um den Verbleib von zwanzig Pfennig herauszufinden, die auf dem Girokonto fehlen. Letztgeborene wie ich könnten mit Tausenden im Minus stehen, und es würde nichts ausmachen. Wir lägen um zehn Uhr im Bett.

Kürzlich war ein Mann in meiner Beratung, der seine Einkommensteuererklärungen der letzten vier Jahre noch nicht eingereicht hatte. Der Grund dafür? Er hatte sich ein so ausgeklügeltes System, Rechnungen und Bescheinigungen zu sammeln, geschaffen, daß sich die Steuererklärung vor ihm zu einem unüberwindlichen Hindernis aufbaute. Das Wohnzimmer war mit Campingtischen vollgestellt, die ordentlich mit Schrankpapier abgedeckt waren. Sie quollen über mit fein säuberlich aufgehäuften Stapeln aus Quittungen, Rechnungen und Verkaufsabrechnungen.

Dieser Mann unterlag einer Selbsttäuschung; der Täuschung, sich total in Kleinigkeiten zu verlieren, um alles richtig zu machen. Aber ihm gelang nur eines: sich daran zu hindern, das Leben zu genießen, weil ständig irgendwelche Sachen drohend über seinem Haupt schwebten. Ich kann mir kaum etwas Schlimmeres vorstellen, als daß einem das Finanzamt drohend ins Haus steht. Die Ironie des Ganzen lag letztlich darin, daß der Staat *ihm* Geld schuldete!

Es ist nicht verwunderlich, daß dieser Mann eine überaus kritische Ehefrau hatte, die ihn ständig dazu anhielt, bestimmte Arbeiten im Haus auszuführen. »Georg, wann bringst du den Toaster wieder in Ordnung?« Worauf Georg antwortete: »Keine Sorge, Alice, ich mach's morgen.« Wie Sie wahrscheinlich vermutet haben, verging dieses ›morgen‹, ohne daß der Toaster repariert war.

Dem armen Georg starrten schließlich so viele unvollendete Arbeiten in seinem Haus ins Gesicht, daß er in die Situation des

Wassertreters im Swimming-pool des Lebens geriet: Er bewegte sich weder dem seichten Ende des Pools noch dem tiefen Ende zu. Er tat auch keinen Schwimmzug – er trat einfach nur auf der Stelle.

Man kann selbstverständlich nicht immer nur Wasser treten. Früher oder später muß man sich in diese oder jene Richtung in Bewegung setzen. Nach etlichen Sitzungen hatte ich Georg schließlich so weit, daß wir seine Probleme Schritt für Schritt angehen konnten. Es gelang mir, ihn dahin zu bringen, sich am Montag um den Toaster zu kümmern, um am Dienstag den Türpfosten zu richten. Er mußte sich verpflichten, mit Projekt B nicht eher zu beginnen, als bis Projekt A abgeschlossen war. Darin liegt der Schlüssel im Umgang mit dem deprimierten Perfektionisten. Er muß die Verpflichtung eingehen, eine Aufgabe erst zu beenden, ehe er mit einer neuen beginnt. Das klingt alles sehr einfach, ich weiß, aber dieses eine grundlegende Prinzip kann Wunder bewirken, wenn sich die betreffende Person bereit erklärt, die Sache auch voll durchzustehen. Um ein altes Sprichwort zu umschreiben: »Das Morgen mag niemals kommen – tu's jetzt, eins nach dem anderen.«

### Perfektionisten sind gewalttätig gegen sich und andere

Da deprimierte Perfektionisten oft dickköpfig und verbohrt sind und über einen starken Willen verfügen, sind sie dafür bekannt, ihren Mitmenschen genau das ins Gesicht zu sagen, was ihnen gerade durch den Kopf geht. Und was ist die Folge, wenn man jedem das sagt, was man denkt? Man stößt ihn vor den Kopf und vertreibt ihn. Man verliert seine Freunde. Und selbst die Feinde bleiben nicht lange genug in der Nähe, um den Versuch einer Beleidigung zu starten.

Der deprimierte Perfektionist reagiert auf den Vorwurf, er sei zu freimütig, mit den Worten: »Na schön... Ich behalte alles für mich. Wenn ihr damit nicht umgehen könnt, sage ich eben gar nichts mehr.«

Was ist die Folge davon? Der Perfektionist wird krank. Jede einzelne Beklemmung, die man verspürt (sei sie bewußter oder unbewußter Natur), tritt irgendwo auf irgendeine Weise zutage. Sie zeigt sich in bestimmten Körperorganen. Daher rührt die große Zahl von Menschen, die Psychologen aufsuchen, wenn sie unter Migräne, Magenverstimmungen, Rückenschmerzen etc. leiden. Dabei handelt es sich im allgemeinen um Erstgeborene oder Einzelkinder. Sie sind es, die sich über alles im Leben Sorgen machen und sich dabei Magengeschwüre, nervöses Gesichtszucken oder heftige Kopfschmerzen zuziehen.

### Wie kann sich der deprimierte Perfektionist helfen?

Ich mache im folgenden einige Vorschläge, die nach meiner Erfahrung bei Perfektionisten Wunder bewirken.

1. *Zuallererst und am wichtigsten: Machen Sie sich bewußt, daß Perfektionismus ein lebensbedrohender Feind ist.* Ich pflege vom ›allmählichen Selbstmord‹ zu sprechen. Einzelkinder sind die schlimmsten Perfektionisten, gefolgt von den Erstgeborenen (allerdings sind mir auch Spätergeborene begegnet, die Perfektionisten waren).

Für *Perfektionismus* gibt es sicher viele Definitionen. Es kann bedeuten, bei all seinen Unternehmungen der Beste sein zu wollen. Das ist meist die männliche Einstellung, weil ein Mann das Gefühl braucht, etwas zu erreichen und zu vollenden. Es kann aber auch heißen, so vollkommen und gründlich zu sein, wie es einem selber möglich ist. Das ist eher die weibliche Einstellung, mit der Absicht, keine Ansatzpunkte für Kritik zu bieten.[1]

Um Ihren Perfektionismus in den Griff zu bekommen, müssen Sie sich über Ihr verzweifeltes Bemühen, perfekt sein zu müssen, erst einmal klarwerden. Und nicht nur das: Sie müssen das Abwegige und die Nutzlosigkeit dieser Art zu denken erkennen. Sie werden *niemals* vollkommen sein. Warum sollten

Sie sich nicht zugestehen, unvollkommen zu sein? Und wenn es nur für heute ist ... Zerbrechen Sie sich über das Morgen nicht den Kopf. Das kommt noch früh genug.

Beginnen Sie jeden Tag damit, sich selbst die Freiheit zu nehmen, unvollkommen zu sein. Bemühen Sie sich ganz bewußt darum, sich mit Kritik an sich selbst und anderen zurückzuhalten. Es fällt wahrscheinlich leichter, damit bei den anderen anzufangen. Versuchen Sie, beim Auftreten einer Fehlleistung Tat und Täter getrennt zu betrachten. Das fällt bestimmt nicht leicht. Denken Sie stets daran, wenn Sie auf Ihre Mitmenschen reagieren müssen (ganz besonders gilt das für Ihre Kinder), daß diese Probleme damit haben könnten, Ihre Kritik an ihrer Handlungsweise von dem Bild, das sie von sich selbst haben, zu trennen. Lernen Sie, über das Geschehnis zu sprechen, statt Äußerungen zu tun wie: »Du (Sie) hast (haben) dies getan«, oder: »Du (Sie) hast (haben) das getan.«

Diese Einstellung hilft Ihnen auch zu erkennen, daß Kühe ihre Flecken nicht ändern. Die ›Flecken‹ Ihres Partners oder Ihrer Kinder werden auch nicht verschwinden. Wir neigen dazu zu sagen: »Ich möchte, daß sich mein Ehemann oder meine Ehefrau oder mein Halbwüchsiger ändern, und *ich* werde erleben, daß es tatsächlich passiert.« Viel Glück dabei. Vielleicht haben Sie es früher schon einmal gehört, aber es ist merkwürdig, wie oft ich es in meinen Beratungen wiederholen muß: *Es ist absolut nicht möglich, das Verhalten eines anderen zu verändern*. Man kann nur das eigene Verhalten ändern, und wenn man sich ernsthaft darum bemüht, kann es dazu führen, daß Ihre Mitmenschen sich in ihren Reaktionen, in ihrem Verhalten auch ändern.

2. *Üben Sie die folgenden Sätze ein, und benutzen Sie sie häufig:* »Ich hatte unrecht.« Und versuchen Sie es mit zwei weiteren ebenso schwierigen Sätzen: »Es tut mir leid«, und: »Kannst du (können Sie) mir verzeihen?«

Diese drei kurzen Sätze bestehen aus nur elf Worten. Es könnten wohl die in jeder Sprache dieser Welt am schwersten auszusprechenden Wörter sein. Ganz besonders Perfektionisten haben damit größte Probleme, aber diese Worte sind das Ticket in die Freiheit, weg von den Banden der Frustration und Enttäuschung. Lernen Sie diese elf Wörter auswendig, und benutzen Sie sie, dann werden Sie begreifen, daß es durchaus in Ordnung ist, Fehler zu machen.

3. *Seien Sie nicht so schnell damit, sich selbst zu tadeln, und wenn andere Kritik üben, seien Sie nicht so schnell mit Ihrer Reaktion.* Perfektionisten sind *empfindlich*. Machen Sie sich Ihre Empfindlichkeit bewußt. Geben Sie sie zu und lernen Sie, damit umzugehen. Wie Sie das anstellen? Die Zeit ist auf Ihrer Seite, das sollten Sie erkennen. Es bedarf einer gewissen Zeit, eingefahrene Verhaltensmuster zu ändern.

Achten Sie beispielsweise auf jene Momente, in denen Sie sich von einer Kritik sehr empfindlich getroffen fühlen oder in denen Sie sich in eine Verteidigungshaltung gedrängt sehen, komme diese Kritik nun von außen oder aus Ihnen selbst heraus. Sie werden sich nicht immer in der Lage befinden, diese Augenblicke vorherzusehen, um sie schon im Ansatz zu verhindern. Sie werden womöglich oft zurückblicken und sich eingestehen: »Stimmt, ich hätte mich gestern wirklich nicht so aufzuregen brauchen, als ich vergaß, diesen wichtigen Brief zur Post zu bringen.« Sich selbst im nachhinein darüber klarzuwerden ist schon ein Fortschritt. Noch einmal: Eingefahrene Verhaltensweisen kann man nicht über Nacht ändern.

Ein ganz praktischer Vorschlag, den ich empfindlichen Perfektionisten mache, lautet: »Seien Sie nett zu sich selbst.«

Es fällt allerdings nicht immer leicht, Perfektionisten davon zu überzeugen, daß sie es wert sind. Ich erinnere mich an eine Frau, die vor Jahren in meine Beratung kam. Sie ging in das örtliche Kaufhaus, um sich mit neuer Kleidung einzudecken, die sie jedoch einige Tage später wieder zurückbrachte. Sie war der absolut typische Fall eines Perfektionisten, der *regelmäßig* alles zurückbringt, was immer es auch sei, weil ganz bestimmt irgend etwas nicht in Ordnung ist. Die psychologische Botschaft, die ich diesem Verhalten entnahm, war: Sie glaubte nicht daran, daß sie die neuen Kleider verdiente. Sie redete sich ein: »Du bist das neue Kleid nicht wert. Du hast den neuen Pullover nicht verdient.«

Nun hatte diese Frau aber neue Kleidung bitter nötig. Jahrelang hatte sie sich nichts Neues mehr geleistet; d. h. sie hatte die Kleider wohl gekauft, aber nicht behalten. Letztlich hatte ich Erfolg dabei, ihr die Einsicht zu vermitteln, daß es nichts Verwerfliches war, neugekaufte Kleider auch zu behalten. Es war überhaupt nicht nötig, etwas, das sie für sich selbst erwarb, auf Mängel hin zu untersuchen. Sie hatte das neue Kleid absolut verdient!

4. *Perfektionisten belasten sich oft mit dem Gesamten.* Sie wollen zu viel auf einmal machen. Geben Sie sich daher Mühe, eine Sache nach der andern anzupacken. Schließen Sie A ab, bevor Sie B in Angriff nehmen. Sicherlich kann immer Unvorhergesehenes eintreten: Telefonanrufe, zum Beispiel, stören Sie beim Abfassen eines wichtigen Berichts, mit dem Sie um 9 Uhr anfangen. Die Sache ist nur, Sie sollten nicht mit der Arbeit an einem Bericht um 9 Uhr beginnen, wenn Sie für 9.30 Uhr eine wichtige Sitzung anberaumt haben.

Wenn Sie Termine vereinbaren, gilt ebenso: Überlegen Sie sich Ihre Erwartungen genau. Perfektionisten sind berühmt dafür, unrealistische Erwartungen zu hegen und zu hohe Ziele zu setzen.

5. *So, wie es wichtig ist, Geschick bei der Terminplanung und bei der Zielsetzung zu entwickeln, ist es gleichermaßen notwendig, sich Gewandtheit beim Umgang mit dem Wort nein zu erwerben.* Ich habe nun schon so oft darauf hingewiesen, daß Perfektionisten eher in den Reihen der Erstgeborenen und Einzelkinder zu finden sind. Was wissen wir von diesen Menschen? Sie wollen und brauchen die Zustimmung anderer. Es fällt ihnen schwer: »Nein, das kann ich nicht tun«, oder: »Nein, das will ich nicht tun« zu sagen. Auf diese Weise gerät der Perfektionist in viele Situationen, in denen er ja sagt, obwohl er in Wirklichkeit nein sagen will. Nicht imstande zu sein, nein zu sagen, kann bei einem Menschen das Maß der Frustration an einen Punkt treiben, an dem er buchstäblich explodieren könnte.

Wenn es Ihnen nicht gelingt, nein zu Menschen zu sagen, werden Sie nie imstande sein, ja zum Leben zu sagen. Zu viele Menschen sind um Sie herum, um Sie auszunützen und Sie in ein Dutzend verschiedene Richtungen zu zerren, damit sie von Ihnen das bekommen, was sie wollen. Häufig genug werden Sie diese Menschen in Ihrer eigenen Familie entdecken. Wenn Sie allerdings für immer unfähig bleiben, nein zu sagen, bedeutet das normalerweise, Kopfschmerzen und Magenbeschwerden in Kauf zu nehmen.

6. *Perfektionisten sind meist auch Pessimisten.* Arbeiten Sie an sich, damit sie das sprichwörtliche Glas halbvoll sehen, nicht halbleer. Positives Denken ist mehr als nur ein Teil eines Bestsellers von Dr. Norman Vincent Peale. Es ist eine der gewaltigsten psychologischen Kräfte, die es gibt. Machen Sie Gebrauch davon. Denken Sie nach, und meditieren Sie zum Beispiel über Dinge, für die Sie dankbar sind. Und noch wichtiger, denken Sie über Menschen nach, für die Sie dankbar sind, und darüber, warum Sie es sind. Rufen Sie sich drei schöne Ereignisse, die Sie heute erlebt haben (oder auch letzte Woche) ins Gedächtnis zurück. Dann lassen Sie Ihre Gedanken in die vor Ihnen liegende Woche schweifen: Was kann geschehen, das angenehm sein wird und auf das ich mich freue?

7. *Erstgeborene und Einzelkinder haben oft Schwierigkeiten damit, ihre Gedanken und Gefühle mitzuteilen, sogar sich selbst.* Weshalb? Weil Sie in der Furcht leben, von dem Menschen, dem sie ihre wahren Gedanken offenbaren, zurückgewiesen zu werden.

Der geeignetste Mensch, dem gegenüber Sie Ihre Gedanken und Gefühle eingestehen sollten, sind Sie selbst. Verkehren Sie Ihre negativen Selbstgespräche in positive. Anstatt zu sagen: »Ich mag diese Sitzungen nicht«, sollten Sie lieber sagen: »Normalerweise mag ich diese Sitzungen überhaupt nicht, jetzt allerdings freue ich mich darauf.«

Anstatt zu sagen: »Ich werde mich blamieren«, sagen Sie lieber: »Mir macht es nichts aus, etwas Dummes zu tun. Die anderen Leute da richten nicht über mich.«

Anstatt zu sagen: »Ich kann nicht vor vielen Menschen reden«, sagen Sie lieber: »Normalerweise mag ich nicht vor vielen Menschen reden, aber ich bin gut vorbereitet, und das, was ich zu sagen habe, ist wichtig.«[2]

8. *Noch ein weiterer Hinweis bezüglich des Verhaltens anderen gegenüber: Perfektionisten sind nicht dafür bekannt, daß sie verzeihen.* Tatsache ist, daß Perfektionisten, wenn sie sich beleidigt oder nicht genügend gewürdigt fühlen, sie ihren Groll darüber viel zu lange mit sich herumschleppen können. Haben Sie es nötig, an Ihrer Fähigkeit, zu verzeihen zu arbeiten? Für Perfektionisten liegt der Schlüssel zum Verzeihenkönnen in dem Eingeständnis sich selbst gegenüber, daß Menschen Fehler machen und das Leben trotzdem weitergeht.

Wir kommen wieder genau auf das zurück, was wir vorher über Autoritätsgläubigkeit und Gesetzestreue gesagt haben. Typische Ansichten Erstgeborener oder Einzelkinder über Gott, so habe ich in meiner Beratungstätigkeit festgestellt, sind, daß der Richter, Polizist oder im günstigsten Fall Schiedsrichter dafür Sorge trägt, daß ehrlich gespielt wird. Ein Hauptgrund für diese Einstellung liegt wohl in der Beziehung von Ältesten und Einzelkindern zu ihren Eltern, vor allem zum Vater. Der Erstgeborene (oder das Einzelkind) wächst mit vorwiegend erwachsenen Rollenbildern als nachzuahmenden Mustern auf. Daraus folgt, daß er sich ziemlich eng an Autorität und Autoritätspersonen anlehnt.

Bei der Beratung von gläubigen Christen gewinne ich oft den Eindruck, daß die Ältesten und Einzelkinder darunter große Probleme mit der Vorstellung von Gottes Gnade und Vergebung haben. In ihren Gebeten neigen Erstgeborene und Einzelkinder dazu, Gott als das anzureden, was ich das ›ideale Selbst‹ nenne. Das heißt, sie beten gemäß dem, wie sie gern sein möchten und wie sie von der Welt gern gesehen werden würden.

Ein Gebet von der Art, wie es das ideale Selbst sprechen würde, hört sich dann etwa so an: »Herr, bitte hilf mir, dem kleinen Peter (oder meinem Mann oder wem auch immer) gegenüber toleranter zu sein.« Das Gebet des idealen Selbst scheut davor zurück, zum wahren Selbst vorzustoßen und das auszusprechen, was wirklich ist: »Herr, ich habe eine miserable Selbstbeherrschung. Vergib mir, daß ich meine Familie heute so schlecht behandelt habe.«

Erstgeborene und Einzelkinder verspüren diesen Zwiespalt zwischen dem wirklichen und dem realen Selbst, weil sie dazu neigen, sich viel zu sehr auf ihre eigenen Fähigkeiten zu verlassen. Sie glauben zwar an Gott, handeln aber so, als würden sie *ihn* als nicht mächtig genug einschätzen, ihnen zu vergeben. Fast könnte es einem scheinen, als wollten sie Gott lenken. Sie befinden darüber, was Gott vergeben kann und was nicht, oder sie sind von dem Gedanken besessen, daß sie etwas *tun* müssen, um seine Vergebung zu erhalten.

### *Lassen Sie sich vom Leben nicht Ihr Licht ausblasen*

Bei der Beratung Erwachsener wende ich häufig eine Technik an, die darin besteht, sich fünf bis zehn ganz frühe Erinnerungen aus dem eigenen Leben ins Gedächtnis zurückzurufen. Das können nur ganz schwache Erinnerungen oder flüchtige Erinnerungsschimmer sein. Aber auch die sind von Bedeutung. Wenn sie es nicht wären, hätten sie sich nicht über so viele Jahre hinweg im Gedächtnis eingenistet. Ich glaube, daß diese frühen Erinnerungen Rückschlüsse darauf zulassen, wie ein Mensch im Augenblick sein Leben sieht.

Ich will sogar noch einen Schritt weitergehen und behaupten, daß die ersten Erinnerungen aus seinem Leben symbolhaft für den gesamten Lebensstil eines Menschen gesehen werden können.

Ich habe einmal mit einem jungen Mann, der in den Zwanzigern war, gearbeitet. Dessen früheste Erinnerung zeigte ihn, wie er zum Fenster hinausschaut und anderen Jungen dabei zusieht, wie sie in stürmischem Wind ihre Drachen steigen lassen. Ihm kam es so vor, als hätte er, seit er ein kleiner Junge war, immer nur abseits gestanden und anderen Leuten dabei zugeschaut, wie sie sich vergnügten. Er befand sich noch in diesem Zustand, als er zu mir kam. Das Leben sah er im Grunde an sich vorüberziehen, ohne daß er mit seinen Fähigkeiten eingreifen konnte. Er ließ sich einfach nicht einbeziehen und wünschte sich doch immer, so wie andere zu sein, die er bewunderte, wenn nicht beneidete. Was glauben Sie, welche Position in der Geburtenrangfolge dieser junge Mann einnahm? Natürlich, er war ein ältestes Kind. Und seine Eltern? Richtig, die waren überperfektionistisch und stellten hohe Anforderungen. Sie haben sein Licht zu einem frühen Zeitpunkt ausgeblasen. Ihm fehlte ganz einfach das Selbstbewußtsein, um irgend etwas richtig anzupacken.

Nun enden ganz offenkundig nicht alle Erstgeborenen und Einzelkinder wie dieser junge Mann. Allerdings glaube ich, daß seine Geschichte symbolhaft gesehen werden kann für einen durchaus real vorhandenen Druck, dem sich Ihr Ältester oder Ihr einziges Kind ausgesetzt sieht. Erstgeborene haben eigentlich so viel auf ihrer Habenseite: Ehrgeiz, starke Konzentrationsfähigkeit, ausgezeichnetes Organisations- und Planungstalent, ursprüngliche, schöpferische Denkfähigkeiten. Sie sind mit einem scharfen Denkvermögen und einem exzellenten Gedächtnis ausgestattet. Gewöhnlich begegnen sie einem als Führungspersönlichkeiten, zu denen die Gesellschaft aufschaut. Sie sind die Siegertypen.

Aber all das kann aus dem Gleichgewicht geraten, und dieser Zustand der Unausgeglichenheit heißt Perfektionismus. Perfektionisten müssen wirklich daran arbeiten, offen, tolerant und geduldig zu sein – mit anderen und sich selbst. Das können sie nicht bei einem Wochenendseminar oder durch die Lektüre eines oder zweier Bücher. Das ist ihre Aufgabe fürs Leben.

Ich glaube, daß nur wenige Einzelkinder jemals ihre Neigung vollkommen ablegen, gegenüber den Normalsterblichen, mit denen zusammenzuleben sie gezwungen sind, Intoleranz und Ungeduld zu zeigen. Im Laufe der Jahre jedoch vermag jeder Erstgeborene und jedes Einzelkind reifer zu werden und an

Gefühlen und Geist zuzunehmen. Es würde keinem erst- oder einziggeborenen Menschen weh tun, zwei oder drei T-Shirts mit dem Aufdruck: »Ich muß lernen, mit mir und anderen Geduld zu haben – Gott hat sich in uns noch nicht vollendet!« zu besitzen.

## *Der Unterschied zwischen ›vortrefflich‹ und ›perfekt‹*

Bei all dieser Kritik am Perfektionismus mögen Sie sich allmählich fragen, was eigentlich aus dem Streben nach Vortrefflichkeit geworden ist. Sind Erstgeborene und insbesondere Einzelkinder gezwungen, ihre hohen Maßstäbe fallenzulassen, um glücklich leben zu können? Nein, nämlich dann nicht, wenn sie den Unterschied begreifen zwischen dem Versuch, perfekte Leistung und vorzügliche bzw. vortreffliche Leistung zu erbringen:

| Perfektionisten | nach Vortrefflichkeit Strebende |
|---|---|
| streben nach unerreichbaren Zielen | wollen hohen Maßstäben, die erreichbar sind, gerecht werden |
| bewerten sich danach, was sie tun | bewerten sich danach, wer sie sind |
| resignieren und geben auf | können Enttäuschungen erleben, machen aber weiter |
| lassen sich von Fehlern deprimieren | lernen aus Fehlern |
| behalten Fehler im Gedächtnis und beharren auf ihnen | korrigieren Fehler und lernen aus ihnen |
| können nur als Nummer Eins leben | sind zufrieden damit, Nummer Zwei zu sein, wenn sie wissen, daß sie ihr Bestes gegeben haben |
| verabscheuen Kritik | begrüßen Kritik |
| müssen gewinnen, um die Selbstachtung zu erhalten | werden nur Zweite, haben aber ein positives Bild von sich selbst |

## Dritter Teil

# Spätergeborene, und was sie antreibt

Wenn Sie nach dem Erstgeborenen kamen, sind Sie entweder ein mittleres oder ein jüngstes Kind. Ein spätergeborenes Kind zu sein hat seine Vorteile – und seine Schattenseiten. Im folgenden Kapitel werden Sie etwas darüber erfahren...

- warum mittlere Kinder meisterhafte Verhandler sind
- welche Geschwisterfolge-Position die besten Aussichten hat, eine Ehe dauerhaft zu gestalten
- warum Letztgeborene sich eine ›Ich-werde-es-ihnen-schon-zeigen‹-Haltung zulegen
- welche Spätergeborenen am häufigsten im Autohandel zu finden sind
- welches das Element ist, das den Jüngsten in Gang hält
- warum sich mittlere Kinder zu Hause oft ›eingezwängt‹ fühlen
- warum Spätergeborene weniger ängstlich sind als Erstgeborene
- welcher Spätergeborene als letzter Hilfe suchen wird
- wer am ehesten das jährliche Familienfoto verhunzen wird.

# Das mittlere Kind:
# zu spät geboren ... und doch zu früh

Wie der Titel dieses Kapitels, so ist auch das mittlere Kind geheimnisumhüllt. Zu mir kommen Erwachsene in die Beratung, die als mittlere Kinder (das ist irgendwo zwischen dem ältesten und dem jüngsten) aufwuchsen. Bei der Schilderung ihrer Frustrationen und Enttäuschungen kristallisiert sich gewöhnlich das typische Muster heraus: Sie kamen *zu spät* auf die Welt, um der Privilegien und der besonderen Behandlung teilhaftig zu werden, die Erstgeborene von Rechts wegen geerbt zu haben scheinen. Und sie kamen *zu früh* auf die Welt, um auf die Goldmine zu stoßen, deren Ertrag die Mehrzahl der Jüngsten genießen – die Lockerung der Disziplinierungszügel, was man hin und wieder mit: »sich alles erlauben dürfen« übersetzen könnte.

Wahrscheinlich hat das nie ein Experte für Geschwisterfolge besser ausgedrückt als es *Bradford Wilson* und *George Edington* in ihrem Buch ›Erstes Kind, Zweites Kind‹[1] getan haben. Sie sagten nämlich, von allen Geschwisterpositionen sei die mittlere am schwierigsten zu definieren.

Ich stimme Wilson und Edington dahingehend zu, daß ein mittleres Kind wirklich nicht so leicht herauszufinden und zu definieren ist, wie es jüngste oder älteste Geschwister sind. Denken wir daran, daß das Wort *Mitte* vielerlei bedeuten kann. *Das* typische mittelgeborene Kind ist wahrscheinlich das zweite von dreien. Es kann aber genausogut das dritte von vieren, das vierte von fünf Kindern sein etc. Etliche Bücher gehen in allen Einzelheiten auf die verschiedenerlei Arten von Mittelgeborenen ein. Im Verlauf meiner Beratungstätigkeit habe ich jedoch herausgefunden, daß mittlere Kinder und Zweitgeborene eine

Menge Gemeinsamkeiten haben, weil so viele Ehepaare nicht mehr als drei Kinder bekommen. Für unsere Zwecke fassen wir in diesem Kapitel das Zweitgeborene und die mittleren Kinder zusammen und nennen sie ganz einfach ›mittlere Kinder‹. Später befasse ich mich dann näher mit Erziehungsproblemen in einer Zwei-Kinder-Familie und dem dynamischen Prozeß, der abläuft, sobald Kind Nummer Zwei eintrifft, und damit der Nummer Eins einen Vorgeschmack auf den Konkurrenzkampf um die Aufmerksamkeit von Vater und Mutter gegeben wird.

### Widersprüche

Bei der Beschäftigung mit mittleren Kindern sollte man stets den Einfluß des ›Verzweigungs-Effekts‹ berücksichtigen. Dieser Effekt bewirkt, daß der Zweitgeborene am direktesten vom Erstgeborenen beeinflußt wurde, das dritte Kind am stärksten vom zweiten etc. Mit dem Wort Einfluß meine ich, daß jedes Kind zunächst hochblickt und sich am älteren Bruder oder der älteren Schwester mißt. Der Zweitgeborene nimmt sich den Erstgeborenen zum Vorbild. Während er nun die Handlungsweise des Älteren beobachtet, entwickelt der Zweitgeborene einen eigenen Lebensstil. Spürt er, daß er mit dem Älteren konkurrieren kann, dann wird er das (möglicherweise) tun. Ist der ältere Bruder oder die ältere Schwester allerdings stärker, gescheiter etc., dann wird die typische Reaktion des Jüngeren sein, eine ganz andere Richtung einzuschlagen.

Man sollte immer daran denken, daß, sobald er – der Zweitgeborene – in die Familie Einzug hält, die Lebensauffassung von seiner Wahrnehmung bestimmt wird. Er mag gefallen wollen oder sich widersetzen. Er kann Opfer oder Märtyrer werden. Er kann sich zu einem Manipulierer oder einem Kontrollierer entwickeln. Jeglicher Lebensstil kann sich in ihm dokumentieren; doch welcher es auch sein mag, *mit ihm soll der Erstgeborene ausgestochen werden*. Wenn beispielsweise der Erstgeborene ein überaus nachgiebiger kleiner Kerl ist, kann der zweitgeborene Sohn ein echtes Früchtchen werden. Der allgemeingültige Schluß, der aus allen wissenschaftlichen Veröffentlichungen zum Thema Geburtenrangfolge gezogen werden kann, lautet: Zweitgeborene Kinder werden sich vermutlich zum Gegenteil des Erstgeborenen entwickeln.

Da spätergeborene Kinder von dem unmittelbar über ihnen plazierten Bruder oder der Schwester ›abprallen‹, besteht kaum eine Möglichkeit vorauszusehen, welchen Weg sie einschlagen oder welche charakterliche Entwicklung sie nehmen werden. Typische Skizzierungen von Mittelgeborenen klingen oft wie Übungen in paradoxer Sinnlosigkeit. Unten sehen Sie zwei Spalten mit Begriffen und Sätzen, die alle sehr typisch für ein mittleres Kind sein können. Es fällt nicht schwer, die direkten Widersprüche herauszulesen:

| | |
|---|---|
| einsam, ruhig, scheu | gesellig, freundlich, kontaktfreudig |
| ungeduldig, leicht enttäuscht | bewältigt das Leben mühelos, entspannt |
| starkes Konkurrenzgefühl | umgänglich – kein Konkurrenzdenken |
| Aufrührer, Sündenbock der Familie, aggressiv, Raufbold | Friedensstifter, Vermittler, konfliktscheu |

Das mittlere Kind ist ein ›Sowohl als auch‹-Typ – das Produkt vielfältiger Pressionen, die aus verschiedenen Richtungen auf es einwirken. Man muß sich schon die gesamten familiären Umstände vor Augen führen, um die Lebensphilosophie des Mittelgeborenen zu begreifen. Zu was er sich letztlich entwickelt haben wird, ist so vorhersehbar wie das Wetter im April. In vielerlei Hinsicht bleibt das mittlere Kind ein Geheimnis.

### *Mittleren Kindern wird einfach kein Respekt gezollt*

Charakterliche Entwicklungen sind beim mittleren Kind nicht leicht vorauszusehen. Der Mittelgeborene fühlt sich aber ständig zwischen dem Älteren und dem Jüngeren ›eingezwängt‹.

In meinen Beratungsgesprächen mit mittleren Kindern wurde mir gegenüber immer wieder geäußert, sie – die Mittelgeborenen – hätten in der Phase des Heranreifens nie zu spüren bekommen, daß sie etwas Besonderes wären. Das Erstgeborene hatte seinen Platz, und auch das Jüngste nahm eine besondere Stellung ein. Aber das Mittelgeborene? Es schien ganz einfach kein Platz mehr zu sein, oder überhaupt mangelte es an elterlichem Bewußtsein für die Notwendigkeit einer bestimmten Position in der Hackordnung. Folgende Szene ist erfunden, aber für eine Mehrzahl mittlerer Kinder ist sie lebensnah:

> Wenn Mama Sylvia vorstellte, sagte sie immer: »Das ist Sylvia, meine Älteste.«
> Wenn Mama Rolf vorstellte, sagte sie immer: »Das ist Rolf, unser Jüngster.«
> Wenn Mama Jochen vorstellte, sagte sie: »Das ist Jochen, mein ältester Sohn.«
> Wenn Mama aber Jana vorstellte, sagte sie nur: »Das ist Jana.« Sie hatte nicht ausdrücken können, daß Jana das mittlere Kind war. Niemand hatte das erkannt. Außer Jana selbst.[2]

Ein untrügliches Anzeichen für die Zurücksetzung des mittleren Kindes durch die Eltern, ist am Fotoalbum der Familie abzulesen. Wenn ich Mittelgeborene – vor allem in Seminaren – provozieren will, dann brauche ich nur das Wort ›Fotoalbum‹ auszusprechen. Die Anwesenden brechen in Gelächter aus, doch meist klingt es sarkastisch. Der typische Fall zeigt zweitausend Bilder vom Erstgeborenen und dreizehn vom mittleren Kind. Ganz besonders mittlere Kinder scheinen Opfer eines ganz merkwürdigen Phänomens zu sein: Die Eltern schienen ganz plötzlich Sozialhilfe beantragen zu müssen und konnten sich daher keinen Film mehr leisten, oder die Kamera ging entzwei, und bis zur Ankunft des jüngsten Kindes wurde sie nicht mehr repariert.

Stellen Sie sich die Szene vor (ganz ohne Scherz): Ein dreizehnjähriges Mädchen ist zum erstenmal verliebt. Sie möchte ihrem neuen Freund ein Foto von sich schenken und geht deswegen zur Mutter und fragt: »Du, Mutti, gibt es irgendein

Foto von mir, wo *sie* nicht drauf ist?« Mama schaut ein bißchen betreten und ist gezwungen, ihren Kopf zu schütteln. Der Freund erhält sein Bild – fein säuberlich zurechtgeschnitten, so daß die ältere Schwester kaum noch zu erkennen ist!

### *Fünfte Räder am Wagen brauchen alle Freunde, deren sie habhaft werden können*

Es ist nicht überraschend, wenn man auf Mittelgeborene stößt, die sich wie ein fünftes Rad am Wagen fühlen: nicht dazugehörend, unverstanden, überflüssig, immer irgendwie von jüngeren oder älteren Geschwistern überholt oder hochmütig übergangen. Daher ist es nicht verwunderlich, daß mittelgeborene Kinder sich mehr mit ihresgleichen zusammentun als ein Kind aus irgendeiner anderen Geschwisterposition. Für mittlere Kinder erhalten Freunde eine große Bedeutung. Zu Hause gilt der Älteste als etwas Besonderes, weil er der erste ist. Das Jüngste ist etwas Besonderes, weil es das Ende einer Reihe bildet. Das mittlere Kind jedoch ist eben schlichtweg ›nur Sabine‹ oder der ›gute alte Hans‹.

Es gibt in der Psychologie eine Theorie, die besagt, daß menschliches Handeln drei Motivationen entspringt:

1. Belohnungen und Anerkennung zu erhalten
2. Schmerz und Gefahr zu vermeiden
3. ausgeglichen zu sein[3]

Diese drei Motivationen gelten für alle Geburtspositionen. Besonders interessant ist es allerdings, ihren Auswirkungen auf die Verhaltensweisen eines typischen Mittelgeborenen nachzuspüren.

*Um sich Belohnungen und Anerkennung zu verschaffen,* verläßt der Mittelgeborene seine Familie und baut sich außerhalb eine andere Art von ›Familie‹ auf, in der er oder sie sich als etwas Besonderes fühlen kann. Erstgeborene haben gewöhnlich weniger Freunde, Mittelgeborene dagegen eine ganze Menge.

»Wie traurig«, mögen Sie jetzt einwerfen, »daß der Mittelgeborene gezwungen ist, seine Anerkennung und das Gefühl, akzeptiert zu sein, außerhalb der Familie zu suchen.« Doch weinen Sie nicht um unseren geselligen Schmetterling. Diese Beziehungen werden sich alle im späteren Leben einmal auszahlen. Ich werde das in Kürze erläutern.

*Um den Schmerz und die Frustration* darüber, ein ›Außenseiter‹ in der Familie zu sein, *zu vermeiden,* ›verläßt‹ das mittlere Kind ›sein Zuhause‹ als erster. Das soll nicht heißen, daß er auf und davon läuft oder sich freiwillig in ein Internat begibt, aber er schließt schneller Freundschaften in der Schule wie auch in der nachbarlichen Umgebung. Dessen überdrüssig, immer gesagt zu bekommen: »Du bist noch zu jung«, wenn er sich dieselben Privilegien wie der Älteste erschließen will, und genervt davon, immer wieder zu hören: »Du bist zu alt«, wenn er um ein bißchen Zärtlichkeit und Liebe, um Streicheleinheiten jammert, wie sie der Jüngste erhält, begibt sich das mittlere Kind dorthin, wo es ›genau das richtige Alter‹ hat – zu seinen Altersgenossen.

Und um im Einklang mit sich selbst zu sein, zumindest was das Gefühl von Entwurzelung betrifft, entwickelt sich ein Mittelgeborener zu einem ›Freigeist‹. Er nimmt für sich das Recht in Anspruch, die familiären Ge- und Verbote zu übertreten, teilweise zumindest, indem er sich Werte einer anderen Gruppe zum Maßstab wählt. Diese Gruppe ist möglicherweise eine Sportmannschaft (mittlere Kinder sind ausgezeichnete Mannschaftsspieler), ein Klub oder eine Bande von Kindern, die sich gemeinsam herumtreiben. Das Wichtige an der Sache ist, daß der Mittelgeborene diese Gruppe als *die seine* erfährt, als etwas, über das seine Familie keine Gewalt hat und auf das sie keinen Zwang ausüben kann.

Sicherlich suchen sich manche mittleren Kinder andere Wege, um ihre Bedürfnisse nach Anerkennung, Schmerzvermeidung und Ausgeglichenheit zu befriedigen. Sie ziehen es möglicherweise vor, Vermittlerpositionen zu suchen und sogar hin und wieder Dinge in eine ihnen genehme Richtung zu lenken (zu manipulieren). Da sie Vater und Mutter nicht für sich alleine haben und auch ihren Willen nicht immer durchsetzen konnten, haben sie zu verhandeln und Kompromisse zu schließen gelernt. Und das sind ganz offensichtlich keine schlechten Eigenschaften, um im späteren Leben zurechtzukommen. (Sollte sich Ihnen inzwischen der Eindruck aufgedrängt haben, daß mittlere Kinder sich im Erwachsenenleben als die anpassungsfähigsten Menschen erweisen, so liegen Sie damit richtig. Doch darüber später mehr.)

Die Neigung des Mittelgeborenen, den Verhandlungs- und Kompromißweg zu wählen, kann jedoch auf ihn zurückschlagen. Da kommt eine attraktive, gutgekleidete Frau in meine Beratung. Wie sich herausstellt, ist sie seit mehr als zwanzig Jahren verheiratet. Sie hat mit ihrem Mann mehrere Kinder großgezogen. Diese Frau ist eine Zweitgeborene. Sie war so etwas wie eine Super-Ehefrau und eine Super-Mutter.

Nach einigen Sitzungen kommt die Wahrheit ans Licht: Ihr Mann hatte in den ganzen Jahren ihrer Ehe nebenher seine Affären. Wahrscheinlich geht er gerade in diesem Moment wieder fremd, zweifellos mit einer jüngeren, attraktiveren Frau. Die zweitgeborene Frau erträgt es – wieder einmal. Sie folgt ihrer grundlegenden Lebensanschauung, die sie dazu gebracht hat, gefallen zu wollen, das Boot, in dem sie sitzt, niemals zum Schaukeln zu bringen; eine Frau, die möchte, daß die Ozeane des Lebens sich ihr so glatt und ruhig wie nur irgendmöglich darbieten.

Bestimmt ist ihr Durchhaltevermögen zu einem Teil auf die Liebe zu ihrem Mann und ihren Kindern zurückzuführen; zu einem großen Teil jedoch sind die Beweggründe dafür in ihrem

Bedürfnis, Frieden um jeden Preis haben zu wollen, zu suchen. Die Frau ist verletzt. Hilfesuchend wendet sie sich an einen Psychologen. Doch ihr Verhaltensmuster bleibt unverrückbar. Ihr stehen eine Menge Handlungsmöglichkeiten offen: auszuziehen, die Scheidung einzureichen, die andere Frau zu einem Gespräch zu stellen, es den Kindern zu erzählen – allgemein gesprochen, ihren Mann unter Druck zu setzen. Aber sie will in Wirklichkeit gar nichts unternehmen. Sie ist Opfer, und sie überläßt sich ganz dem, was man als Opferdenken bezeichnet. Sie wird sich bis zum bitteren Ende an ihren treulosen Ehemann klammern. Und das weiß er.

### Wie Sie Ihre Mittelposition behaupten

Wie Sie sehen, ist es schwierig, ein so klar zusammengefügtes Bild von mittleren Kindern zu zeichnen, wie es für Erstgeborene und Einzelkinder möglich ist. Ich unterbreite Ihnen dennoch einige Beobachtungen und Vorschläge, die einem erwachsenen Mittelgeborenen dabei behilflich sein können, sich selbst besser verstehen zu lernen und aufzuzeigen, in welcher Beziehung er zu anderen Menschen steht:

1. *Wissenschaftliche Untersuchungen zeigen, daß mittelgeborene Kinder die verschlossensten sind.*[4] Trifft das auf Sie zu, so werden Sie sich dessen bewußt, daß Sie möglicherweise das Verhalten an den Tag legen, das Psychologen die Reaktion des ›gebrannten Kindes‹ nennen. Das gebrannte Kind erfährt die Welt als etwas, das ihm weniger Aufmerksamkeit als seinen älteren oder jüngeren Geschwistern zuteil werden ließ. Folge davon könnte sein, daß Sie sehr wählerisch in Ihren Beziehungen sind und beschließen, nicht zu vielen Menschen Vertrauen entgegenzubringen. Diese Einstellung ist nicht notwendigerweise bedrohlich, außer vielleicht für eine Ehe, in der Sie mit wenig oder gar keiner Kommunikation aufwarten. Dieser Problematik werden wir uns in Teil vier noch näher widmen.

2. Mittlere Kinder sind die letzten, die den Dienst helfender

Berufe wie Psychologen, Berater oder Geistliche in Anspruch nehmen.[5] Wer sucht meine Praxis häufiger auf? Erstgeborene, Ingenieure, Ärzte – Leute, die in anspruchsvollen, aufreibenden Berufen arbeiten. Sie analysieren ihre (Not-)Lage und suchen dann die Hilfe einer ›Autorität‹, die sie da wieder herauszuholen vermag. Die nächstgrößere Gruppe, die sich bei mir einfindet, wird von den Letztgeborenen gebildet – den Jüngsten, die es gewohnt sind, daß man sich um sie kümmert und ihnen hilft. Mit Mittelgeborenen habe ich es weniger zu tun, was auch nicht schwer zu verstehen ist. Das kann zum einen an der ›Gebranntes Kind‹-Reaktion liegen (oder verbirgt sich das gebrannte Kind?). Und es kann an der geistigen Stärke und Unabhängigkeit liegen, die sich das mittlere Kind erwirbt, wenn es lernt, sich mit Gefühlen von Zurückgewiesenwerden und ›Fünftes Rad‹-Sein abzufinden, die es zu Hause durchlebt.

Es ist etwas Schönes, stark und unabhängig zu sein, aber töricht, die Hilfe zurückzuweisen, derer man bedarf. Sind Sie gerade in einer Situation, in der Sie psychologische Hilfe brauchen könnten, dann nehmen Sie sich Zeit, und durchdenken Sie die Lage. Sie könnten sich mit Ihrer ›Ich-werd's-ihnen-schon-zeigen‹-Einstellung, die Sie sich vor langer Zeit an jenem Tag zulegten, als Ihre ältere Schwester unbedingt an den Strand gehen mußte, Sie nicht durften, dafür aber ein paar Stunden später einen Monat Hausarrest erhielten, als Sie Ihrem kleinen Bruder eine knallten, weil er eine solche Nervensäge war, ins eigene Fleisch schneiden.

3. *Mittelgeborene Kinder sind dafür bekannt, natürlich, daß sie ›mit der Meute rennen‹*, vor allem in Teenager-Jahren.[6] Haben Sie Ihre Eltern auch damit auf die Palme gebracht, daß Sie sich mit der Clique abgaben, die Ihre Eltern als den falschen Umgang ansahen? Wenn ja, dann sollten Sie über das nötige Verständnis für Ihre Kinder verfügen, die sich genauso verhalten.

Zu mir kommen Eltern, die besorgt darüber sind, daß eines der Kinder sich mit den ›falschen Leuten abgibt‹. Handelt es sich um ein mittleres Kind, versuche ich den Eltern aufzuzeigen, welche Kräfte auf dieses Kind einwirken könnten. Darüber mehr in Teil fünf.

4. *Mittelgeborene Kinder werden als die sich am ehesten monogam Verhaltenden angesehen.*[7] Das leuchtet ein. Mittlere Kinder litten unter dem Gefühl, als Heranwachsende in ihren Familien nicht richtig dazuzugehören. Bei Gründung einer eigenen Familie, haben sie das starke Verlangen, diese Ehe zu einem Erfolg werden zu lassen. Diese vorzügliche Eigenschaft kann jedoch auch als schmerzhaft empfunden werden, nämlich dann, wenn der andere Ehepartner das ausnützt, indem er untreu ist, seinen Ehegatten schlecht behandelt oder ihn zu dominieren versucht.

5. *Mittelgeborene Kinder sind leicht in Verlegenheit zu bringen; aber das werden sie niemals zugeben.*[8] Das paßt. Denn zugegeben, es brächte sie in große Verlegenheit! Das ist wiederum auf die Tendenz aller Mittelgeborenen zurückzuführen, Widersprüche in sich zu bergen. Mittlere Kinder lehnen sich gern gegen Konventionen auf; doch wollen sie gleichzeitig nie natürlich und unverbildet erscheinen.

Zusammengefaßt kann man sagen, daß die Mitte wirklich kein so schlechter Platz ist. Alle wissenschaftlichen Untersuchungen zeigen, daß Mittelgeborene nicht so viele Komplexe und Probleme haben wie Erstgeborene oder Einzelkinder. Sie als mittleres Kind denken vielleicht, Ihr großer Bruder oder Ihre große Schwester hätten alle Chancen und Privilegien erhalten, als Sie noch dabei waren, die Kinderschuhe abzustreifen. Zum Leben gehört jedoch mehr, als Chancen und Privilegien zu erhalten. Wissenschaftliche Studien zeigen, daß spätergeborene Kinder weniger furchtsam und ängstlich sind als Erstgeborene. Warum das so ist? Weil Erstgeborene die Ängste und Besorgnisse der taufrischen Eltern spüren, die sich mit Problemen und kritischen Situationen herumschlagen müssen, die sie noch nie zuvor erfahren haben. Beim zweiten Kind sehen sie alles schon viel entspannter und ruhiger. Das mittlere Kind profitiert außerdem davon, daß der Ältere gegen Widerstände anrennt.

Interessant ist, daß Alfred Adler, der Vater der Psychologie der Geburtenrangfolge, glaubte, daß in den meisten Fällen die mittlere Position ein ziemlich sicherer Platz sei, obwohl er ebenso einräumte, auch ein Zweitgeborener könne durchaus seine Probleme bekommen, wenn er einen überragenden Bruder (oder Schwester) vor sich habe. Aber selbst für den Fall, daß Sie im Schatten eines(r) herausragenden Kronprinzen (-prinzessin) aufwuchsen, sollten Sie keine Zeit mit Selbstmitleid verschwenden. Seien Sie für die Erfahrung dankbar, die Ihnen zumindest ein Gefühl des Verständnisses für Menschen vermittelt hat, die es nie zur Berühmtheit bringen werden.

Kathy Nessel, eine Psychologen-Kollegin und selbst eine Mittelgeborene, faßt die ›Vorzüge‹ des In-der-Mitte-Seins so zusammen: »Wir mittleren Kinder sind als Erwachsene verläßlich und zäh, da wir daran gewöhnt sind, das Leben als ziemlich ungerecht zu erfahren. Wir hegen keine so großen Erwartungen und sind folglich eher bereit, in einer Beziehung bestimmte Dinge hinzunehmen. Das mittlere Kind sagt: ›Nun, das ist zwar nicht vollkommen, doch ist es irgendwie schön.‹ Wir sind nicht so energiegeladen, wie es Erstgeborene sind, aber andererseits sind wir auch nicht in diesen Zwängen gefangen.«[9]

Vielleicht ist ›ausgeglichen‹ ein gutes Wort zur Charakterisierung von mittleren Kindern. In unserer verdrehten Welt ist es keine so schlechte Sache, im Gleichgewicht zu sein. Wie sich mir gegenüber kürzlich ein mittleres Kind ausdrückte: »Es war nicht immer leicht, von dreien das mittlere zu sein; doch als Erwachsener bin ich nun wirklich davon überzeugt, daß ich mit Schwierigkeiten und kritischen Situationen besser zurechtkomme, weil ich durch die Erfahrungen in der Phase des Heranwachsens im Geben und Nehmen gut geübt bin. Ich bin froh, nicht der Älteste gewesen zu sein, und ich bin froh, daß ich nicht der Jüngste war. Ich bin froh, daß ich ich bin!«

# Tips für Mittelgeborene

In manchen Büchern über Geschwisterrangfolge wird der Mittelgeborene als ein bemitleidenswertes Wesen dargestellt. Getragene Kleidung, weniger Bilder im Familienalbum und das Gefühl, ein Außenseiter oder ein ›fünftes Rad‹ zu sein, gelten als stereotypes Schicksal des mittleren Kindes. Während Erstgeborenen und Letztgeborenen mehr Aufmerksamkeit zuteil wird, glaube ich jedoch, daß Mittelgeborene besser auf das Leben vorbereitet sind. Anstatt sich nun beraubt zu fühlen, sollte der Mittelgeborene das Beste mit dem Rüstzeug anfangen, das er sich im Laufe der Jahre des Heranreifens erworben hat.

1. Sie verfügen vermutlich über bestimmte auf Menschen gerichtete, soziale Fähigkeiten, weil Sie in Ihrer Jugend so viel verhandeln und vermitteln mußten. Nutzen Sie die Fähigkeiten, immer beide Seiten zu sehen, und gehen Sie mit dem Leben so um, wie es wirklich ist.

2. Vielleicht sagen Sie aber auch: »Ich bin nun wirklich kein großer Verhandler – eher wohl ein Freigeist – ich möchte das tun, was ich will.« Denken Sie daran, einer, der unberechenbar ist, ist vielleicht ein Mittelgeborener. Sind Sie eher der Typ des ›Freigeistes‹, kämpfen Sie darum, Ihre einzigartigen Fähigkeiten zu erhalten. Im Geschäftsleben werden des öfteren Leute mit neuen Ideen und der Freiheit, diese auch umzusetzen, gesucht.

3. Mittlere Kinder können manchmal in dem Glauben aufwachsen, da ihnen schon in der Familie niemand Gehör schenkte, daß sie auch bei anderen Menschen auf taube Ohren stoßen werden. Anstatt sich aber nun für Ihre Überzeugungen zu entschuldigen oder überhaupt keine zu äußern, sollten Sie Ihre Ideen anderen mitteilen. Sie werden erstaunt sein, wie viele Menschen jemanden suchen, der nicht immer *nur reden* will!

4. Können Sie sich das Etikett ›soziale Fähigkeiten, eine Menge Freunde‹ anheften, dann freuen Sie sich darüber und genießen Sie es. Doch verlieren Sie sich nicht zu sehr. Kein Mensch ist imstande, eine Unzahl von Beziehungen und Bekanntschaften aufrechtzuerhalten und sie auch noch sinnvoll zu gestalten.

5. Lassen Sie sich nicht auf Vergleichsspielchen ein. Sie wissen besser als jeder andere, daß es immer Menschen geben wird, die, was Fähigkeiten, Interessen, Auftreten und Erscheinung sowie körperliche Geschicklichkeit etc. anbelangt, besser oder schlechter ausgestattet sind. Vergleiche zu ziehen ist müßig und fast immer sinnlos. Seien Sie einfach mit sich zufrieden.

6. Gehen Sie nicht von der falschen Voraussetzung aus, daß nur Erstgeborene in Führungspositionen gelangen können. Mittlere Kinder sind vielfach ausgezeichnete Manager und Führer, weil sie es gut verstehen, Kompromisse zu schließen, verhandeln können und eine Sache für eine andere Sache zu geben in der Lage sind (die Kunst des *quid pro quo*). Stehen Sie gerade in der Situation, diesen Manager-Weg einschlagen zu können, zögern Sie nicht, weil Sie vielleicht glauben, über nicht genug Charisma, Elan etc. zu verfügen. Machen Sie Gebrauch von Ihren Fähigkeiten als mittleres Kind, und packen Sie's an!

# Der Jüngste: zuletzt geboren,
# doch selten zu kurz gekommen

Wir schreiben das Jahr 1952. Unser Schauplatz ist die in heiße, schweißtreibende Luft getauchte Sporthalle der Williamsville Central High School, im westlichen Teil des Staates New York gelegen. Ein hartumkämpftes Basketball-Spiel ist soeben im Gange. Ein schmächtiger achtjähriger Junge hampelt während einer Auszeit vor den Zuschauerrängen herum und versucht, die Stimmung anzuheizen. Sein Pullover trägt ein Emblem mit dem Mannschaftsmaskottchen – einem Ziegenbock.

Das Spiel ist so hartumkämpft wie die Luft stickig. Die Halle ist gestopft voll mit schreienden Fans. In eben diesem Moment sind ihre Schreie aber keine Anfeuerungsrufe für ihre ›Ziegenböcke‹. Sie schreien vor Lachen über diesen kleinen Jungen, der die Reihenfolge der Anfeuerungsrufe total durcheinanderbringt und nicht mehr weiß, was als nächstes kommt. Seine Schwester, die Kapitänin der organisierten Anfeuerer von Williamsville ist, schaut verlegen, muß aber ebenfalls lachen, weil dieser Kleine gar zu lustig ist.

Der kleine achtjährige Kerl: Ist auch er verlegen? Ihm scheint das alles gar nichts auszumachen. Er blickt hinauf zu den Zuschauerrängen und findet es im Gegenteil anscheinend toll, daß alle lachen!

*Jüngste Kinder stehen (oft) gern im Rampenlicht*

Der kleine Junge war ich – Letztgeborener in einer Reihe von dreien. Ich habe Ihnen schon Sally und Jack, Erst- und Zweitgeborene in unserer Familie, die wahren Helden des Leman-

Clans, vorgestellt. Dann kam da noch der letztgeborene Kevin, der mit elf Tagen einen Kosenamen erhielt. Der Name blieb an mir haften. Als ich anfing, mich im Watschelgang fortzubewegen, und dann in die Vorschule kam, wurde ich mir instinktiv bewußt, daß ich in meiner Familie stets der ›niedliche Kleine‹ sein würde. Als Jüngster ist man zwar der Zuletztgekommene, doch entwickelt man einen sechsten Sinn dafür, der einem sagt, man wird nie der Zukurzgekommene sein!

Jüngste Kinder sind gewöhnlich die unterhaltsamen Charmeure, die gutaussehenden Manipulierer. Sie sind lieb, unkompliziert und manchmal auch ein bißchen geistesabwesend. Ihre Art, mit der sie das Leben angehen, ruft Gelächter, Schmunzeln oder Kopfschütteln hervor. Es sind höchstwahrscheinlich Letztgeborene, die in der Grundschule zum Schulsingen oder zum Ausflug mit der Sonntagsschule mit offenem Reißverschluß oder offenen Knöpfen an delikaten Stellen erscheinen. Ganz zweifellos können sie etwas komisch sein.

Es ist folglich einleuchtend, daß der Familienclown und Alleinunterhalter mit großer Wahrscheinlichkeit das jüngste Kind ist. Auch mir wurde das von niemandem eingeredet; ich habe diese Rolle ganz von selbst übernommen. Ich war der Typ ›Nervensäge‹, und ich wollte damit nur Beachtung bewirken. Meine Bestimmung im Leben war es, die Leute zum Lachen zu bringen, oder dazu, mit Fingern auf mich zu zeigen und Kommentare zu meinem Verhalten abzugeben.

Mindestens zwei Gründe waren ausschlaggebend für meinen Drang, berühmt werden zu wollen: ein fünf Jahre älterer Bruder, der von möglichen 10 immer 9,75 Punkte, und eine acht Jahre ältere Schwester, die exakt die 10 erzielte. So weit ich zurückdenken konnte, schien es, daß im Vergleich zu ihren Fähigkeiten und Leistungen meine Punktzahl bei etwa 1,8 lag.

Ich legte es jedoch darauf an, mir meinen Teil an Aufmerksamkeit zu sichern. Fünfjährig nahm ich an der Hochzeit von Verwandten teil und fand für immer und ewig Eingang in ihrem

Hochzeitsbuch. Als der Zeitpunkt gekommen war, Reis zu werfen, machte jeder mit, nicht so Kevin. Ich warf kleine Kiesel.

Kein Wunder also, daß ich vor Freude in die Luft sprang, als ich meinen achten Geburtstag feierte und meine Schwester Sally, die Kapitänin der ›cheer-leader‹, mich dazu einlud, das Mannschafts›maskottchen‹ zu werden. Hunderte von Zuschauern kamen zu solchen Spielen, und alle würden sie auf mich blicken! Jeden einzelnen Augenblick habe ich genossen, selbst jene peinliche Szene, als ich den Wortlaut der Anfeuerungsrufe vergaß und die Leute vor Lachen tobten. Tatsache ist, daß ich in eben jenem Augenblick in der Sporthalle der Williamsburg High School an einem kalten Winterabend im westlichen New York einen mein ganzes Leben verändernden Entschluß faßte: Ich beschloß, Alleinunterhalter zu werden.

Ja, ich weiß, aus mir wurde ein Psychologe; einer, der sich mit gutem Erfolg täglich der Familientherapie widmet. Mir macht dieser von mir gewählte Beruf viel Freude, und ich ziehe eine tiefe Befriedigung daraus, Familien zu helfen. Die eigentliche Berufung, an der ich sehr hänge, ist es jedoch, Menschen zum Lachen zu bringen. Und das versuche ich, wo immer und wann immer sich mir dazu Gelegenheit bietet: bei Seminaren, Tagungen und in Fernseh- oder Rundfunksendungen.

Eine typische Charaktereigenschaft des Jüngsten ist, ein sorgloser und lebhafter, ein echter Gesellschaftsmensch zu sein, der trotz (oder wegen?) seiner spaßigen Einfälle gerne gemocht wird.

Lassen Sie die Familie zum großen Weihnachtsfamilienfoto zusammenkommen; geben Sie sich die größte Mühe, die Leute an ihren Platz zu bugsieren, um dann, in dem Augenblick, wenn alle halbwegs normal dreinblicken, den Auslöser zu betätigen – hoppla! wer ist das in der linken Ecke mit schielendem Blick und seiner Zungenspitze an der Nase? Richtig, es ist der kleine Berti (der durchaus schon sechsundzwanzig Jahre alt sein kann), der die Gelegenheit zu einem Späßchen wahrnimmt.

Vielleicht tut er es aber auch aus einem anderen Grund. Die meisten Letztgeborenen verfügen noch über andere bedeutende Eigenschaften. Außer, daß sie charmant und reizend, gesellig, lieb und unkompliziert sind, können sie gleichermaßen rebellisch, kritisch, eigenwillig, verhätschelt, ungeduldig und unüberlegt sein.

### Die ›Clowns‹ wollen ernst genommen werden

Mir selbst ist diese ›dunkle Seite‹ der Letztgeborenen durchaus nicht fremd. Ganz ohne Frage bestand ein Teil meiner Motivation, den ›Clown-Prinz‹ zu spielen, darin, nicht als der ›Kronprinz‹ oder die ›Kronprinzessin‹ geboren zu sein. Sally und Jack waren mir zuvorgekommen. Mir schien es so, als verfügten sie über alle Talente, Fähigkeiten und Intelligenz, während ich nur ein Blindgänger war.

Diese Empfindungen sind typisch für den Letztgeborenen. Auf ihm lastet der Fluch, nicht ernst genommen zu werden, in der Familie nicht und später auch nicht von der Welt. So ist es in der Tat charakteristisch für Letztgeborene, daß sie das ›brennende Verlangen in sich spüren, für die Welt einen bedeutenden Beitrag zu leisten‹.[1] Von dem Zeitpunkt an, da sie die Welt zu verstehen beginnen, werden sich letztgeborene Kinder der Tatsache voll bewußt, daß sie die Jüngsten, Kleinsten, Schwächsten und die am schlechtesten für die Bewältigung des Lebens Ausgerüsteten sind. Denn wie kann man dem kleinen Peter schon zutrauen, den Tisch zu decken oder die Milch einzugießen? Dafür ist er einfach noch nicht ›groß genug‹.

Die Beschreibung der Letztgeborenen, wie sie Mopsy Strange Kennedy, eine Familientherapeutin, formulierte, gefällt mir sehr gut. Sie schreibt gelegentlich für verschiedene amerikanische Zeitschriften. Mopsy selbst ist auch ein jüngstes Kind, was nicht verwunderlich ist: Nur einem letztgeborenen Kind ist es wohl vorbehalten, erwachsen zu werden, einen akademischen Grad zu erwerben, Therapeut zu werden und dennoch einen Namen beizubehalten, der eher wie ein Spitzname oder Kosename klingt. Daher spricht Frau Kennedy aus Erfahrung, wenn sie beobachtet, daß jüngste Kinder ›unvermeidlich im mächtigen Schatten derer leben, die vor ihnen geboren wurden‹.[2]

Ich kann es gut nachvollziehen, wenn Mopsy Kennedy sich daran erinnert, wie ihre frühen Leistungen (Schuhe zubinden, lesen lernen, die Uhr lesen etc.) mit höflichem Gähnen und so dahingemurmelten Worten wie: »Ist das nicht süß!« oder schlimmer noch: »Otto, weißt du noch, wie Ralf das zum erstenmal machte?« aufgenommen wurden. (Wobei Ralf natürlich der erstgeborene Bruder war.) Letztgeborene wissen und verstehen aus einem Instinkt heraus, daß ihr Wissen und ihre Fähigkeiten von weit weniger Gewicht sind als die ihrer älteren Geschwister. Nicht nur, daß Eltern auf die Leistungen des Jüngsten nicht mehr mit dieser spontanen Freude reagieren, sondern sie mögen sich auch noch fragen: »*Warum lernt dieses Kind nicht schneller? Sein älterer Bruder war schon mit zweieinhalb Jahren so weit.*«

Das mag zum einen daran liegen, daß viele Eltern zu dem Zeitpunkt, da das letzte Kind geboren wird, schon ein wenig ›ausgelaugt‹ sind, was das Vermitteln von Kenntnissen angeht. Die Tendenz geht dahin, den Letztgeborenen mehr sich selbst zu überlassen. So ist es nichts Ungewöhnliches, daß jüngste Kinder ihre Kenntnisse über eine Vielzahl von Lebensbereichen von ihren älteren Brüdern und Schwestern erhalten. Die Eltern sind einfach zu ausgepumpt für jegliche weiteren erzieherischen Maßnahmen.

Daß jüngste Kinder Anweisungen und Belehrungen von ihren älteren Brüdern und Schwestern erhalten, bietet jedoch ganz offensichtlich keine Gewähr dafür, daß ihnen die Fakten des Lebens (oder irgendwelche anderen Dinge) zuverlässig nahegebracht werden. Letztgeborene sind es gewohnt, abgewiesen oder heruntergesetzt zu werden. Sie werden von den älteren Geschwistern ausgelacht, weil sie sich immer noch in blinder Unwissenheit über die Existenz eines Nikolauses oder anderer Phantasiegestalten befinden. Kein Wunder also, wenn sich Letztgeborene die Einstellung zulegen: »Denen werde ich's schon zeigen.«

### *Die wechselvolle Karriere von Kevin, dem Clown*

Dieses ›ihnen wirklich zeigen, daß auch ich etwas galt‹ war eine meiner Haupttriebfedern, während ich heranwuchs. Sally und Jack haben sich nicht sehr oft über mich lustig gemacht. Sally wurde eher so etwas wie eine zweite Mutter für mich. Aber beide waren mir in dem, was sie leisteten und erreichten, sicher überlegen. Ich benutze bei der Beschreibung von uns drei Kindern gerne die Benotungsskala, wie sie in der Schule Anwendung findet. Sally, die ›Einser (mit Sternchen)‹-Schülerin und Jack, der ›Zwei plus‹-Schüler waren die ›Singdrosseln‹ der Familie. Ich schaute mir diese Umstände nur kurz an und beschloß, die ›Krähe‹ zu werden. Lesen langweilte mich, und überhaupt war irgend etwas zu lernen, das letzte, was ich wollte – und ich tat es auch immer als letztes, wenn überhaupt.

Aber ich wollte Aufmerksamkeit erregen – und brauchte sie auch so dringend, daß ich sie mir durch Clownerien, durch Sticheleien und Aufschneiden verschaffte. Ich wurde nicht der typische jugendliche Straffällige; ich konnte im Gegenteil ganz schön liebenswert und charmant sein (was mir vermutlich einige Male mein Leben rettete, als ich meinem großen Bruder Jack zu hemmungslos auf die Nerven fiel). Eine andere Charaktereigenschaft, die Letztgeborenen zugesprochen wird, ist das Lechzen nach Lob und Ermutigung. Das Streicheln über den Kopf, ein aufmunternder Schlag auf den Rücken und ein ›Komm, halt dich ran – wir zählen auf dich‹ genügen vollkommen, um einen Letztgeborenen für Stunden – wenn nicht für Wochen – am Laufen zu halten.[3]

Bei mir war das ganz sicher der Fall, als ich das Maskottchen der Highschool-Mannschaft war. Eines meiner legendärsten

Meisterstücke lieferte ich mit einem Überraschungsangriff auf das Maskottchen einer ›feindlichen‹ Schulmannschaft. Die Leute von der Central High-School von Amherst waren unsere Todfeinde auf sportlichem Sektor. Zu ihren organisierten Schlachtenbummlern gehörten zwei Kerle, die in Tigerkostüme gekleidet während eines Basket- oder Fußballspiels an der Seitenlinie auf- und abhüpften. Eines Abends, als ich von unserer Seite der Halle aus das Spiel beobachtete, verlor ich mich in einer Phantasievorstellung: Was wäre, wenn ich mich an den Tiger heranschliche, ihm seinen Schwanz herausrisse und, so schnell mich meine achtjährigen Beine tragen konnten, davonrannte und unsere Bank erreichte, ehe mich irgend jemand aufhalten könnte? Nun, genau das tat ich und verursachte damit in unserer Schulzeitung die Titelschlagzeile: »Dämon Leman besiegt Amherst-Tiger im Halbzeitkampf«. Mit einer solchen Auszeichnung versehen, braucht ein Letztgeborener fast keine Nahrung mehr. Er labt sich am Lob.

Es ist jedoch für einen Leoparden (oder einen Ziegenbock) ein schwieriges Unterfangen, seine Flecken zu verändern. Da ich nun schon einmal als Kind mit diesem Bewußtseins-Stärkungsmittel in Berührung gekommen war, führte ich meine Clownerien nun zu künstlerischer Vollendung. Als ich dann schließlich selbst in die High-School vorstieß, war ich Meister aller Klassen im Possenreißen, während sich die Lehrer an den Rand des Wahnsinns getrieben sahen.

Kein Streich war mir blöd genug: Ich krabbelte auf Händen und Knien aus dem Klassenzimmer, setzte Papierkörbe in Brand, brachte alle Schüler dazu, auf 2 Uhr nachmittags gestellte Wecker in die Schule mitzubringen und sie in ihre Fächer einzuschließen. Direktoren und Lehrer würden heutzutage nur die Köpfe schütteln und sich dann wieder mit den Sorgen befassen, die ihnen die Drogendealer auf dem Schulgelände bereiten. Vor fünfundzwanzig Jahren hingegen riefen diese Streiche ein großes Echo hervor und brachten mir viel Gelächter ein. Das ging so weit, daß am ersten Tag einer neuen Unterrichtsperiode andere Schüler in die Klasse kamen, mich sahen, sich gegenseitig in die Rippen stießen und leise lachten. Ja, diese Klasse würde wieder eine Bombensache werden: Leman war dabei!

Wenn sich einige Geschwisterfolge-Studien über den Charme des Letztgeborenen auslassen, vergessen sie nicht zu erwähnen, daß es eine ›Freude bedeuten kann‹, sie/ihn ›in einer Gruppe oder Klasse zu haben‹. Nicht für meine Lehrer. Ich war keine Freude. In einer höheren Klasse nahm ich am Unterricht im Fach ›Verbraucher-Mathematik‹ teil, eine ausgefallene Bezeichnung für ›Rechnen für Zurückgebliebene‹. Man hatte mich dorthin gesteckt, weil es das letzte Drittel des Schuljahres war und man nicht wußte, was man sonst mit mir anfangen sollte.

Nach den ersten sechs Wochen hatte ich eine Drei, weitere sechs Wochen später eine Vier. In der dritten Sechs-Wochen-Periode gab es eine Sechs, und ich wurde hinausgeschmissen, aber nicht, bevor ich die Lehrerin nicht auch hinausgeekelt hatte. Und ich ekelte sie nicht nur aus der Klasse hinaus, nein, sie verließ die Schule ganz und kam nie wieder!

Die arme Frau hatte einfach keine Ahnung, wie man mit solchen Aufmerksamkeitshaschern wie Leman umzugehen hatte. Sie glaubte, ich wolle sie fertigmachen. Aber das stimmte nicht wirklich – ich legte es darauf an, Gelächter hervorzurufen, Bewunderung meiner Klassenkameraden zu ergattern, im Rampenlicht zu stehen. Nur sehr wenige meiner Lehrer verstanden das. Einer machte dabei allerdings eine Ausnahme, mein Englischlehrer. Der schaffte es leicht, mich bei der Stange zu halten. Seine direkte und geschäftsmäßige Art machten mir ziemlich bald klar, bei ihm würden meine Spielereien wenig Wirkung zeigen. Er gab mir zu verstehen: »Paß dich an, oder du fliegst raus!« Ich paßte mich an. Wie kann man Aufmerksamkeit erregen, wenn man nicht einmal präsent ist?

Wahrscheinlich war diesem Lehrer der Begriff völlig fremd, aber er war ein Fachmann auf dem Gebiet einer realitätsnahen Erziehung (›Reality Discipline‹). Das war es, wonach ich tatsächlich verlangte, mehr sogar als nach dem Gelächter und der

Aufmerksamkeit. Besonders Letztgeborene wollen und benötigen eine Art der Disziplin, die sich unmittelbar und umgehend des Problems des Schülers annimmt und von ihm fordert, für seine Handlungen voll verantwortlich zu sein. Doch dazu in Teil fünf mehr, wenn es um Kindererziehung geht.

Ich wäre ein wesentlich besserer Schüler gewesen – ich hatte die Intelligenz, die Fähigkeiten dazu –, aber in den Schulen, die ich besuchte, wurde ich nicht zur (Eigen-)Verantwortung erzogen (und auch nicht gezogen). Man schleppte mich nur durch. Kerle wie Leman wollte man schnell wieder loswerden, je eher desto besser. Nur ganz wenige meiner Lehrer durchschauten die Possenspiele eines jüngsten Kindes. Es gab auch noch eine Mathematiklehrerin, die sich nicht narren ließ. Als ich ins letzte Halbjahr an der Highschool eintrat, nahm sie mich zur Seite, schaute mir tief in die Augen und fragte: »Kevin, wann hörst du auf, dein Spiel zu spielen?«

»Von welchem Spiel reden Sie?« fragte ich zurück.

»Das Spiel, das du am besten beherrschst«, lächelte sie, »der Schlechteste zu sein!« Ich lachte und versuchte, mich weiterhin so zu verhalten, als fühlte ich mich nicht betroffen, doch sie hatte mich durchschaut. Mit ihren Worten setzte ein Umschwung in meinem Leben ein, und noch heute sind sie mir gegenwärtig. Kürzlich stattete ich ihr einen Besuch ab und bedankte mich noch einmal dafür, daß sie diese Herausforderung an mich ausgesprochen hatte, die mich letztlich wachrüttelte. Sie schmunzelte nur und meinte: »Oh, ich habe dazu wenig beigetragen, Kevin. Sie selbst haben es getan. Sie stellten sicher eine Herausforderung dar in jenen Jahren, aber ich wußte, was Sie erreichen konnten, wenn Sie nur wollten.«

Welch eine wunderbare, uneigennützige Dame, und so bescheiden. Sie hielt es nicht einmal einer Erwähnung wert, daß sie mir in den letzten Wochen an der Highschool bei sich zu Hause Nachhilfestunden gab, als ich in den letzten verzweifelten Zügen meiner Prüfungen lag.

Nachdem diese Lehrerin mich nun sozusagen ›enttarnt‹ hatte, machte ich einen Besuch bei unserem Schulberater. Ich sagte zu ihm: »Ich habe mir ein paar ernsthafte Gedanken gemacht: Ich möchte studieren.«

Der Schulberater schaute mich über den Rand seiner Brille hinweg an und antwortete ohne zu zögern: »Leman, mit deinen Ergebnissen würde es mir nicht einmal gelingen, dich in der Hilfsschule unterzubringen.«[5]

Die Antwort klang ein bißchen entmutigend, aber ich konnte irgendwie nachvollziehen, was er meinte. Ich stand an vierter Stelle in meiner Klasse – der vierten von unten – und war gerade im Begriff, ins letzte Halbjahr einzutreten.

»O. k., ich werd's Ihnen schon beweisen«, murrte ich vor mich hin. »Dann werde ich es eben ganz alleine schaffen.«

Und dann habe ich es versucht, ja, wirklich versucht – alles in allem bei 160 Schulen. Man könnte ohne weiteres behaupten, ich hätte schwerer, intensiver daran gearbeitet, ins College zu kommen als daran, von der High-School wegzukommen.

Damals gab es noch nicht an jeder Ecke ein Gemeinschafts-College, das eine Politik der offenen Tür betrieb für jeden, der nur halbwegs lesen und schreiben konnte. Entweder man blieb auf der Schule, oder man ging arbeiten. Gegen letzteres hatte ich eine absolute Aversion, daher suchte ich mir eine Schule – *irgendeine*. Es war ganz schön deprimierend, als ich von jeder eine Absage erhielt, selbst von dem College, das unter der Leitung meiner Kirche stand: North Park College, Chicago, Illinois.

Doch ich gab nicht auf. Ich schrieb immer wieder nach North Park und holte mir bei anderen Leuten Verstärkung, mit deren Briefen ich ebenfalls die Schule bombardierte. Mein Bruder Jack, der selber zwei Jahre lang dort studiert hatte und später an einem anderen College sein Examen abgelegt hatte, schickte einen Brief, in dem er meinen Gesinnungswandel und meine Entschlossenheit rühmte, mich auf dem College zu bewähren, wenn ich nur eine Chance erhielte. Auch meinen Pfarrer brachte ich dazu, einen Brief zu schreiben; und ich selbst sandte Briefe gespickt mit Zitaten aus der Heiligen Schrift über die Tugend, einem Übeltäter sieben mal siebzigmal zu vergeben!

Neun Tage vor Beginn des Semesters ließ sich North Park schließlich erweichen und gab mir eine Zulasssung auf Probe unter der Voraussetzung, daß ich die Last von zwölf Unterrichtseinheiten zu tragen hätte. Im ersten Jahr war es der ›Angst-Faktor‹ (d. h. Angst davor, arbeiten gehen zu müssen), der mich auf Trab hielt. Trotz der eher jämmerlichen Vorbereitung, die ich auf der Highschool erhalten hatte, schlug ich mich mit einem Befriedigend durch. Dann jedoch verließen mich die Kräfte. Vermutlich dachte ich, ich müßte mir nichts mehr beweisen. Im zweiten Studienjahr fiel ich zurück, und ein rapider Leistungsabfall nahm seinen Lauf.

Auch auf anderen Gebieten scheiterte ich. Ich fiel in alte Highschool-Gewohnheiten zurück und suchte mir Aufmerksamkeit zu verschaffen, indem ich mich mit meinen Zimmergenossen zusammentat, um die Eiskasse zu plündern (die war eingerichtet worden, weil der Eisautomat defekt war und das Eis umsonst hergab). Mit dem Geld kauften wir für unseren gesamten Flur Pizza. Dieses Vergehen betrachteten wir als einen Streich und taten sogar alles dafür, jedermann darüber zu informieren, daß wir es getan hatten. Wie kann man sich Aufmerksamkeit verschaffen, wenn man keine Reklame macht?

Zwei Tage später erregte ich die Art von Aufmerksamkeit, an der mir eigentlich nicht gelegen war. Der Dekan rief mich zu sich und fragte mich, ob ich irgend etwas über den Diebstahl der Vertrauenskasse wüßte. In echter Manier eines Letztgeborenen rückte ich die Dinge ein wenig zurecht und sagte: »Ja, Herr Dekan. Mir kam zu Ohren, daß irgendein rücksichtsloser Mensch die Büchse mit dem Eisgeld gestohlen hat.«

Nun, der Dekan wußte, daß ich Beweismittel unterschlug (d. h., daß ich ihm ins Gesicht log). Ihm blieb gar nichts anderes übrig: Er regte an, da ich wohl ein schweres Jahr gehabt hätte, daß mir eine Erholung von North Park – auf Dauer – nützlich sein könnte. Ich überdachte sein Angebot und kam zu dem Schluß, daß es wohl ein angemessener Zeitpunkt wäre zu gehen. Das Wetter ist in Chicago im Frühling scheußlich. Meine Eltern waren soeben nach Tucson, Arizona, umgezogen, wo es schön und warm war. Ich war im Begriff, durch meinen Kurs durchzufallen, und dem Dekan gelang es überhaupt nicht, irgend etwas Spaßiges an der Erbeutung der Eis-Vertrauenskasse zu finden.

So geschah es, daß ich das College verließ und mich heimwärts nach Tucson wendete, wo ich eine Stelle als Hausmeister annahm. Beim Reinigen der Pissoirs war es, daß die Realitäten des Lebens auf Kevin, den Letztgeborenen, voll einschlugen. Ja, ein Jahr College lag hinter mir, und ich war mir sicher, ich könnte es jederzeit packen, wenn ich nur wollte. Aber augenblicklich arbeitete ich hier als Hausmeister mit $195 im Monat – Vollzeit.

Nachdem ich noch einige weitere Toiletten geputzt hatte, wurde ich mir darüber klar, daß es nicht das war, was ich mir für mein Leben vorgestellt hatte. So schrieb ich mich denn für einen Abendkurs an der Universität von Arizona ein und – fiel prompt durch.

*Womöglich werde ich trotz allem doch als Hausmeister enden,* dachte ich eines Tages, als ich den Abfalleimer von der Herrentoilette leerte, als ich aufblickte und meine Frau um die Ecke biegen und den Gang entlangkommen sah. Natürlich war sie da noch nicht meine Frau, aber eine wunderschöne Schwesternhelferin, die in unserem Gebäude arbeitete, kam auf mich zu.

Meine ersten Worte waren: »Wie fändest du es, mit mir zur Weltausstellung nach New York zu fahren?«

Sie lachte und meinte: »Das kann doch nicht wahr sein!«

»Nun gut«, entgegnete ich, »wie wär's dann möglicherweise mit einem Mittagessen?«

Sande war sich nicht ganz im klaren darüber, was sie von diesem merkwürdigen Kerl halten sollte, der im ganzen Gebäude herumlief und die Mülleimer leerte. Doch als Schwesternhelferin dachte sie vielleicht, ich bräuchte Hilfe, und so nahm sie die Einladung zum Mittagessen an. Wir landeten in einem Hamburger-Imbiß, wo wir uns einen Cheeseburger teilten.

Wir trafen uns immer häufiger, und bald gingen wir fest miteinander. Sande sah mir an, daß ich auf der Suche nach etwas

Bestimmten im Leben war. Sie teilte mit mir ihren Glauben an Gott, und sie war es auch, die mich dahin brachte, einige innere Verpflichtungen einzugehen, die mich in die Richtung lenkten, die mir die Mathematiklehrerin damals schon gewiesen hatte. Ich belegte einen weiteren Kurs an der Universität von Arizona, ähnlich dem, den ich schon einmal versucht und verpatzt hatte. Den zweiten schloß ich mit einem ›Sehr gut‹ ab, der besten Note in einer Klasse von sechshundert Studenten.

Das setzte ich dann fort: Vordiplom in Psychologie, gefolgt von Magister- und Doktorgrad. Zusätzlich stand mein Name ständig auf der Liste des Dekans. Es waren eine ganze Reihe von Ereignissen und Erfahrungen, die mich motivierten: Erinnerungen an meine Englisch- und Mathematiklehrer(in), die Erinnerungen daran, daß ich in North Park College eine Chance erhalten hatte, die ich durch dumme Streiche wieder verspielte, das Kennenlernen von Sande und daß ich durch das Finden eines wahren Glaubens an Gott mein Leben in Gleichklang bringen wollte.

Dann war da aber auch noch die Bemerkung von Sandes Vorgesetzter auf der Schwesternstation, die Sande eines Tages zur Seite zog und erklärte: »Tun Sie sich nicht mit diesem Hausmeister zusammen – aus dem wird nie etwas werden.« Eine solche Äußerung stachelt jeden Letztgeborenen zu größeren Leistungen an.


### Letztgeborene sind oft einfühlsam


Wie Sie schon lange festgestellt haben, scheue ich mich nicht, Beispiele aus meiner eigenen Familie anzuführen, ganz zu schweigen von Darstellungen aus meinem eigenen Leben. Ich habe dieses Kapitel aus gutem Grund zu einer kurzen Biographie gestaltet. Meine dummen Streiche als Kind ebenso wie die während meiner Highschool-Zeit sind Ausdruck meiner typischen Letztgeborenen-Wesenszüge, die auf Abwege führen und zerstörerisch wirken können. Ganz offen und ehrlich gesagt, ich trieb auf eine echte Katastrophe zu, ehe die besagte Lehrerin mich an jenem Tag im Gang zwischen den beiden Klassen beim Wickel nahm. Ihr war es vorbehalten, mir bewußtzumachen, daß es nicht genug war, Aufmerksamkeit zu erregen. Irgendwie prägte es sich in mein Teenager-Hirn ein: »Es macht Spaß, im Scheinwerferlicht zu stehen, Leman, doch was gibst du als Zugabe?« Diese Erkenntnis trieb mich zu einem Ziel, über das ich mir nie auch nur entfernt Gedanken gemacht hatte – einen College-Abschluß mit Titel zu erreichen.

Ich beschreibe mich gern als einen der ganz wenigen mit einer Urkunde versehenen Psychologen, der College und Promotion absolvierte – alles in allem dreizehn Jahre –, ohne eine Highschool-Ausbildung bis zu Ende genossen zu haben. Im wahrsten Sinne habe ich in der Highschool von allem nichts gelernt, eine Tatsache, die mich nicht unbedingt mit Stolz erfüllt.

Jeden Sommer nehme ich an einem Jugendlager teil, das von unserer Kirchengemeinde durchgeführt wird, um dort vor den Heranwachsenden zu sprechen. Ich erzähle ihnen meine Geschichte und stelle dabei deutlich heraus, daß ihnen mein Verhalten als junger Mensch kaum zur Nachahmung empfohlen werden kann. Ganz im Gegenteil, ich gebe ihnen zu bedenken, genau wie meine Mathematiklehrerin mir zu bedenken gab, daß es ein ganz dummes Spielchen ist, der Beste in Sachen Bosheit und Gemeinheit sein zu wollen.

Wichtig ist jedoch, darauf hinzuweisen, daß ich durch die Richtungsänderung in meinem Leben nicht auch von meiner Letztgeborenen-Natur völlig Abschied nahm. Mein Leben war immer auf Menschen bezogen, und ich wählte einen Beruf, der den Menschen zum Mittelpunkt hat – Beratung und Lehre. Es gibt wissenschaftliche Studien, die nachweisen, daß die Jüngsten aus einer Familie nach Berufen streben, die menschenbezogen sind, wogegen Erstgeborene und Einzelkinder eher Jobs zuneigen, in denen der Umgang mit Daten, Stoffen und anderen materiellen ›Dingen‹ gefordert ist.

Haben Sie sich jemals auf ein Gebrauchtwagengelände begeben, wo Sie ein Bursche mit breitem Grinsen mit den Worten: »*Nun,* was müssen wir tun, um *Sie* heute in *das* Auto zu setzen?«

Sie können davon ausgehen, daß die betreffende Person mit großer Wahrscheinlichkeit ein Letztgeborener war. Mit diesen Burschen sollte man äußerst vorsichtig umgehen: Sie verkaufen einem noch das eigene Haus und bieten obendrein noch an, daß der gegenwärtige Besitzer auch die Malerarbeiten übernimmt!

Das ist etwas übertrieben, zugegeben, aber im Kern ist es wahr. Gute Verkäufer sind sehr oft Letztgeborene. Ich berate öfter verschiedene Unternehmen. Meine Lieblingsfirma ist dabei eine Autohandlung. Bei einem meiner Besuche knüpfte ich mit einem Verkäufer ein lockeres Gespräch über Geschwisterrangfolge an. Wie sich herausstellte, war er ein jüngstes Kind ebenso wie fast alle anderen Verkäufer im Betrieb! Was war nun mit dem Firmenchef? Der Faustregel folgend vermutete ich, daß er ein Erstgeborener war. Wieder ein Volltreffer. Führungspositionen werden sehr häufig von Ältesten besetzt. Dieser Firmenchef war zwar selber ein ausgezeichneter Verkäufer, doch war er als Erstgeborener zu dem aufgestiegen, was seinen wahren Wünschen entsprach: peinlich genau zu sein und fein säuberlich die netten schwarzen Zahlen auf der untersten Zeile einzutragen.

Zwischen diesem erstgeborenen Chef und einigen seiner letztgeborenen Verkäufer waren nun Differenzen entstanden, weil letztere den Kleinigkeiten wie dem pünktlichen Ausfüllen ihrer Berichtsbögen bespielsweise und vielen anderen Dingen nicht *die* Aufmerksamkeit schenkten. Nicht überraschend war allerdings, daß sein Top-Verkäufer, mit dem sich der Firmenleiter in den Haaren lag, ein jüngstes Kind war. Bei einer Tasse Kaffee unterhielt ich mich mit dem Chef, wobei ich ihm zu bedenken gab: »Was erwarten Sie nun wirklich von diesem Mann, daß er verkauft oder Papierkram erledigt?«

Die Antwort war kurz und knapp: »Beides.«

Er solle nicht weiter versuchen, aus einem Letztgeborenen einen Perfektionisten zu machen, empfahl ich ihm, und warum sollte man das Problem nicht beilegen, indem er eine Sekretärin oder einen Sekretär einstellt, der/dem man die Schreibarbeiten überträgt und so das Verkaufspersonal davon befreit, damit die sich auf die Arbeit konzentrieren konnten, die sie am besten beherrschen – verkaufen!

Der Firmenchef nahm meine Anregung auf und übertrug die Schreibarbeiten des betreffenden Verkäufers einem Sekretär. Und wie selbstverständlich steigerten sich dessen (des Verkäufers) Verkaufsgeschäfte, was wiederum einen höheren Umsatz für das Unternehmen bedeutete.

### Letztgeborene müssen mit ihrer Zwiespältigkeit leben

Bei meinen Studien über Geburtenrangfolge werde ich immer wieder mit der Tatsache konfrontiert, daß die Erziehung eines Jüngsten jeden Erziehenden in die Verwirrungen unbestimmter Zwiespältigkeit treibt. Letztgeborene befinden sich mit ihren Emotionen und Erfahrungen in einem ständigen Auf und Ab, das für sie schwer zu erklären oder zu verstehen ist.[7] Mein eigenes Leben als jüngstes Kind ist Beweis dafür. Wir Jüngsten können in einem Augenblick betören und für uns einnehmen und im nächsten rebellisch und schwer umgänglich sein; wir können uns aus energiegeladenen Kraftwerken in zerbrechliches Porzellan verwandeln und hilflos dastehen. Wir können am Montag himmelhochjauchzend und am Dienstag zu Tode betrübt sein.

Ich bin mir nicht ganz im klaren über die Gründe dieser Ambivalenz in der Charakteranlage der Letztgeborenen; aber ich gebe Ihnen hier ein paar Möglichkeiten der Erklärung an die Hand. Mit jüngsten Kindern wird sehr zwiespältig umgegangen: in einem Augenblick verhätschelt, liebkost und verwöhnt, im nächsten abgewiesen, herabgesetzt und verspottet. Als

Selbstschutz legen wir Jüngsten uns eine Dreistigkeit zu, die uns dabei hilft, Selbstzweifel und Konfusion in uns zu überspielen. Wir sagen uns: »Sie haben mich abgeschrieben, als ich klein war. Sie ließen mich nicht spielen. Sie nahmen mich immer als letzten dran. Sie nahmen mich nicht ernst. *Ich werde es ihnen schon zeigen!*«

Unter dieser aufgesetzten Unabhängigkeit steckt im Innern der Rebell, der sich alles erlauben konnte. Wir Letztgeborenen sind impulsiv und frech. Wir nehmen uns etwas vor, *tun es* und machen uns über die Folgen erst später Gedanken. Wir geloben uns, Aufmerksamkeit zu erregen, wir setzen uns durch. Wir zeigen unseren älteren Geschwistern, unseren Eltern und der ganzen Welt, daß man mit uns rechnen muß.

Ich bin sicher, daß es das war, was mich in jungen Jahren dazu trieb, solch ein kleiner Teufel zu sein. Ich war nicht in der Lage, mit meiner 10-Punkte-Schwester und einem 9,75-Punkte-Bruder zu konkurrieren, aber ich konnte ihre Beachtung finden, indem ich sie an den Rand des Wahnsinns trieb. Mir machte es ganz besonderen Spaß, Sally zu foppen und zu piesacken, Sally, die erstgeborene Perfektionistin, die dadurch Karriere machte, daß sie ihre Gänse in einer Reihe aufstellte und sie in absolut geordneter Formation durchs Leben trieb. Außerdem war es sicherer, Sally zu foppen: Sie konnte nicht so hart zuschlagen wie Jack!

Meine wahrscheinlich schönste Stunde brach an, als Sally heiratete. Sie war Anfang zwanzig und ich ein Teenager. Sie zerbrach sich den Kopf darüber, wie sie mich in ihre Hochzeitsfeierlichkeiten einfügen sollte. Trauen konnte man mir nicht, wenn ich die Rolle des Zeremonienmeisters übernähme – wer wußte schon, was ich mitten in der Zeremonie für ein Ding drehen würde? Daher übertrug sie mir die Aufgabe, mich um das Gästebuch zu kümmern.

Am Vorabend der Hochzeit nahmen wir alle am traditionellen Probeessen in einem schicken Hotel in der Innenstadt teil. Selbst ich erschien in Anzug und Krawatte herausgeputzt. Wie es Brauch war, übergab Sally jedem, der an den Hochzeitsvorbereitungen beteiligt war, ein kleines Geschenk. Ich packte ein paar grell buntkarierte Bermudashorts aus. Da formte sich eine weitere Phantasievorstellung in meinem Kopf, und Leman, der Dämon, konnte nicht widerstehen. Ich schlüpfte aus dem Raum und wechselte in Windeseile in einer nahen Toilette meine Kleidung. Augenblicke später erschien ich wieder im protzigen Speisesaal des Hotels, angetan mit Anzugjacke, Schlips – und den Shorts!

Sally rief puterrot an, und ihr perfekt geplanter Abend schien sich im schallenden Gelächter der übrigen Gäste und den drohenden Gebärden des Maître aufzulösen. Ich aber war glücklich. Einmal mehr stand ich im Mittelpunkt der Aufmerksamkeit. Den Preis dafür würde ich später zu Hause, wenn ich mit Vater und Mutter wieder allein war, zahlen, doch das war es mir wert. Wieder einmal hatte ich für alle Letztgeborenen eine Lanze gebrochen, die sich jemals geschworen haben: »Denen werde ich's schon zeigen!«

### Tips für Letztgeborene

Für Sie als jüngstem Kind können einige der folgenden Anregungen hilfreich sein, in Ihrem Berufsleben, mit Ihrem Leben als (Ehe-)Partner, als Vater/Mutter und als Freund zurechtzukommen.

1. Übernehmen Sie für sich selbst die Verantwortung. Sie sollten damit aufhören – vielleicht zum erstenmal –, den Schwarzen Peter immer anderen zuzuschieben. Sie sind kein kleines Kind mehr. Warum sollten Sie sich daher weiter so verhalten?«

2. Viele Letztgeborene sind unordentlich. Lernen Sie, hinter sich aufzuräumen. Ihr Ehepartner wird sich erheben und Sie lobpreisen, und Ihre Mutter wird vielleicht ausrufen: »Daß ich das noch erleben durfte...«

3. Überdenken Sie Ihre momentane berufliche Situation. Arbeiten Sie mit Menschen? Mit großer Wahrscheinlichkeit sind Sie ein personenorientierter Mensch, und in dem Bereich werden Sie auch die größten Möglichkeiten und die stärkste Befriedigung für sich finden. Möglicherweise sollten Sie eine Veränderung Ihres Arbeitsgebietes oder Ihres Arbeitsverhältnisses in Betracht ziehen, selbst wenn damit finanzielle Einbußen verbunden sind. Die Arbeit als Verkäufer ist durchaus empfehlenswert; ebenso gut aber ist jeder andere Job, bei dem es auf das Umgehenkönnen mit Menschen ankommt. Vielleicht sollten Sie für sich aber auch eine Beschäftigung im Managementbereich ins Auge fassen, *solange Sie das Gefühl haben, Ihre Aufgabe im Griff zu haben und im Zeitplan zu halten.*

4. Obwohl jüngste Kinder meist altruistische Menschen sind, so haben sie doch auch mit Selbstsucht zu kämpfen. Bieten Sie anderen Ihre Hilfe an, und halten Sie das einmal Angefangene auch durch, jedoch tun Sie es leise, ohne es an die große Glocke zu hängen. Anderen zu helfen – Ihr Geld, Ihre Zeit und Ihre Kraft zu teilen – ist ein wirksames Mittel gegen Selbstsucht.

5. Hüten Sie sich davor, sich zu unabhängig zu machen. Arbeiten Sie daran, Ihre Schwächen und Fehler zuzugeben. Suchen Sie nicht bei anderen die Schuld für Ihre Situation, wenn ganz klar ersichtlich ist, daß Sie sie selbst herbeigeführt haben.

6. Besinnen Sie sich stets Ihrer Gaben, lustig, charmant und überredungsgewandt zu sein; doch setzen Sie diese Talente richtig und redlich ein, dann verfügen Sie in jeder Situation über einen Trumpf. Nehmen Sie sich jedoch davor in acht, immer nur auf das Zuckerbrot aus zu sein, alles nur der Streicheleinheiten wegen zu tun und immer danach zu fragen: »Was springt dabei für mich heraus?«

7. Stehen Sie gerne im Rampenlicht, dann lassen Sie sich sagen, auch andere Menschen würden gern hin und wieder etwas

davon abbekommen. Richten Sie in einem Gespräch mit anderen Menschen Ihr Augenmerk darauf, sie nach ihren Vorstellungen, Empfindungen und Gedanken zu fragen.

8. Wenn Sie noch unverheiratet sind, versuchen Sie, mit Erstgeborenen Kontakte zu knüpfen. Die können sich für Sie als die Verträglichsten erweisen. Wenn Sie schon verheiratet sind – ganz gleich aus welcher Geschwisterfolge-Position Ihr Gatte auch kommen mag –, denken Sie daran, daß Ihre Frau nicht Ihre Mutter oder Ihr Mann nicht Ihr Vater ist.

## Vierter Teil

# Geschwisterrangfolge und Ehe

Auf keine zwischenmenschliche Beziehung übt die Geschwisterrangfolge einen so grundlegenden Einfluß aus wie auf die Ehe. Manche Kombinationen bilden hervorragende Partien, manche haben körperliche Schwerstverletzungen zur Folge. Die beiden folgenden Kapitel handeln davon:

- warum zwei Erstgeborene als Streithähne enden können
- warum zwei Perfektionisten selten eine perfekte Ehe führen
- welches Geheimnis dahintersteckt, eine glückliche Ehe zu führen
- warum zwei mittlere Kinder nicht immer glücklich bis ans Lebensende miteinander ›verhandeln‹
- warum stille, gefällige Ehefrauen so manchen Ehemann aus dem Haus treiben
- warum zwei Jüngste den Spaß zu weit treiben können
- warum eine erstgeborene Frau und ein letztgeborener Mann meist gut miteinander auskommen
- wie beliebte ›Lebensleitsätze‹ Ehen zerstören können; dazu gehören folgende:
  »Ich gelte nur etwas, wenn ich vollkommen bin.«
  »Ich gelte nur etwas, wenn ich Konflikte vermeide.«
  »Ich gelte nur etwas, wenn ich beachtet werde.«
  »Ich gelte nur etwas, wenn ich alle Fäden in der Hand halte.«
- wie man jede Ehe zum Besseren wenden kann.

# Ehen werden nicht im Himmel geschlossen

»Diese Ehe wurde im Himmel geschlossen.«

Sie haben diesen Satz sicher bei Gelegenheit schon einmal gehört. Vielleicht haben Sie diese Aussage selbst über Ihre eigene Ehe getroffen oder bei der Hochzeit zweier hübscher Brautleute, die so aussahen, als könnten sie den Zug gar nicht verpassen, der sie an diesen legendären Ort bringen sollte, der da heißt: Glücklich-bis-ans-Lebensende.

Ehe ich damit begann, mich der psychologischen Ehe- und Familienberatung zu widmen, glaubte ich auch, daß Ehen im Himmel geschlossen werden könnten. Nun weiß ich, sie werden auf der Erde geschlossen. Daher lautet meine erste Frage an jedes Paar, das zu mir in die Beratung kommt: »Welches ist Ihre Position in der Geschwisterfolge?«

Darauf erhalte ich meistens die Antwort: »Ich bin wie er ein erstgeborenes Kind« oder: »Ebenso wie sie bin ich Einzelkind.«

Damit will ich nicht den Eindruck erwecken, als würde ich auf keine mittel- oder letztgeborenen Kinder in meiner Beratungsstelle treffen. Doch über die Jahre hinweg betrachtet, in denen ich Hunderte von Paaren beraten habe, sind die Kombinationen aus zwei erstgeborenen Partnern oder – noch schlimmer – aus zwei Einzelkindern, diejenigen, in denen die größte Rivalität herrscht und die am unbeständigsten und deprimierendsten verlaufen.

Wie Schaf- oder Ziegenböcke geraten solche Partner scheinbar naturgegeben mit den Köpfen aneinander. Ihre Beziehung ist das Gegenteil dessen, was man unter einer wahren Ehe versteht, nämlich: am selben Strang zu ziehen, miteinander zu teilen, in ›Eins‹ zu verschmelzen. Eine Vielzahl dieser Paare aus Erstgeborenen oder Einzelkindern, die ich kennenlerne, sind ›eins‹ nur in dem Sinne, daß sie wegen irgendeiner Sache mit ihren Hörnern aneinandergeraten und keiner von beiden zurückweichen will.

Worüber sind sie uneins? Über alles und jedes. Erstgeborene und Einzelkinder sind von Natur aus perfektionistische Fehlersucher und Pedanten. In einem Country-Song heißt es: »Du willst die Dinge nach deinem Willen, ich will sie nach meinem.« Wie wahr ist das doch!

Ich erinnere mich an ein Ehepaar, das ich aus meiner Praxis hinauswarf, weil ich des dauernden Zanks und Streits überdrüssig war. Bei jedem ihrer Besuche stritten sie sich die ersten zehn bis zwanzig Minuten. Das fing schon im Wartezimmer an und setzte sich dann in meinem Beratungszimmer fort. Nach etlichen Sitzungen, in denen ich den Schiedsrichter spielte, faßte ich den Entschluß, keine weiteren Streitigkeiten auf Kosten der Arbeitszeit zu dulden.

»Die Sitzung heute ist kostenlos«, erklärte ich. »Mir geht es auf die Nerven, Ihnen zuhören zu müssen, wie Sie sich gegenseitig fertigmachen. Gehen Sie nach Hause, und denken Sie mal über sich nach. Wenn Sie beide dann bereit sind, einen neuen Anlauf zu nehmen, um wieder eine gute Ehe zu führen, kommen Sie wieder.«

Zugegeben, diese Methode war sehr drastisch, doch blieb mir keine andere Wahl. Alles in allem habe ich sie ungefähr ein halbes Dutzend mal angewendet. Interessant ist, daß sie gute Ergebnisse erzielte.

In diesem speziellen Fall glaubte ich, es zu weit getrieben zu haben. Fast einen Monat lang hörte ich nichts mehr von diesem Paar. Just zu einem Zeitpunkt, als ich anfing zu glauben, den beiden mache das Streiten zu viel Spaß, um damit aufzuhören, suchten sie um einen Gesprächstermin nach. Sie erschienen; sie stritten nicht (jedenfalls nicht in meiner Gegenwart), und ganz allmählich näherten wir uns dem Punkt, an dem eine positive Einflußnahme auf ihre Ehe möglich schien.

Der Schlüssel jedoch, der die Verhakung ihrer Hörner lösen konnte, um das einmal so auszudrücken, lag in der Entscheidung, das Zusammenstoßen der Köpfe überhaupt zu vermeiden. Man kann in einer Ehebeziehung nicht fortgesetzt aufeinander einschlagen und dann noch erwarten, daß die Ehe Bestand hat. Es ist so, als ob man mit einem Meißel die Grundfesten eines großen Bauwerks bearbeitet. Ein Hieb zeigt keine große Wirkung – es splittert nur etwas Mauerwerk ab. Wendet man das Werkzeug aber lange genug und mit viel Kraft an, dann stürzt über kurz oder lang das Gebäude ein. Genau das beobachte ich bei vielen Ehepaaren – vor allem bei Verbindungen aus Erstgeborenen und Einzelkindern. Ihre Meißel sind ihre Zungen, und damit brechen sie ständig Mauerstücke aus ihrem Beziehungsgebäude.

In den Antworten, die ich auf die Frage: »Wie hat es angefangen?« erhalte, ist viel die Rede von den ›kleinen Dingen‹, denn die sind es, die den Erstgeborenen verrückt machen: Wäschehaufen, ein unausgeglichenes Bankkonto, der nicht eingetragene Scheck, der Auslöser für das Nicht-ausgeglichen-Sein des Kontos war...

Das Hauptproblem liegt im Perfektionismus. Beide Ehegatten sind auf ihre ganz eigene Art Perfektionisten, doch jeder der beiden ist imstande, ›unperfekte‹ Dinge zu tun. Und das ist vergleichbar dem Zünden eines Streichholzes inmitten von Benzin. Ehemänner, die im Büro Kleinkrämer sind, lassen Badezimmer und Schlafzimmer in totaler Unordnung zurück. Ein oft gehörter Ausspruch einer Ehefrau ist: »Glaubt er, ich wäre seine Mutter?« oder: »Glaubt er, ich wäre sein Dienstmädchen?«

Ich sollte noch hinzufügen, daß dieser »Glaubst du, ich bin deine Mutter?«-Komplex nicht nur auf Ehepaare mit erstgeborenen- oder Einzelkinder-Partnern beschränkt ist. Er kommt auch in anderen Geschwisterfolgen vor.

Will ich die Hoffnung auf Erfolge bei meiner Eheberatung nicht verlieren, muß ich die Ehegatten dazu bringen, über das, was sie einander antun, gründlich nachzudenken.

»Wer ist der Sieger in dieser Ehe?« frage ich. »Bei alldem gegenseitigen ›Herunterputzen‹, wer bleibt da Sieger?«

Die Eheleute schauen sich an, wenden sich wieder mir zu, und einer von beiden meint: »Nun, äh, keiner...«

»Genau«, entgegne ich, und dann gehen wir das Problem gemeinsam an. Der erste Teil des Problems ist leicht ausfindig zu machen: Der Partner stammt aus derselben Geschwisterfolge-Position, und ich habe ja schon erwähnt, wie unbeständig und launenhaft Ehen mit zwei erstgeborenen Partnern oder zwei Einzelkindern sein können. In meine Praxis kommen mehr von diesen deprimierten und rasch ins Zerstörerische abgleitenden Perfektionisten als Leute aus irgendeiner anderen Geschwister-Position. Sicherlich sind auch Ehen mit zwei Mittelgeborenen oder zwei Jüngsten als Gatten gegen dieses zerstörerische Element nicht gefeit.

Oberstes Prinzip (keine Regel) für eine eher risikoreiche Ehe ist: Heiraten Sie jemanden aus Ihrer eigenen Geburtenrangfolge. Hegen Sie allerdings den Wunsch nach einer glücklicher verlaufenden Ehe, heiraten Sie jemanden außerhalb Ihrer eigenen Geburtenrangfolge. Im weiteren Verlauf des Kapitels werden wir darauf noch zu sprechen kommen. Sehen wir uns aber jetzt ein paar Beispiele von Ehepaaren an, die Partner aus der eigenen Geschwisterfolge-Position gewählt haben.

### Die Perfektionisten mit Sexualproblemen

Sabine, eine attraktive achtunddreißigjährige blonde Frau, und Georg, ein einundvierzigjähriger Ingenieur, beide Älteste in ihren Familien, suchten mich wegen, wie Georg es nannte, ›Sabines Sexualproblem‹ auf. Als ältestes von vier Kindern wuchs Sabine in einer Familie mit einem extrem dominanten Vater auf, den sie als ›intelligent und aufbrausend‹ beschrieb. Sabines Aussage zufolge hatte ihr Vater ständig versucht, ihr Leben zu bestimmen. Noch in Jugendjahren hatte sie sich geschworen, ›nie jemanden wie Vati zu heiraten‹.

Natürlich traf und heiratete sie jemanden wie ›Vati‹, und wie …! Ich werde oft gefragt, warum sich Menschen so verhalten. Alle Gründe für bestimmte Verhaltens- und Handlungsweisen von Menschen kann man unmöglich herausfinden, aber man kann einige berechtigte Vermutungen anstellen. Die eine Möglichkeit, Sabines Verhalten zu erklären, besteht – und das kann man als Regel nehmen – darin, daß der dem anderen Geschlecht zugehörende Elternteil den größten Einfluß auf uns ausübt. Bei Sabine hat der dominierende, tadelsüchtige Vater seine Spur hinterlassen. Trotz aller Schwüre, ›nie einen Mann wie ihn zu heiraten‹, war sie von einem noch tiefersitzenden Trieb besessen, dessen sie sich nicht bewußt war und der ihr sagte: »Ich habe Vati nie zufriedenstellen können, darum werde ich einen Mann wie ihn finden, dem ich gefällig sein kann. Ich werde noch triumphieren!«

Sabines Erstgeborenen-Perfektionismus jedoch verdammte sie zum Scheitern. Mit ihrer Auffassung von Sexualität war es kein Wunder, daß sich daraus ein Problem entwickelte. Sie begriff Sex wie alles andere in ihrem Leben auch – als sorgfältig geplante Pflichterfüllung. Sabines und Georgs Geschlechtsleben war hinsichtlich Techniken, Positionen, Beleuchtung (nämlich gar keine) usw. nicht sehr abwechslungsreich. Sabine war ein Mensch, der anspruchsvoll war, und die höchsten Anforderungen stellte sie an sich selbst.

Auch Georg stellte Ansprüche: Er forderte täglich Sex. Das Ergebnis dieses Zusammenwirkens von Forderungen und Trieben war, daß Sabine sich verspannte, unfähig wurde, Spaß beim Geschlechtsverkehr zu empfinden, und immer weniger auf Georg reagierte, der, Perfektionist der er war, ständig kleinlich an ihr herummäkelte, ganz besonders im sexuellen Bereich.

Dieses Gestichel ließ Sabine natürlich noch verspannter und gereizter werden. Sie wurde durch Georgs Verhalten einfach an ihren dominanten Vater erinnert.

So sah die Sache für Sabine und Georg, als sie in meine Beratung kamen, ziemlich düster aus. Der einzige Hoffnungsfunken war, daß beide die Ehe retten wollten. Solche Ratsuchenden machen mir immer großen Mut. Wir leben in einer Zeit des: »Wenn es nicht hinhaut, wirf ihn (oder sie) raus und versuch's mit jemandem anderes!« Bei der Übernahme eines Beratungsfalls ist mein Ziel immer, die Ehe zu retten. Ich gehe die Sache einfach und grundlegend an: Haben sich zwei Menschen im Angesicht Gottes versprochen: »Ja, ich will, in guten wie in schlechten Zeiten«, dann sollten sie auch alles daransetzen, zusammenzubleiben.

Die hier vorliegenden Umstände bildeten den klassischen Fall zweier erstgeborener Perfektionisten, die aneinandergeraten waren und sich die Köpfe einschlugen, ohne daß irgendwelche Aussicht auf Besserung bestand. Ein erster gemeinsamer Schritt, die ineinanderverhakten Hörner auseinanderzubringen, war die Umsetzung meines Vorschlags, ihren Sexual->Fahrplan< weniger starr und fordernd zu gestalten. Das bedurfte keiner großen Überredungskünste, denn wegen all der aufgebrochenen Spannungen hatten sie ihre geschlechtlichen Aktivitäten auf >nur< viermal die Woche beschränkt.

Ich offerierte ihnen einige Anleitungen dafür, wie sie sich entspannen und einander genießen konnten und sich ihr sexuelles Beisammensein zu etwas Schönem statt zu einer Qual machten. Ihre Beziehungen zueinander machten gute Fortschritte, und auch Sabine setzte die Ratschläge, die ich allein ihr erteilt hatte, mustergültig in die Tat um.

Aufgabe Nummer Eins für Sabine lautete: »Gestehen Sie sich Ihren Hang zum Perfektionismus ein.« Eine Möglichkeit, wie Leute mit ihrem Perfektionismustrieb fertig werden können, ist das Eingeständnis: »Ich bin ein Perfektionist, und dem muß ich mich stellen.« Diese simple Übung bewirkt, daß sie sich viel stärker der Forderungen, die sie sowohl an sich selbst als auch an andere stellen, bewußt werden.

Eine weitere Aufgabe für Sabine hieß: »Hüten Sie sich vor zu hohen Erwartungen.« Sie sollte sich weniger umfangreiche Aufgaben vornehmen und in ihrem Leben ein bißchen kürzer treten. Dadurch, daß sie ihre Erwartungen an sich und andere nicht so hoch ansetzte, würde es ihr leichter fallen, Nachsicht mit sich selbst zu üben, wenn ihr etwas danebenging. Mußte sie es dabei noch auf sich nehmen, jemanden um Verzeihung zu bitten, um so besser. In kleinen Schritten fing sie damit bei Georg an, sehr zu dessen Überraschung und Freude.

Die dritte Aufgabe für Sabine lautete: »Lernen Sie ›nein‹ zu sagen.« Sie mußte einmal damit anfangen, Dinge abzulehnen, die sie nicht tun wollte. In ihrer Kirchengemeinde beispielsweise war sie bekannt dafür, ›jemand zu sein, auf dessen Hilfe man immer zählen konnte‹. So war es nur zu natürlich, daß sie doppelte Arbeiten übernahm und sich außer ihren eigenen auch noch die Arbeitslasten verschiedener anderer Menschen auflud.

Sabine hatte hart daran zu beißen, bis sie soweit war, Wünsche und Bitten, die an sie herangetragen wurden, zurückzuweisen. Ganz allmählich gelang es ihr, sich ein wenig Luft zu schaffen. Sie machte Schluß mit der Tyrannei der ›Zu erledigen‹-Listen, die sie tatsächlich am Lenkrad ihres Wagens befestigte, damit sie immer an ihre nächsten zu erledigenden Aufgaben oder Verabredungen erinnert wurde. Sie nahm sich für den Tag immer weniger vor und mußte dabei feststellen, daß sie immer mehr Dinge zu Ende bringen konnte, und nicht am Ende des Tages verstört und frustriert war, weil sie nicht alle Vorhaben abgeschlossen hatte.

Wie vorherzusehen, nahm die Beziehung zwischen Sabine und Georg eine radikale Wendung, ganz besonders im Bett. Sie schliefen zwar nun weniger häufig miteinander, hatten dafür aber mehr Spaß dabei! Ein weiteres Problem für Sabine war das Bild des dominierenden Ehemannes, das sie sich von Georg gemacht hatte. Ich ermunterte sie dazu, ein bestimmtes Maß an Eigeninitiative beim Sex zu entwickeln, anstatt Georg gegenüber die passive Rolle zu spielen. Ich regte weiterhin an, daß sie Georg einmal von seiner Arbeitsstelle ›kidnappen‹ sollte, und ihn in ein Hotel oder für eine Nacht aufs Land entführen sollte, oder sie sollten sich einfach mitten am Tag zu einem Picknick treffen etc.

Als echte Perfektionistin warf sie sich voller Begeisterung in diese neuen Aufgaben. Ich erinnere mich noch gut an ihr freudestrahlendes Gesicht, als sie mir berichtete, wie sie Georg einmal nach der Arbeit abgeholt hatte, um mit ihm einen gemeinsamen Abend zu verbringen. Sie besuchten ein Heißwasser-Freibad, picknickten anschließend und verbrachten die Nacht in einem Motel. Sie hatte alle Reservationen gemacht und dafür gesorgt, daß die Oma bei den Kindern war usw.

Obwohl beide, Sabine *und* Georg, Probleme hatten, hielt doch Sabine den Schlüssel dafür in der Hand, die Ehe wieder ins Gleis zu bringen. Sobald sie damit angefangen hatte, sich mit ihrem Perfektionismus positiv auseinanderzusetzen, gelang es ihr wieder, Prioritäten zu setzen. Da sie nun in der Lage war, ihre Erwartungen und Zielsetzungen selber zu steuern, veränderte sich das gesamte Bild. Durch die Ehelichung eines Mannes, der ihrem Vater so ähnlich war – dominierend und tadelsüchtig –, hatte sie den Mißerfolg von vornherein vorprogrammiert, vergleichbar einem Zug, der mit voller Geschwindigkeit auf eine unterspülte Brücke zurast. Sabine brachte den Zug rechtzeitig zum Stehen, warf eine Weiche herum und steuerte sich und Georg auf ein Gleis, das in Richtung Sicherheit und Glück führte.

### Sylvia plus Mark gleich Null Kommunikation

Vor viele Probleme werden sich auch zwei ›mittelgeborene‹ Partner in ihrer Ehe gestellt sehen. Wie wir gesehen haben, schlägt das mittlere Kind in eine Richtung, die von den Stärken und Schwächen des Erstgeborenen bestimmt wird. Dem Mittelgeborenen stehen viele Möglichkeiten offen, aber ein grundlegender Wesenszug fast aller mittleren Kinder ist die Fähigkeit zu vermitteln, zu verhandeln und Kompromisse zu schließen. Das klingt nach einer nicht hoch genug einzuschätzenden Begabung, die sie da mit in die Ehe bringen, nur verspüren zwei mittlere Kinder sehr häufig das Verlangen nach Frieden um jeden Preis. Sie entwickeln sich zu ›Vermeidern‹ – zunächst vermeiden sie Konflikte und irgendwann meiden sie dann sich selbst. Mittelgeborene Kinder wünschen sich die Meere des Lebens ruhig und glatt. Sie wollen keine Wellen schlagen. Das Ergebnis kann dann eine ›stille Oberfläche‹ sein, unter der sich alle möglichen Arten von Beben zusammenbrauen, weil zwischen den beiden Ehegatten keine Kommunikation (mehr) stattfindet.

Das war der Fall bei Sylvia, einer zweiunddreißigjährigen Frau, die drittgeborene Tochter in einer Familie mit fünf Kindern war. Zwei Schwestern vor ihr und zwei jüngere Brüder sorgten dafür, daß sie in ihrer Kindheit und Jugend irgendwo in der Mitte unterging. Sie wuchs zu einem schüchternen und passiven jungen Mädchen und sicherlich auch zu einer Konfliktvermeiderin heran, die die Zuneigung der Eltern dadurch gewinnen wollte, daß sie sich viel um ihre kleineren Brüder kümmerte, während die Mutter arbeitete.

Mark war neunundzwanzig und zweites von drei Kindern. Sein älterer Bruder war in jeder Hinsicht immer der Beste gewesen, seine kleinere Schwester wurde als typische ›kleine Prinzessin‹ aufgezogen, was Mark mit dem Gefühl zurückließ, seinen ihm zustehenden Anteil an Beachtung nicht erhalten zu haben. Mark wandte sich frühzeitig von seiner Familie ab, um außerhalb des Elternhauses eigene Freunde und seine Gesellschaft zu suchen, wiederum ein typisches Charaktermerkmal des mittleren Kindes. Eine aus diesem Freundeskreis war Sylvia, seine Schülerliebe, die er kurz nach Abschluß der Schule heiratete. Im achten Jahr nach ihrer Eheschließung hatten sie zwei Kinder, das eine sieben, das andere vier Jahre alt.

Sylvia suchte um einen Beratungstermin bei mir nach. Sie tat es auf dringendes Anraten einer ihrer älteren Schwestern, die es müde war, ständig Sylvias Klagen über sich ergehen zu lassen, die sich mit den zwei kleinen Kindern gefangen fühlte und unfähig zur Kommunikation mit ihrem Mann war. Außerdem beunruhigte sie der Gedanke an eine andere Frau im Leben ihres Mannes, denn Mark hatte in den vorangegangenen Monaten ständig beteuert, er müsse Überstunden machen.

Zunächst sprach ich allein mit Sylvia, danach mit Mark. Wie sich herausstellte, war keine andere Frau im Spiel. Mark meinte, schon genug damit zu tun zu haben, mit einer Frau zurechtzukommen, vor allem, wenn es eine war, die »ständig versucht, mich zu gängeln«. Sylvia ging mit Mark immer noch so um, wie sie es mit ihren beiden jüngeren Brüdern getan hatte. Ständig glaubte sie ihm sagen zu müssen, was er zu tun hätte, und das ärgerte Mark, auch wenn es von einer so lieben, schüchternen Frau wie Sylvia kam. Sylvia war von Marks Verhalten natürlich verblüfft, und sie konnte sich überhaupt nicht erklären, was er so lange zu arbeiten hatte. So vermutete sie, daß eine andere Frau im Spiel war. Mark erklärte es damit, daß er dem Gefühl von Unbehaglichkeit, das er bei der Frau empfand, die er schon hatte, aus dem Weg gehen wollte. Als ein typisches mittleres Kind wollte er keine Wellen schlagen; sein Bestreben war es, wann immer möglich, Konflikten aus dem Wege zu gehen. So wählte er die einfachste Lösung: »Tut mir leid, aber ich muß heute abend noch länger arbeiten.«

Sylvia andererseits wußte nicht, wie sie sich Marks Verhalten erklären sollte und konnte nur Vermutungen darüber anstellen. Die Kommunikation zwischen den beiden war auf dem Nullpunkt angelangt, als sich Sylvia hilfesuchend an mich wandte. Die Beziehung der beiden nahm einen steilen Aufschwung, nachdem sie sich gelobt hatten, mehr Zeit füreinander aufzubringen, um, wenn die Kinder im Bett waren und sie sich mehr auf sich selbst konzentrieren konnten, miteinander zu reden. Daß Mark sie nun an seinen Gefühlen teilhaben ließ, half Sylvia beträchtlich, denn seine Schweigsamkeit und die geheimnisvolle Hingabe an seine Arbeit hatten ihr großen Kummer bereitet. Mark machte jetzt die Erfahrung, Sylvia seine wahren Gefühle offenbaren zu können, ohne befürchten zu müssen, von ihr zurückgestoßen zu werden.

Auf der einen Seite schätzte Sylvia die Gespräche mit Mark sehr, sie gestand aber andererseits ein, daß es schwierig für sie war, ihre Gedanken in Worte zu fassen. Ich regte an, ihre Gespräche durch kleine schriftliche Aufmerksamkeiten zu ergänzen, die sie ihrem Mann hin und wieder zusteckte. Mark mußte des öfteren im Auftrag seiner Firma auf Reisen gehen. Sylvia legte ihm dann kleine Zettel oder Karten in den Koffer. Diese Liebesbeweise und kleinen Aufmunterungen, die er beim Auspacken im Hotel zwischen seinen Hemden fand, machten ihm das Reisen um vieles leichter.

Ich gebe Eheleuten – vor allem den Ehefrauen – häufiger diesen Rat, kleine schriftliche Aufmerksamkeiten zu verfassen oder Postkarten zu schicken. Denn was kostet das schon? Eine Karte kostet vielleicht eine Mark, und es bedarf nur eines geringen Zeitaufwandes, das Ergebnis aber kann für die Ehe von unermeßlichem Wert sein.

Ein weiterer positiver Aspekt, der sich aus dem Bemühen um Kommunikation ergab, war, daß sich Sylvia weniger in der Rolle als Mutter zweier kleiner Kinder gefangen fühlte, während sich ihrem Mann die Möglichkeit eines Ventils bot – seine Arbeit. Mark seinerseits lernte, wenn er nach Hause kam, zu fragen: »Was kann ich dir helfen?«, was wiederum Sylvia sehr entzückte. Da sich Mark nun bereit erklärte, mehr im Haushalt mit anzupacken, war es Sylvia möglich, sich von ihrer ›mütterlichen Art, ihm zu verstehen zu geben, was er tun sollte‹ zu lösen.

Beide, Sylvia und Mark, waren als Mittelgeborene ausgesprochen erfolgversprechende Kandidaten für eine Ehe. Die Ironie ihrer Situation lag jedoch in dem, was alle Paare, deren beide Teile Mittelgeborene sind, zu gewärtigen haben: Reißt der Kommunikationsfaden zwischen beiden ab, dann liegt der Grund dafür darin, daß beider Drang, Konflikte zu vermeiden und das Meer des Lebens ruhig zu halten, über das naturgegebene Talent, vermitteln und verhandeln zu können, die Oberhand gewinnt. Das mag paradox klingen, aber genau da liegen die Gründe, warum sich so viele Beziehungen dahinquälen.

Jüngsten Geschwistern kann ebenfalls nicht ohne weiteres empfohlen werden, einen Partner aus ihrer eigenen Geburtenfolge zu heiraten. In der Zeit des Umeinanderwerbens mögen sie zwar viel Spaß miteinander haben und sich köstlich amüsieren, weil ihnen eine ›Was-kostet-die-Welt‹-Natur zu eigen ist. Diese Einstellung bereitet aber in einer Ehe nicht mehr viel Freude. Wenn nicht einer der beiden Partner die Verantwortung auf sich nimmt und den Spaß nicht zu weit treiben läßt, können sich zwei Letztgeborene ganz schnell in finanziellen Nöten wiederfinden.

Zu der Zeit, als Maria und Peter, beide jüngste Kinder, mich aufsuchten, befanden sie sich in ernsthaften Geldschwierigkeiten. Sie waren beide Anfang Dreißig; ihre Ehe war kinderlos. Obwohl Peter ein gutes Gehalt nach Hause brachte, waren sie hoffnungslos verschuldet. Jedes Kreditkartenkonto war über den Höchstbetrag hinaus überzogen, mehrere Kaufhausrechnungen waren überfällig und Auto und Motorboot standen kurz vor der Pfändung. Der einzige Grund, warum sie nicht auch mit der Abbezahlung eines Hauses in Verzug geraten waren, lag darin, daß sie zur Miete wohnten; und der einzige Grund, warum sie mit der Mietzahlung noch nicht in Rückstand geraten waren, lag in der Person des Vermieters, der keinen Spaß verstand und unverzüglich jede Maßnahme zur Zwangsräumung einleitete, wenn die Miete nur einen Tag nach der ›Zehn-Tage-Gnadenfrist‹ eingezahlt wurde.

Dieses finanzielle Chaos führte fast zwangsläufig zu ehelichem Streit. Weder Peter noch Maria waren in ihrer Kindheit sehr verwöhnt worden; als sie nun aber in und mit ihrer Ehe eigenständig wurden, beschlossen sie, nach dem Lustprinzip zu leben. Wenn sie etwas sahen, das ihnen gefiel, dann kauften sie es (d. h. sie bezahlten es mit ihrer Kreditkarte). Sie warfen sich gegenseitig vor, genußsüchtig zu sein, und ironischerweise hatten sie beide Übergewicht. Nirgendwo war eine Möglichkeit der Kontrolle in Sicht.

Als erstes brachte ich Maria und Peter mit einem Finanzberater zusammen, der sie zwang, einen Haushaltsplan aufzustellen. Sie mußten alle Vermögenswerte ausliefern und alle Kredit- und Scheckkarten abgeben. Sodann nahm der Geldberater mit jedem Gläubiger Kontakt auf und vereinbarte für jedes Schuldenkonto eine annehmbare minimale Tilgungsrate, bis alle Schulden abbezahlt waren. Peter brachte mir die Karten zur Ansicht: Sie waren alle in kleine Schnipsel zerschnitten. Die Sache klingt nach einer kindlichen Behandlungsweise von zwei Erwachsenen, aber nur so bestand Hoffnung für die beiden. Jüngste Kinder sind die letzten, die mit einem knapp bemessenen Budget leben können. Ich, als Letztgeborener, kann diese Einstellung vollkommen nachempfinden. Mir war es nie gelungen, mit einem engbegrenzten Etat umzugehen; und ich überlasse es lieber Sande, meiner erstgeborenen Frau, uns aus Schulden herauszuhalten.

Sobald Maria und Peter wieder ein wenig Ordnung in ihre finanziellen Verhältnisse gebracht hatten, konnten sie daran gehen, sich um ihre Beziehungsprobleme zu kümmern. Die Schulden und der Druck der Gläubiger hatten sie auseinandergerissen. Da dieser Druck nun von ihnen genommen war, waren sie in der Lage, zu erkennen, daß sie am gleichen Strang ziehen mußten, anstatt in entgegengesetzte Richtungen zu laufen. Das bedeutete für sie, nur ein Girokonto statt zwei zu haben. Zuvor hatten sie über zwei getrennte (Scheck-)Konten verfügt, und natürlich waren bei jedem Schecks geplatzt, ohne daß der andere davon erfuhr.

Maria und Peter suchten mich nur wenige Male auf, denn ihr wahres Problem lag im finanziellen Bereich, nicht im ehelichen. Sie liebten sich, und sie hatten fest vor, zusammenzubleiben. Durch die Verpflichtung, mindestens zwei Jahre lang nichts mehr auf Kredit zu kaufen und einige ihrer ›Spielsachen‹ zu verkaufen – wie etwa das Motorboot –, waren sie nunmehr auf dem richtigen Weg zu einer gewissen Stabilität.

Das Beispiel von Peter und Maria zeigt typisch, daß Mangel an Ordnung und Standfestigkeit häufig im Naturell Letztgeborener zu liegen scheint. Wie wir gelesen haben, wächst ein jüngstes Kind verwöhnt, mit allzuviel Nachsicht behandelt, verzärtelt und verhätschelt heran. Das trägt kaum zum Erwerb grundlegender Kenntnisse für den Umgang mit Geld bei. Auf der anderen Seite werden Letztgeborene häufig so behandelt, als verfügten sie nicht über genügend Wissen, als wären sie immer ein bißchen zurückgeblieben, zu jung, zu klein, zu schwach, zu dumm. In ihnen reift so die Haltung: »Es kümmert sowieso niemanden. Was soll's also? Dann lieber den Spaß genießen, solange man kann!« Nachdem Peter und Maria erkannt hatten, daß sie imstande waren, ihre Ausgaben selber zu regulieren und dennoch das Leben zu genießen, hatten sie am Leben miteinander wieder viel mehr Freude.

### Welche Geburtenrangfolgen passen am besten zueinander

Einer der führenden Forscher auf dem Gebiet der Geburtenrangfolge ist Walter Toman, dessen Buch ›Familienkonstellationen‹, in dem er mehr als dreitausend Familien beschreibt, als Klassiker gilt. Bei der Beschreibung von typischen Verhaltensweisen entsprechend der Geschwisterrangfolge listet Toman die Kombinationen auf, die er als die besten für eine Ehe hält. Toman zufolge passen gut zusammen:

- der jüngste Bruder von älteren Schwestern mit der ältesten Schwester von jüngeren Brüdern
- die jüngste Schwester von älteren Brüdern und der älteste Bruder von Brüdern

Meine Erfahrungen als Eheberater belegen die Richtigkeit dieser Aussage. Zu einer/einem Jüngsten paßt offenkundig ein(e) Älteste(r) – jemand, der gewissenhaft und zuversichtlicher und selbstsicherer ist, das Leben im Augenblick als auch in der Zukunft zu meistern. In gleichem Maße vermag das am Spaß und Genuß orientierte Naturell eines Letztgeborenen die typische

148

überaus ernsthafte und gewissenhafte Einstellung des Ältesten zum Leben ein wenig aufzulockern. Womöglich die beste Kombination stellen eine erstgeborene Frau und ein letztgeborener Mann dar. Erstgeborene Frauen sind meist mütterliche Wesen, und letztgeborene Männer bedürfen (oft) der ›Bemutterung‹.

Für mich war es ein Glücksfall, jüngster Bruder meiner ältesten Schwester, Sally, zu sein, die mich sehr bemutterte und Klein-Kevin beibrachte, »was eine Frau ist«.

Vermutlich stimmen mir fast alle Familienberater zu, wenn ich sage, daß Frauen von Männern sehr oft nicht verstanden werden. *Alle* zusätzlichen Kenntnisse, die ein Junge als Heranwachsender erwerben kann, werden ihm dann zugute kommen, wenn er selbst eine Familie gründet. Ich für meinen Teil benötigte jedoch Lektionen für Zurückgebliebene, und meine Frau Sande kam dieser Verpflichtung gerne nach.

*Wie Mama Bär den Kleinen Bären zum Besseren bekehrte*

Wenn man nach der Faustregel gehen kann, daß Verbindungen zwischen Erst- und Letztgeborenen mehr Glück beschieden sein kann, so kann man *nicht* daraus schließen, daß sich der Erfolg automatisch einstellt. Gute Ehen werden gemacht, nicht geboren. Gute Ehen werden von zwei Menschen gemacht, die gemeinsam daran arbeiten, sie gut zu machen, indem sie rücksichtsvoll und liebevoll miteinander umgehen und einander beistehen.

Als die erstgeborene Sande den letztgeborenen Kevin heiratete, war das die klassische Konstellation der gefälligen Bärenmama, die sich des verspielten Bärenbabys annahm. Und Baby-Bär nützte ganz selbstverständlich seinen neuen Schutz- und Fürsorgespender aus. Sande lernte ziemlich schnell, daß ich nur Erbsen und Mais mochte, keinen Salat, und selbst *Steaks* waren nicht unbedingt mein Fall.

Da ich mir immer hatte erlauben können, mich, wo im Haus auch immer, meiner Kleidungsstücke zu entledigen und sie zu

Boden fallen zu lassen, tat ich das auch weiterhin, und Sande lief umher und sammelte Socken, Hemden usw. wieder vom Boden auf.

Das ging so die ersten Jahre unserer Ehe gut. Eines Tages, ich war gerade mit meinen Promotionsvorbereitungen beschäftigt, hörte Sande, wie ich lauthals die Vorzüge realitätsnaher Erziehungsmethoden verkündete, z. B. daß man Kinder für ihre Taten zur Verantwortung ziehen wollte.

Da dämmerte es.

*Wenn es eine gute Sache ist, Kinder für ihre Handlungen zur Rechenschaft zu ziehen, dann muß es noch viel besser sein, Ehemänner zur Verantwortung zu ziehen,* dachte sich Sande und ergriff die Initiative.

Mir begann etwas zu schwanen, als ich die kleinen Kleiderhäufchen dort noch vorfand, wo ich sie zurückgelassen hatte. Bald war die Wohnung voll von verstreut umherliegenden Kleidungsstücken. Und dann kam der Tag, an dem ich die Tür nicht mehr öffnen konnte, weil sie von einem riesigen Haufen von Kleidungsstücken versperrt war, den Sande aufgetürmt hatte, um den Weg frei zu haben. So kam es, daß Sande und ich ein Gespräch von der Art führten, wie ich es Ehepaaren immer wieder empfehle. Wir tauschten unsere Gefühle und Empfindungen aus. Sande gab mir zu bedenken: »Schau, ich möchte deine Frau sein, nicht deine Mutter. Du lernst jetzt, deine Sachen selber aufzuheben und sie dorthin zu schaffen, wo sie hingehören. Außerdem werde ich von jetzt an die Gerichte zubereiten, an denen mir liegt, und ich erwarte von dir, daß du wenigstens mal verschiedene Sachen probierst. Das solltest du dir und deinen Kindern schuldig sein, wenn du das gute Vorbild sein willst, von dem du immer sprichst.«

Sande stand mir auch bei anderen Prozessen des Erwachsenwerdens zur Seite, indem sie mich beispielsweise mit dem Kinderarzt bekanntmachte. Sie erlaubte mir tatsächlich, Holly zum Kinderarzt zu begleiten.

Kurzum, Sande war im Begriff, mir eine Führungsrolle in unserem Haus zuzuweisen und mir eine aktive Rolle bei der Übernahme von Verantwortlichkeiten zu übertragen. Sie brachte mir sogar bei, daß es für einen Psychologen mit Doktortitel nichts Verbotenes ist, Windeln zu wechseln. *Erziehung und Elternschaft heißt nicht Frauenarbeit.*

So lernte ich also Papa-Bär statt Baby-Bär zu sein. Die Moral von der Geschichte lautet, Erstgeborene sollten sich von letztgeborenen Ehegatten durch deren manipulierendes Geschick nicht ausnutzen lassen, und andererseits sollten natürlich Letztgeborene sich nicht zu Opfern *ausgeprägter* Bemutterung und Bevaterung durch einen Erstgeborenen machen lassen.

### Wie man in seiner Ehe Ordnung schafft

Bei der Betrachtung, welcher Geburtenfolge die erfolgversprechenden Ehen entstammen, sollten Sie sich immer des Grundgedankens erinnern, den ich in diesem Buch mehrfach wiederhole:

*Alle festgehaltenen Wesensmerkmale im Zusammenhang mit der Geschwisterrangfolge gelten als Hinweise, nicht als Regeln.*

Nur weil ich sage, daß ich in den meisten Fällen die Ältester/ Jüngster-Eheverbindung unter einem glücklicheren Stern stehen kann, darf nicht gefolgert werden, daß Ehen aus anderen Kombinationen nicht auch glücklich werden können. Falls Sie einen Partner aus ihrer eigenen Geburtenrangfolge haben, so ist daraus keinesfalls die Entschuldigung abzuleiten: »Die Sache ist hoffnungslos. Ich erkenne, daß Hans sich nie ändern wird. Unsere Ehe ist zum Scheitern verurteilt.«

Eine Menge Leute heiraten jemanden der gleichen Geschwisterfolge, und ihre Beziehungen sind vollkommen in Ordnung. Sally, meine erstgeborene Schwester, ist dafür ein Beispiel. Sie hat den erstgeborenen Wes geheiratet, einen überpeniblen perfektionistischen Zahnarzt. Nach allem, was wir in diesem Kapitel gesagt haben, müßten sich Sally und Wes inzwischen die Augen ausgekratzt haben; aber so ist es keineswegs. Sie haben ihre großartige Ehe auf einem gemeinsamen Glauben, einem Sinn für Ausgleich und mit viel harter Arbeit aufgebaut. Darüber hinaus haben sie auch noch drei prachtvolle Kinder!

Die gute Nachricht heißt also: Eine bestimmte Position in der Geschwisterreihe ist niemals Ausdruck für ein endgültiges Schicksal. Sie ist allerdings ein Indiz für Schwierigkeiten und Spannungen, auf die Sie in Ihrem Leben stoßen können, oder die Sie sich selber schaffen. Bei der Beratung eines Ehepaares versuche ich stets aufzuzeigen, wie sie durch gemeinsames Bemühen ihre Ehe erfolgreich gestalten können. Sie müssen miteinander reden, sich unterstützen und ermutigen, nicht aufeinander herumhacken und aneinander herumnörgeln. Sie müssen nur etwas ganz Fundamentales leisten. Es hüllt sich kein großes Geheimnis darum, eine funktionierende Ehe aufzubauen, allerdings kann es durchaus große Schwierigkeiten bereiten. Das Wissen über Ihre Geschwisterposition und bessere Erkenntnisse über sich selbst sind erste Schritte auf dem Weg, mit Ihrem Ehegatten zurechtzukommen und gemeinsam ein glückliches Leben zu führen.

### Ein Quiz für Ehepaare

1. Bin ich kleinlich? Mäkel ich an dem herum, was mein Partner anzieht, sagt oder tut? Wie oft kommt das vor?

2. Nehme ich mir Zeit, meinen Partner aufzumuntern und ihm Mut zuzusprechen?

3. Sprechen wir über Probleme? Gibt es eine festgesetzte Zeit ›nur für uns‹?

4. Wann haben wir uns zum letzten Mal ein Wochenende von den Kindern freigenommen?

5. Wann habe ich meinem Partner das letzte Mal ein Kompliment gemacht?

6. Wann habe ich meinem Partner das letzte Mal ganz ohne Anlaß ein Geschenk gemacht, nur um ihm/ihr zu verstehen zu geben: »Ich liebe dich«?

7. Da wir von »Ich liebe dich« sprechen, wann haben Sie diese drei kleinen wunderbaren Worte zum letzten Mal zu Ihrem Partner gesagt?

8. Woher *weiß* ich, daß mein Partner mich etwas gern tun sieht? Habe ich es mir für diese Woche vorgenommen?

9. Verrichten wir gemeinsam unsere Andacht? Oder sind wir eher wie so viele andere Ehepaare, die zu der Entscheidung gekommen zu sein scheinen, daß Gott zu einem veralteten Modell geworden ist?

10. Nehme ich mir die Zeit, wirklich herauszufinden, was meinen Mann interessiert? Nehme ich mir die Zeit, mich mit Feinheiten und Schwierigkeiten des Lieblingszeitvertreibs (oder Beschäftigung) meines Partners auseinanderzusetzen?

11. Wann habe ich meinen Partner das letzte Mal aus dem Büro (oder vom Bügelbrett weg) entführt, um mit ihm/ihr die Nacht irgendwo weg von zu Hause zu verbringen?

12. Wann bin ich das letzte Mal früher von der Arbeit heimgekommen, um mich mit Klein-Hänschen oder Fritzchen zu beschäftigen, damit meine Frau einen Schaufensterbummel machen oder einige Besorgungen erledigen kann?

13. Wann habe ich zum letzten Mal: »Es tut mir leid. Ich habe mich geirrt. Kannst du mir verzeihen?« gesagt?

# Ich gelte nur etwas, wenn ich...

Wie Sie diesen Satz zu Ende führen, sagt viel über Sie aus – und
Ihre Ehe. Bei Ehepaaren, die in Schwierigkeiten stecken und
sich entschließen, es ›einmal mit einem Psychologen zu versuchen‹, ist meine erste Reaktion, nach dem Lebensstil jedes
Ehepartners zu forschen. Mit ›Lebensstil‹ meine ich nicht, wieviel Geld einer verdient, wo einer lebt oder wie viele Autos er
besitzt. Ein besserer Ausdruck wäre vielleicht ›Lebensschablone‹, das ist ein Begriff, den Alfred Adler geprägt hat, als er darüber sprach, wie Menschen psychologisch ›funktionieren‹, um
bestimmte Ziele zu erreichen. Adler ging davon aus, daß jeder
Mensch während seines Reifungsprozesses eine eigene Lebensschablone entwickelt. Dabei sind etliche Einflüsse ständig am
Werk. Geburtenfolge kommt automatisch ins Spiel, Hand in
Hand gehend mit dem Aufbau der Geschlechterrollen, der Anpassung an Lebensumstände und dem Umgang mit auftreten-
den Problemen etc.

Adler lehrte, daß die Kenntnis der persönlichen Umstände
eines Menschen und seine typischen Reflexhandlungen auf
diese Umstände überhaupt nichts darüber aussagen, was im
Seelenleben des Menschen vorgeht. »Aber«, so schrieb Adler,
»wenn ich das Ziel eines Menschen erkenne, weiß ich im allgemeinen, was passieren wird.«[1] Dieses Ziel bestimmt das, was
Adler die Bewegungslinie des Menschen nennt – wie dieser
Mensch sich selbst wahrnimmt, und was er mit seinem Leben zu
tun vorhat.[2]

Um die Dinge für unsere Zwecke nicht zu kompliziert zu machen, sagen wir einfach, unsere Lebensschablone ist die Wahrnehmung davon, wie wir in diese Welt passen. Während wir

nun heranwachsen und bestimmte Auffassungen von uns selbst gewinnen, entwickeln wir das, was Adler ›Leitlinien‹ nennt, die mit unserer Lebensschablone zusammenhängen. Adlers Definition von *Leitlinie* kann stark ins Technische geraten, aber um es einfacher auszudrücken, möchte ich Leitlinien als Lebensverse verstanden wissen, mit denen wir uns füttern und die wir lernen, um an uns selbst zu glauben.

Ein aggressiver Mann wird von Frauen oft als »ein Kerl mit einer tollen ›Linie‹ bezeichnet« (›a guy with a great line‹). Nun, ich glaube, daß wir *alle* über tolle (Leit-)Linien verfügen und sie vorwiegend auf uns selbst anwenden. Diese Leitlinien (Lebensverse) beginnen alle mit: »Ich gelte nur etwas, wenn ich…« Wie wir diese Zeile vervollständigen, steht in unmittelbarem Zusammenhang mit der Stellung innerhalb unserer Geschwisterreihe. Diese Lebensverse sind zahllos. Einige der weitverbreitetsten, die ich immer wieder zu hören bekomme, sind:

»Ich gelte nur etwas, wenn ich vollkommen (perfekt) bin.«
»Ich gelte nur etwas, wenn ich Konflikte vermeide.«
»Ich gelte nur etwas, wenn ich Beachtung finde.«
»Ich gelte nur etwas, wenn ich alle Fäden in der Hand halte.«

Jede einzelne der obigen Aussagen ist eine hervorragende Waffe, um eine Ehe zu zerstören. Wir werden gleich sehen, warum.

### *»Ich gelte nur etwas, wenn ich vollkommen bin«*

Wir lernen diese Lebensverse schon sehr früh. Ein Beispiel: Eine Vorschulerzieherin gibt der kleinen Marion eine Schere in die Hand (natürlich eine mit abgerundeten Spitzen) und einen Bogen hellrotes Bastelpapier. Marions Aufgabe ist es, einen schönen runden Kreis auszuschneiden. Sie versinkt in ihrer Arbeit und macht ihre Sache auch ganz gut, doch ganz unvermittelt knüllt sie das Papier zusammen und legt ihren halbfertigen Kreis auf den Fußboden.

Die Erzieherin geht zu ihr hin und fragt: »Was ist los, Marion?«

»Ich kann das nicht.«

»Ich werde dir helfen – hier, ich –«

»Nein! Ich mach' es nicht, es ist blöd!«

Und die Erzieherin seufzt und fragt sich: *Was ist nur in Marion gefahren?*

Nun, geben wir der Erzieherin einen Fingerzeig:

Marion ist das älteste Kind von Eltern, die sehr leistungsorientiert sind. Was macht man, wenn man sehr leistungsorientierte Vorbilder hat? Man eifert ihnen nach. Gerade vor ein paar Tagen hat Marion ihr Bettchen gemacht, und für eine Fünfjährige ist ihr das ganz toll gelungen. Ihre Mutter kam hinzu, um es in Augenschein zu nehmen: »Oh, Marion, Liebling, wie toll hast du das gemacht.« Und dann ging sie daran, »ein paar Knitter zu glätten«.

Was mußte Marion daraus schließen? Sie hat den Ansprüchen nicht genügt. Das Bett war nicht ›perfekt‹ gemacht.

Kein Wunder also, daß ein weniger als perfekter Kreis sie in Verzweiflung gestürzt und in sanfte Empörung versetzt hat. Wenn sie schon nicht vollkommen sein kann, dann will sie lieber gar nichts sein!

Was hat nun Marions Erlebnis in der Vorschule mit ihrer Ehe zu tun? Eine ganze Menge. Unternehmen wir einen Sprung in die Zukunft, zwanzig, fünfundzwanzig Jahre nach vorn. Marion ist inzwischen verheiratet und geht wie 50 Prozent aller Ehefrauen einer Beschäftigung außerhalb des Hauses nach. Sie kommt nach einem anstrengenden Arbeitstag nach Hause, ist hungrig und müde. Bernd, ihr Ehemann, ist schon vor ihr zurückgekehrt, aber er hat versäumt, das Hähnchen aus der Tiefkühltruhe zu nehmen und den Tisch zu decken. Außerdem quillt das Spülbecken über mit schmutzigem Geschirr. Bernd sitzt vor dem Fernseher und schaut sich eine Sportübertragung an.

Ein solcher Anblick läßt jede berufstätige Frau die Wände hochgehen. Nimmt man allerdings noch die Tatsache hinzu, daß Marion eine Perfektionistin ist und alles nach ihrem Willen haben muß, dann steht jetzt echter Ärger ins Haus. Und den bereitet sie Bernd dann auch: Ein verbaler Hagelschlag geht auf ihn nieder, der ihn dazu bringt, sich den Kopf darüber zu zerbrechen, was er denn eigentlich vorhin im Sportprogramm gesehen hat.

Das Problem ist nur: Noch mehr solcher perfektionistisch motivierter Feuerwerke, und Bernd wird sich fragen, was er je von Marion gewollt hat.

Marion ist in der Lebensschablone gefangen, die um den Vers rankt: »Ich gelte nur etwas, wenn ich perfekt bin.« Auch die Menschen in ihrer Umgebung müssen perfekt sein. Sind sie es nicht, dann geht sie (Marion) hoch wie eine Rakete.

Wie stellt sich nun meine Beratung in Marions Fall dar? Soll ich sie mit einer Menge technischer Erklärungen über ihre Mutter und die Gefahr sanfter Neurosen, die aus der Neigung zur Flucht aus der Wirklichkeit herrühren, überhäufen? Gewöhnlich verweise ich darauf, daß, wenn mir etwas in zwanzig Ehejahren bewußt geworden ist, das die Tatsache ist: Nichts im Leben ist vollkommen und keine Ehe perfekt. Ist jedoch einer der Ehegatten ein Perfektionist oder sind gar beide Perfektionisten, dann sind Auseinandersetzungen vorprogrammiert.

Der Perfektionist versucht, seine Maßstäbe dem Ehemann aufzuzwingen. Dann fallen die gemeinen Bemerkungen: »Du erfüllst meine Erwartungen nicht.« Oder: »Du bist nicht gut genug.« Was da geschieht, ist der Versuch eines der Ehepartner, den anderen zu verändern, und das wird ihm nicht gelingen. Den Partner verändern zu wollen, bedeutet nichts anderes als den tödlichen Tribut der Ehe zu fordern. Sie vergeuden Ihren Atem. Der einzige Mensch, den Sie verändern können, sind Sie selbst.

Aber sagen Sie einmal zu einem Perfektionisten: »Sie können Ihren Partner nicht verändern«... Perfektionisten geben niemals auf, oder sie geben niemals kampflos auf. Ich versuche immer wieder, dem perfektionistischen Partner zu erklären, daß Perfektionismus kein schlimmer Charakterzug ist, wenn

Sie als Qualitätskontrolleur am Fließband stehen, und dafür bezahlt werden, daß Sie auf vierzig Meter Entfernung Mängelprodukte erkennen. Perfektionismus kann jedoch tödlich sein, wenn Sie anfangen, über den Frühstückstisch hinweg einen Mängelbericht anzubringen.

Weitere Ratschläge, die ich perfektionistischen Eltern erteile, lauten:

1. *Erliegen Sie nicht der Versuchung, sich selbst oder Ihren Mann mit anderen Ehemännern oder -frauen zu vergleichen.* Sie sind nicht irgendein anderer Ehemann oder irgendeine andere Ehefrau. Sie sind Sie – und Sie haben genauso das Recht, Sie selbst zu sein, wie es auch Ihr Ehegatte hat.

2. *Reden Sie mit sich selbst über ihre Gefühle und Empfindungen.* Ja, in der Tat, ich empfehle Ihnen, mit sich selbst laut zu reden. Menschen, denen es schwerfällt, mit anderen zu reden, sind dazu eher in der Lage, wenn sie mit sich selbst reden und dadurch lernen, ihren Gefühlen in dieser Weise freien Lauf zu lassen. Dann können sie auch daran gehen, mit ihrem Gatten zu kommunizieren.

3. *Wenn Sie sich ›Perfektsein‹ als Ziel gesetzt haben, werden Sie ständig unter einem Gefühl der Leere leiden.* Sie werden dieses Ziel nie erreichen. Es ist ein hoffnungsloses Unterfangen. Sie müssen den Mut aufbringen, sich so zu akzeptieren, wie Sie sind – ein unvollkommener Mensch, der immer noch im Begriff ist, zu lernen, zu wachsen und sich zu verändern.

4. *Stellen Sie die Gefühle Ihres Partners an die erste Stelle – noch vor Ihre eigenen.* Ich bin mir vollkommen darüber im klaren, daß dies der Psychologie, wie sie in den 1980er Jahren en vogue ist, widerspricht; dennoch gebe ich diesen Rat, denn er erzielt große Wirkungen. Andere Menschen zuerst zu sehen, d. h. die Goldene Regel anzuwenden, ist von zeitloser Weisheit und wird nie aus der Mode kommen.

5. *Machen Sie sich klar, daß es Haus- und Büroarbeiten immer geben wird; daß Sie jedoch auch für Ihren Gatten oder die Kinder, die so rasch groß werden, immer Zeit haben sollten?* Nehmen Sie sich jede Woche die Zeit zu einem Rendezvous mit

Ihrem Gatten – zu Hause oder irgendwo außerhalb des Hauses. Das muß keine großen Geldmittel verschlingen, aber die Zeit zählt, die Sie sich für sich und Ihren Gatten nehmen, um miteinander über sich zu reden. Ohne diese Zeit füreinander, kann Ihre Beziehung sehr schnell leer und steril werden. Nehmen Sie diese besonderen Gelegenheiten – zumindest einmal in der Woche – als Verpflichtung, und führen Sie sie auch aus, selbst wenn es bei den ersten Versuchen nicht so gut laufen sollte. Es braucht seine Zeit, das Miteinanderreden zu lernen; der daraus zu ziehende Gewinn aber ist es allemal wert!

### »Ich gelte nur etwas, wenn ich Konflikte vermeide«

Am entgegengesetzten Ende des Spektrums, an dessen einem Ende die Perfektionisten zu finden sind, stehen die Menschen, die sich fast jeglicher Kritik enthalten. Diese Leute halten sich nicht mit Perfektionismus auf. Ihre Lebensphilosophie lautet: »Leben und leben lassen.« Frieden um (fast) jeden Preis ist ihr Bekenntnis, und ihr Lebensvers heißt: »Ich gelte nur etwas, wenn ich Konflikte vermeide ... wenn ich keine Wellen schlage und das Boot nicht zum Schaukeln bringe.«

Wenn Sie es darauf anlegen, Ihre Ehe zu vergiften, sollten Sie diesen Vers öfter anwenden. Er ist fast von ebensolcher Wirkung wie: »Ich gelte nur etwas, wenn ich perfekt bin.« Mittelgeborene Kinder sind sehr empfänglich und anfällig dafür, anzunehmen, daß sie nur etwas gelten, wenn sie Konflikte vermeiden, da sie ihr ganzes Leben lang vermittelt und verhandelt haben. Auch Erstgeborene, die von ihrem Wesen her eher gefallen wollen, sind häufig Opfer dieses Satzes. Der Gefallenwollende ist ein Mensch, der Vater und Mutter niemals gekränkt oder verletzt hat und nun auch seinen Ehegatten ganz bestimmt nicht kränken oder verletzen will, ebensowenig wie die Nachbarn, den Pfarrer oder selbst den Hund.

Ein Grundsatz, den ich Konfliktvermeidern und Gefallsüchtigen immer wieder nahezubringen versuche, lautet: »Werden

Sie ein Meister darin, Ihre Gefühle in geeigneter Form zu artikulieren«, wobei die Betonung auf ›geeignet‹ liegt.

Die Gefallenwollenden und Konfliktvermeider verdrängen ihre Gefühle und Empfindungen ganz tief nach innen und zahlen oft einen schrecklichen Preis dafür, körperlich als auch seelisch. Verbitterung macht sich breit und greift buchstäblich das Skelettsystem und den Organismus des Magens in Form von Magengeschwüren an und verursacht Migräne, Arthritis etc. Gleichermaßen wirkt Verbitterung zerstörerisch auf die eheliche Beziehung durch unterschwellige Spannungen bis hin zu einem verkümmerten Sexualleben, von kleineren Wortgefechten bis hin zu immer wiederkehrenden Ausbrüchen und permanenten Kämpfen, die gewöhnlich das Ende einer Ehe einläuten.

Kürzlich war ein Mann, ein Mittelgeborener, zum zweiten Mal verheiratet, in meiner Beratung. Er war von der unbeschwerten Art, vom Typ ›Keiner-Fliege-was-zu-leide-tun-können‹, einer der echten Konfliktvermeider. Welchen Typ hat er demzufolge geheiratet? Eine Frau, die ihn wirklich faszinierte, die ihm in der Zeit ihres Kennenlernens aufregend und interessant erschien. Doch kaum hatten sie das Kirchenschiff durchschritten und ihr Ehegelöbnis gesprochen, begann sie ihn zu schikanieren.

Für diese Frau, ein Einzelkind, ist es die erste Ehe. Sie (die Ehe) ist ganz unbestritten eine Übereinkunft nach dem Motto ›mein und dein‹. Ihre Lebensleitlinie, die wir uns später noch näher anschauen werden, lautet: »Ich gelte nur etwas, wenn ich beachtet werde.« Wie so vielen einsamen Einzelkindern wurde ihr als Kind ein großes Maß an Aufmerksamkeit zuteil. Sie war es gewohnt, ernst genommen zu werden. Seine Art, Konflikte zu vermeiden, deutete sie als das Nicht-ernst-genug-nehmen ihrer Person, und damit war der Streit schon da.

Warum heiratet ein mittelgeborener Konfliktvermeider eine so aufbrausende Frau? Eine Erklärung dafür mag sein, daß es ihn auf einer unbewußten Ebene reizt, sich mit einem feurigen, temperamentvollen Menschen zusammenzutun, einem Menschen mit Eigenschaften, die seinem Wesen fremd sind. Fällt es

160

einem selbst schwer, ein Zankteufel zu sein, so ist es das Nächstbeste, einen zu heiraten, selbst auf die Gefahr hin, es bis zur bitteren Neige auskosten zu müssen!

Ein Hauptzankapfel in besagter Ehe, die noch kein Jahr dauerte, waren die frühere Frau und der sechzehnjährige Sohn aus dieser Ehe. Bei jeder Kontaktaufnahme mit seiner ersten Frau oder dem Sohn geriet die neue Partnerin in Rage. Der Mann kam zu mir, weil ihm das heftige Magenschmerzen bereitete. Ich fragte ihn danach, welche Gefühle in ihm aufkamen, wenn ihm seine Frau so gereizt entgegentrat, und er antwortete: »Ich habe das Gefühl, vor ihr weglaufen zu müssen.«

Ob er das etwas genauer bestimmen könne, fragte ich nach. »Was empfinden Sie wirklich bei dem, was sie sagt?«

»Ich werde wütend«, meinte er. »Ich bekomme das Gefühl, daß sie versucht, die Verbindung zwischen mir und meinem Sohn zu kappen. Die Beziehung zwischen mir und ihm dauert immerhin schon sechzehn Jahre, während ich sie alles in allem nur ein Jahr und acht Monate kenne.«

»Ein wichtiger Punkt«, bemerkte ich. Daraufhin führte ich ein Gespräch mit seiner Frau. Ich gab ihr zu bedenken, wenn sie ihren Mann lieben lernen wollte, sie ihm die Freiheit einräumen müsse, zu seinem Sohn eine Beziehung aufrechtzuerhalten. Wie sich in diesem Gespräch herausstellte, bestanden ihre Hauptbedenken darin, daß ihr Ehemann den Jungen nicht genügend disziplinierte. »Er läßt ihn dies, er läßt ihn das machen«, klagte sie.

»Natürlich«, entgegnete ich, »er läßt ihn dies und das tun – und wissen Sie warum? Weil er Auseinandersetzungen vermeiden will. Er ist ein großzügiger Vater, um so etwaigen Konflikten mit seinem Sohn aus dem Wege zu gehen.«

Es bedurfte einer Reihe von Sitzungen, um das Verständnis der Frau für das mangelnde Verlangen ihres Partners zu kämpfen, sei es nun verbal oder auf andere Weise, zu wecken. Ihr Hauptproblem lag in der Erkenntnis, ihren Mann so akzeptieren zu müssen, wie er war. Sie würde ihn nicht ändern können, und die schlechteste Methode, seine Aufmerksamkeit zu erregen, wäre es, mit ihren Zornesausbrüchen fortzufahren, denn so triebe sie ihn noch tiefer in sein Schneckenhaus zurück.

Ich drängte sie dazu, eine andere Taktik auszuprobieren. Statt die Beziehung zwischen Vater und Sohn ständig zu torpedieren, warum sollte sie diese nicht fördern? Sie erklärte sich einverstanden. Sie lud den Jungen nun häufiger zu sich nach Hause ein. Eine wunderbare Beziehung zwischen der Stiefmutter und dem Sechzehnjährigen, die sich nun entwickelte, war das positive Ergebnis. Und noch erfreulicher: Augenblicklich stellte sich eine Wende zum Besseren auch in der ehelichen Verbindung ein, dadurch daß sie ihrem Ehemann mehr Raum zum Atmen gewährte.

Wie dieses Beispiel zeigt, brauchen Konfliktvermeider häufig Unterstützung von außen, um Kommunikation in Gang zu setzen, oder wie ich es zu nennen vorziehe, um »ganz einfach mit der Sprache herauszurücken« und seinen Mitmenschen gegenüber die eigenen Gefühle und Empfindungen zum Ausdruck zu bringen. Es kommt vor, daß Leute mir vorwerfen, meine Empfehlungen gingen dahin, Konflikte gutzuheißen. Ganz besonders kirchenfromme Menschen beklagen sich: »Das verstehe ich nicht: Unser Pfarrer predigt ›Selig sind die, die Frieden stiften‹, und Sie erzählen mir ›Schändlich sind die Friedensstifter‹. Was hat das zu bedeuten?«

Der Lebensvers des Konfliktvermeiders sollte vielleicht lieber umgeschrieben werden zu: »Ich gelte nur etwas, wenn ich Frieden um jeden Preis halte.« Verstehen Sie mich bitte nicht falsch: Auch ich will keinen Krieg in der Ehe. Frieden zu stiften ist mir um einiges lieber, und meist ist das auch mit mehr Freude verbunden. Aber dann gibt es Augenblicke, in denen sich einer oder beide Ehegatten mit Verhaltensweisen und Einstellungen, die die Ehe zu zerstören drohen, auseinandersetzen müssen. Der ganze Trick ist nur, den ›Elementen‹, die die schlimmen Konsequenzen nach sich ziehen, den Krieg zu erklären, aber nicht sich gegenseitig.

Die Qualität und das Einssein, dessen jede Ehe bedarf, wird

auf keinen Fall durch Friedenhalten um jeden Preis erreicht. Im Gegenteil, das Nichtaustragen von Konflikten durch Schweigsamkeit ruft noch mehr Konflikte hervor, weil nichts zu einer Lösung gelangt. Der Grund für den Konflikt wird weiter schwelen.

Weitere Empfehlungen, die ich Paaren gebe, die Probleme damit haben, Auseinandersetzungen zu führen, lauten:

1. *Vergessen Sie nie, daß das, was* Sie *denken und sagen, einzigartig ist.* Niemand auf der ganzen Welt ist wie Sie, und die Welt benötigt Ihren Beitrag.

2. *Befällt Sie das Gefühl der Furcht vor einem Zusammensein in der Gesellschaft oder auch nur vor einem Gespräch, dann reißen Sie sich zusammen und stehen Sie die Situation durch.* Zwingen Sie sich dazu, Ihr Scherflein beizutragen. Sie werden überrascht sein, wie positiv Ihre Umwelt darauf reagieren wird, und wer weiß, vielleicht wollen die Leute Ihnen ja sogar zuhören. Wie können Sie das je herausfinden, wenn Sie nicht einmal den Versuch dazu unternehmen.

3. *Ertappen Sie sich dabei, daß Sie sich zurückziehen, noch ehe Sie einen gesellschaftlichen Kontakt knüpfen oder etwas Neues ausprobieren, dann halten Sie augenblicklich inne.* Es gibt schon mehr als genug Menschen in dieser verworrenen Welt, die darauf lauern, auf Ihnen herumzutrampeln, sobald Sie ihnen die Gelegenheit dazu geben. Sie müssen sich denen nicht auch noch hinzugesellen.

4. *Wenn Sie sich zurücknehmen, Sie sich Auseinandersetzungen oder Konfliktsituationen entziehen, dann ist das nicht Ausdruck von Bescheidenheit oder Schüchternheit.* Sie verdienen weder Mitgefühl noch Sympathie. Im Gegenteil, wenn Sie nicht bereit sind, Ihre Gedanken oder Gefühle mit anderen zu teilen, so sind Sie egoistisch. Konfrontationen zu vermeiden mag als leichter Ausweg erscheinen, sich mitzuteilen ist allerdings weitaus ersprießlicher.

5. *Es ist schwer, sich zu ändern.* Sie haben Ihr ganzes Leben damit zugebracht, den Weg des geringsten Widerstandes zu gehen. Erwarten Sie nicht, daß Sie über Nacht ein anderer

Mensch werden können. Sich ein neues Persönlichkeitsbild zuzulegen bedarf viel Geduld und Anpassung – ›zwei Schritte vor, einer zurück‹ heißt das Spiel.

### »Ich gelte nur etwas, wenn ich Beachtung finde«

Letztgeborene mögen diesen Leitsatz. Sie müssen bei allem ihren Spaß und ihre Freude haben, sich andere Menschen dienstbar machen und sie manipulieren. Einen Teil meiner Geschichte als Jüngster habe ich bereits erzählt. Eine kleine Anekdote habe ich mir jedoch noch aufgehoben. Mit ihr möchte ich erläutern, was passieren kann, wenn sich ein letztgeborener Ehemann mit einer gefallenwollenden, leichtgläubigen erstgeborenen Frau zusammentut.

Kurz bevor wir getraut werden sollten, erzählte ich Sande, daß es in der Leman-Familie eine Tradition gäbe, die besagte, daß die Braut die Kosten für den Trauschein zu tragen hätte. Ein stark ausgeprägter Charakterzug bei vielen Ältesten ist die Bereitschaft, anderen Leuten zu Gefallen zu sein. Das hängt natürlich mit dem Wunsch zusammen, sich bei Vater und Mutter beliebt zu machen, die ja die wichtigsten Vorbilder in jungen Jahren darstellen. Ganz anders als spätergeborene Kinder ist ein gefälliger Erstgeborener nicht unbedingt in allen Lebensbelangen so bewandert und mit allen Tricks vertraut, mit denen andere ihn/sie zu überlisten trachten. Kurzum, meine liebenswerte Frau ist leicht hereinzulegen.

Nicht überraschend war daher, daß sie es für eine schöne Idee hielt, 5 Dollar für den Trauschein zu berappen. Ich schnappte mir die 5-Dollar-Note, legte sie dem Standesbeamten auf den Schreibtisch und erklärte dabei: »Du hast soeben eine Tradition begründet.«

Sie lachte nur. Auch ich lachte. Wir kannten beide unsere augenblickliche Situation: Ich steckte mitten in meiner Hochschulausbildung und war absolut blank. Sie hatte einen Job, ihr gehörte das Auto, von ihr kamen die einzigen finanziellen Mittel zu unserem Lebensunterhalt. Die Situation war also gut für einen Lacherfolg, und noch heute feixen wir darüber. Das war damals auf harmlose Weise ein Ausdruck unserer verschiedenen Lebensschablonen: Ich hatte meine Beachtung und meinen Spaß, Sande konnte ihre Rolle als die Gefallenwollende spielen, die sie so sehr mag.

Ein Lebensgrundsatz wie etwa: »Ich gelte nur etwas, wenn ich Beachtung finde«, kann sich aber in einigen Fällen in einen beschwerlichen Lebensstil verkehren. Das war der Fall bei Bert und Stephanie, die nach nur zweijähriger Ehe in meine Beratung kamen. Bert hatte Stephanie einige Male beim Lügen erwischt, als es um Beziehungen zu bestimmten Männern ging. Ein Wochenende, das Stephanie mit einem vier Jahre jüngeren Kollegen aus dem Geschäft, in dem sie arbeitete, verbrachte, brachte das Faß zum Überlaufen. Die Informationen, die ich über Stephanies Lebensschablone und -art, die sie sich als Kind zulegte, erhielt, ließen es als nicht sehr überraschend erscheinen, daß diese frühreife Manipuliererin drittes und jüngstes Kind in der Reihe von drei Mädchen war. Sie war verwöhnt und verhätschelt worden als Kind – ganz besonders von ihrem Vater.

Der entscheidende Punkt allerdings war, daß sich Stephanies Eltern, gerade als sie zehn wurde, scheiden ließen. Durch den Auszug des Vaters fühlte sie sich alleingelassen. Verwirrt und verletzt, wie sie war, legte sie sich daraufhin, was Männer anbetraf, eine harte Schale zu.

Die gesamte Schulzeit über sehnte sich Stephanie nach wärmendem, männlichem Halt und männlicher Kraft. Als nun Bert in dem Augenblick, da sie die Mittelschule abgeschlossen hatte, ihren Weg kreuzte, griff sie zu. In vielerlei Hinsicht war Bert für sie ein guter Fang. Als mittleres Kind von der entgegenkommenden Art, lag sein Wunsch darin, sie glücklich zu machen. Er kam aus einem stabilen Elternhaus, in dem Liebe eine große Rolle spielte und Scheidung kein Thema war.

Bert fügte sich hervorragend in die Vaterrolle, die Stephanie so lange vermißt hatte. Doch wenn man heiratet, wird erwartet, daß man die Rolle des Ehemannes oder der Ehefrau übernimmt, nicht die von Vater/Mutter und Kind. Bert beging den Fehler, Stephanie alle Wünsche zu erfüllen: Das trug zu ihrem Untreueverhalten bei. Sie vergalt ihm das, indem sie sich mit anderen Männern traf – meist in flüchtigen Über-Nacht-Affären. Und sie scheute sich nicht, ihm ins Gesicht zu sagen, sie wäre ihm treu gewesen. Wie so viele Letztgeborene verfügte sie über ein Talent, Leute zu manipulieren, und sie war ein Meister darin, die Dinge so hinzubiegen, daß sie plausibel und wahrheitsgetreu klangen.

Selbst in der Zeit unserer Beratung führte sie ihr Promiskuitäts-Spiel fort. Psychologisch betrachtet befand sie sich in einer doppelten Zange. Erstens war sie verletzt und voller Verbitterung, weil sie von ihrem Vater verlassen worden war, zu einer Zeit, als sie an der Schwelle zur Pubertät stand, und zweitens: Während sie sich nach der Liebe eines Mannes sehnte, hatte sie gleichzeitig Angst davor. Vor Stephanies Augen schwebten ständig zwei Sätze: »Ich habe einen so netten Kerl wie Bert nicht verdient«, und: »Ich werde mich an meinem Vater rächen, wo ich nur kann.«

Bert war dazwischen gefangen und mußte für die Verbitterung und den Haß Stephanies auf ihren Vater büßen. Auf diese Problematik stoße ich sehr oft. Der Ehemann bezahlt schließlich für die Sünden des Vaters seiner Frau, wie auch im umgekehrten Fall die Frau für die Sünden der Mutter ihres Ehemannes büßen kann.

Dieser Geschichte war kein glücklicher Ausgang beschieden. Ganz gleich welche therapeutischen Maßnahmen wir auch anwendeten, sie konnten Stephanie nicht helfen. Sie blieb ein zwanghafter Lügner, und sie versuchte Bert mit ihren ehebrecherischen Abenteuern zu zerstören. Schließlich fand Bert doch noch den Absprung und ließ sich scheiden.

Der Lebensleitsatz: »Ich gelte nur etwas, wenn ich Beachtung finde«, ist ein wenig irreführend, denn schließlich möchte ja jeder beachtet werden. Niemand findet es schön, vom Ehegatten, vom Freund, vom Chef etc. links liegengelassen zu werden. Woran mir aber besonders liegt, ist, auf das *ungesunde* Verhalten nach Beachtung hinzuweisen, und zwar die Art von Verlangen, die einem Menschen zu der Äußerung treibt: »Ich *werde dich dazu bringen,* daß du mir Beachtung schenkst. Ich werde deine Aufmerksamkeit auf irgendeine Art schon erregen.«

Im Extremfall kann dieser Drang dazu beitragen, eine Stephanie hervorzubringen, die als verhätscheltes Kind in ihrer Familie aufwuchs, um dann Bert zu heiraten und dessen Aufmerksamkeit durch ehebrecherische Affären zu erregen, die zur Zerstörung der Ehe führten. Die Ironie an der Sache liegt nur darin, daß Bert ihr eigentlich eine Menge Beachtung zuteil werden ließ, nur – ihr war das noch nicht genug.

Stephanies Problem war zugegebenermaßen ein ganz extremes, und bei ihr spielten eine ganze Reihe von Faktoren mit hinein. Aber selbst in einer weniger strengen Auslegung kann der Leitsatz des »Bitte beachte mich« eine Ehe ins Verderben führen.

Dazu folgende Ratschläge:

1. Der Partner, der diese Art von Beachtung benötigt, handelt egoistisch und versucht, den anderen in den Schatten zu stellen oder ihn auszustechen.

2. All diese Tricks und Maschen, Aufmerksamkeit zu erregen, nenne ich das ›Trachten nach dem Zuckerbrot‹. Letztgeborene sind besonders anfällig dafür, weil bei ihnen das Bedürfnis nach Belohnung und Rampenlicht ausgeprägter ist. Das große Problem beim Trachten nach dem Zuckerbrot ist jedoch, daß man das Zuckerbrot nicht immer zu greifen bekommt. In manchen Fällen bekommt man einfach nicht die Aufmerksamkeit.

3. Um den Menschen, die nach dem Zuckerbrot trachten zu helfen, reifer und erwachsener zu werden, möchte ich raten, mehr hinter den Kulissen zu wirken, um so die gewohnten Verhaltensweisen und das Aufmersamkeitsheischen zu durchbrechen.

Ein weiterer Lebensgrundsatz, dem ich bei Leuten, die in meine Beratung kommen, häufig begegne, lautet etwa: »Ich gelte nur etwas, wenn ich die Fäden in der Hand halte.«

Menschen, die Herrschsucht und Macht demonstrieren müssen, tun sich sehr viel leichter in ›Beziehung auf Abstand‹. In diesem Kreis sind meist Älteste und Einzelkinder zu finden, aber es können auch Leute aus anderen Geschwisterpositionen dazu gehören. Das sind häufig die Erfolgreichen, die ›Schaffertypen‹ – die, die ich als die ›Bluebirds‹ zu bezeichnen pflege. Betraut man diese Menschen jedoch mit einer Aufgabe, die Vertrautheit mit einem anderen Menschen erfordert – das ›Sich-wirklich-Öffnen‹ –, dann geraten sie oft in große Not.

Die Beherrschten (›Kontrollierer‹), die stets alles im Griff haben müssen, sind Menschen, die große Angst davor haben, sich ihren Ehegatten zu öffnen, ihnen zu zeigen, wer sie wirklich sind, was sie wirklich mögen und welche Gedanken ihnen durch den Kopf gehen. Wovor fürchten sie sich? Hätten sie den Mut, darauf zu antworten, würden sie sagen: »Wenn ich dir sage, wer ich wirklich bin, dann wirst du mich zurückweisen.« Wir haben es hier mit einer Grundangst zu tun, die zu einem gewissen Maße allen Menschen eigen ist. Für Menschen aber, die sich ständig in der Gewalt haben müssen, besteht hierin ein besonders großes Problem.

Um die Angst vor Intimität und Vertraulichkeit zu verbergen, übt der ›Sich-in-der-Gewalt-habende‹ Macht in vielerlei Hinsicht über seinen Beziehungspartner aus. Gern bedient er sich dabei eines aufbrausenden Temperaments. Bei Ramona, einer übermäßig selbstbewußten und anspruchsvollen Erstgeborenen und Gerd, einem entgegenkommenden, gefälligen Erstgeborenen, war das der Fall. Ständig beschimpfte sie ihren Ehemann und schreckte auch vor körperlicher Gewalt nicht zurück. Es war nicht allzu schwer, Ramonas Verhalten zurückzuführen auf die Art und Weise, in der ihre Mutter mit ihrem Vater umgegangen war.

Ramona war in einer Familie groß geworden, in der Vater und Mutter viel gestritten und selbst einander geschlagen hatten. Sie führten eine sehr lebhafte Beziehung, doch war es gewöhnlich die Mutter, die siegreich blieb. Sie war eine außerordentlich starke, ehrgeizige und materialistisch eingestellte Frau. An allem hatte sie etwas auszusetzen und war im Grunde genommen dabei sehr unglücklich. Der Vater verfügte nicht über diesen Ehrgeiz, hatte nur ganz wenige Erwartungen und führte ein abgesondertes Leben. Ramonas Mutter schmiß den Laden.

Mit einem solchen Vorbild vor Augen ist es nur zu verständlich, warum Ramona dieselben Verhaltensweisen entwickelte. Instinktiv suchte sie sich einen Mann, den sie beherrschen und lenken konnte. In der Beratung bezeichnete sich Gerd als einen Menschen, »der nach außen zuversichtlich ist, im Innern jedoch zittert«. Seinen Vater beschrieb er als einen sehr kalten, beherrschten und beherrschenden Mann, der nur wenig Zeit für ihn übrig hatte.

Aus Ramonas und Gerds über einundzwanzig Jahre dauernder Ehe gingen sechs Kinder hervor. Gerd, der Erstgeborene und Gefallenwollende, der nie den Ansprüchen seines Vaters genügen konnte, hatte das Gefühl, in seiner eigenen Familie genau dieselben Umstände anzutreffen. Was auch immer er unternahm, es stieß auf Ramonas Kritik.

Nach wenigen Sitzungen lag Ramonas Problem klar auf der Hand. Sie empfand echte Wut auf ihren Vater, weil er ihrer Mutter nie die Stirn geboten hatte. Wie ich früher schon einmal erklärt habe, kann es häufig vorkommen, daß einer der Ehegatten zum Sündenbock gemacht wird und den Hauptteil der Wut zu spüren bekommt, den sein Lebensgefährte für einen Elternteil oder einen anderen Menschen empfindet. Das war der Fall in Ramonas und Gerds Beziehung. Gerd stellte in Ramonas Augen all das dar, was ihr Vater nicht war. Jedesmal, wenn Gerd etwas auf die Beine zu stellen versuchte, zog Ramona ihm den Teppich unter den Füßen weg. In Wahrheit wünschte sie sich, daß Gerd ihr Paroli böte. Erst dann wäre sie in der Lage, ihm den Respekt zu zollen, den sie ihrem Vater gegenüber nicht empfand, der sich ständig von seiner Frau schikanieren ließ.

Ein Hauptproblem lag für Ramona und Gerd im sexuellen Bereich. Ramona hatte sich hier eine steuernde Funktion angeeignet und ganz bestimmte Regeln und Vorschriften aufgestellt, denen sich Gerd unterzuordnen hatte. Es gab kein Vorspiel, das Licht mußte immer gelöscht sein, und während des Geschlechtsverkehrs durfte nicht geküßt werden. Wenn Ramona ihm schon einmal gestattete, sie zu küssen, durfte es nur ein flüchtiger Hauch auf die Wange sein.

Jegliche sexuelle Beziehung, die sie beide zu haben imstande waren, war gekennzeichnet von Sterilität und Gleichgültigkeit. Spontaneität war nicht möglich, da alles ganz nach einem festgelegten Plan ablief, und Gerd mußte im wahrsten Sinne des Wortes mit Ramona ein Zusammensein verabreden.

Erinnern wir uns, daß Gerd in einer Familie aufwuchs, in der ihm beigebracht wurde, niemals seine Gefühle zu offenbaren. Wie reagierte er nun auf das strikte Kontrollgebaren seiner Frau im sexuellen Bereich? Sie haben es erraten: Nach einundzwanzig Jahren Ehe und der Erziehung von sechs Kindern hatte er die Nase voll von Ramonas lächerlichen Vorschriften, er wurde impotent. Nicht daß ihm körperlich etwas gefehlt hätte, aber er brachte seine geballte Wut und Enttäuschung in der einzigen Weise zum Ausdruck, die ihm zur Verfügung stand. Er sagte sich: »Hör mal, meine Dame, du behandelst mich absolut unfair; du erregst und reizt mich nicht mehr.« Warum war er nicht imstande, ihr das einfach ins Gesicht zu sagen? Zusätzlich zu ihrem aufbrausenden und lebhaften Temperament verfügte Ramona auch noch über eine viel stärkere Zungenfertigkeit als Gerd. Zudem besaß sie ein paar Kenntnisse in Psychologie, und mit psychologischen Fachausdrücken fiel sie über ihn her und versetzte ihm laufend wohlgesetzte Hiebe. Gerd hielt einfach den Mund. Er war nicht in der Lage, mit Ramona umzugehen.

Alles lief auf den klassischen Streit (vielleicht wäre *klassische*

*Drangsalierung* der treffendere Ausdruck) zwischen einer herrschsüchtigen, keifenden Frau, die fest daran glaubt, daß sie nur etwas galt, wenn sie siegreich war und alles nach ihrer Pfeife tanzte, und einem erstgeborenen Ehemann, der entgegenkommend und gefällig war und der davon ausging, daß er nur etwas galt im Leben, wenn er sich Konflikten und kritischer Bewertung entzog.

Gerd wünschte sich eine Frau, die auch Freund und Kamerad war, mit der er spontan Spaß haben konnte, ganz besonders im Bett. Womit er es schließlich zu tun hatte, war ein weiblicher Feldwebel, der darauf bestand, daß er sich führen zu lassen habe wie eine Ratte durch ein Labyrinth: »Hier geht's nach rechts, dort nach links, geh geradeaus, wenn ich's dir sage.«

Dieses Ehepaar steuerte geradewegs die Tür zum Scheidungsgericht an. Harte Maßnahmen mußten ergriffen werden. Also sagte ich Gerd in einer Sitzung: »Eines habe ich über starke und mächtige Leute gelernt, sie respektieren Stärke und Macht. Sie werden eine völlige Kehrtwendung machen und sich radikalen Änderungen unterwerfen müssen, wenn Sie in irgendeiner Form Fortschritte mit Ihrer Frau erzielen wollen. Sie müssen ihr Paroli bieten.«

Nicht lange darauf gerieten Gerd und Ramona wieder in einen ihrer häufigen Streits, doch diesmal nahm er ein ganz anderes Ende. Sie waren kurz davor, handgemein zu werden, nur drehte Gerd den Spieß um. Er sagte ihr, sie solle das Haus verlassen, und er zerrte sie tatsächlich vor die Tür, wobei er ihr zu verstehen gab, daß er die Nase jetzt voll habe!

Ich rate meinen Klienten normalerweise nie, Gewalt anzuwenden. In diesem speziellen Fall aber tat Gerd genau das, was diese Ehe brauchte. Ramona hatte die ganze Zeit über nur darauf gewartet, daß Gerd die Führungsrolle übernahm. Er sollte Stärke zeigen. Um das zu erreichen, bediente sie sich widerwärtiger Taktiken. Doch als er es dann tat, zeigte sie Reaktion.

Ab diesem Zeitpunkt war es möglich, mit den beiden von einer günstigeren Basis aus zu arbeiten. Ihre Probleme verflüchtigten sich nicht über Nacht, es gab jedoch allmähliche Fortschritte. Ein wesentlicher Anstoß für diesen Fortschritt lag darin, daß Ramona erkannte, wie sie eigentlich nur die Ehe ihrer Eltern noch einmal durchlebte. Sobald Ramona von einigen ihrer rigiden, lächerlichen Steuerungsmechanismen abließ, verschwand auch Gerds Impotenz. Das letzte, was ich von den beiden hörte, war, daß sie miteinander geschlafen hatten – bei brennendem Licht!

Die Gewalttätigkeit und die verbalen Attacken, wie Ramona sie an den Tag legte, sind sicher nicht allen Menschen zu eigen, die Kontrolle ausüben müssen. Solche Menschen können ebenso schüchtern, ruhig, verstohlen, lieb und sanft sein. Die Kontrollierer sind nahe Vettern der Perfektionisten, doch während sie (die Perfektionisten) die ärgsten Feinde ihrer selbst sind, sind jene anderer Leute Feinde ebenso wie ihre eigenen.

Zu den Ratschlägen, die ich Ehepaaren erteile, die mit den beschriebenen Problemen zu kämpfen haben, gehören:

1. *Haben Sie einen Kontrollierer zum Partner, dann werden Sie sich darüber klar, daß Sie ihn nicht ändern können.* Sie können nur Ihr eigenes Verhalten und Ihre Art zu reagieren ändern. Ermöglichen Sie Ihrem Partner, den Entschluß zu fassen, sich zu ändern.

2. *Versuchen Sie, positiv zu sein; weigern Sie sich aber, die Kontroll-Spielchen Ihres Partners mitzuspielen.* Weisen Sie jeglichen Kontrollversuch zurück – höflich, aber bestimmt. Ist es Ihnen möglich, die Hand des Kontrollierenden zu bezwingen, dann muß er/sie die eigenen Handlungsweisen ändern, weil der daraus zu ziehende Gewinn nicht mehr abfällt. Das Hauptproblem ist, dem Partner zu verstehen zu geben, daß er nur sein eigenes Verhalten steuern kann. Wenn er allerdings irgend jemand anderes in der Familie beherrschen möchte, dann muß etwas dagegen gesetzt werden.

3. *Eröffnet sich mir die Gelegenheit, einen herrschsüchtigen Menschen in meiner Beratung zu haben, dann versuche ich, ihm zu zeigen, wie überflüssig und nutzlos es ist, jeden und alles lenken und kontrollieren zu wollen.* Das läuft einfach nicht. Eine Ehe steht auf der Basis, die ich schon einmal gekennzeichnet

habe, als es um das Zwei-sind-Eins ging: Wenn zwei eins sind, dann halten *beide* das Steuer in der Hand, und *beide* haben die Freiheit, ihre eigenen Dinge zu tun.

### Falsche Lebensleitsätze verkürzen die Ehe

Statistiken zufolge hält eine Durchschnittsehe heute etwa sieben Jahre. Keine Ehe kommt sehr weit, wenn einer oder beide Ehegatten daran festhalten, ihr Leben an Lügen zu heften, wie jene, die uns in diesem Kapitel begegnet sind:

>»Ich gelte nur etwas, wenn ich vollkommen bin.«
>»Ich gelte nur etwas, wenn ich Konflikte vermeide und Frieden stifte.«
>»Ich gelte nur etwas, wenn ich Beachtung finde.«
>»Ich gelte nur etwas, wenn ich die Fäden in der Hand halte (Kontrolle ausübe).«

Bei der Beratung von verheirateten Paaren lege ich es immer darauf an, sie dazu zu bewegen, sich von Lebensleitsätzen, die mit »ich gelte nur etwas, wenn…« beginnen, loszureißen und lieber Worte zu benutzen wie: »Ich gelte etwas, weil…« Ich glaube, jeder Ehemann und jede Ehefrau gilt einfach schon aus dem Grunde etwas, weil sie Menschen sind, die nach Gottes Ebenbild geschaffen wurden. Im Fall, daß Sie auf diesem ›Ich gelte nur etwas, wenn…‹-Denken bestehen, gebe ich Ihnen die Anregung: »Sagen Sie sich, daß Sie wirklich etwas gelten können, wenn Sie Ihrem Ehepartner helfen zu wachsen und zu reifen wie jeder andere Mensch.«

# Wie lautet Ihr Leitsatz?

Es gibt noch eine Menge weiterer Lebensleitsätze neben den in diesem Kapitel angesprochenen. Sechs Variationen von oder Zusätze zu: »Ich gelte nur etwas, wenn ich vollkommen bin, Konflikte vermeide, Beachtung finde oder alles unter Kontrolle habe«, sind im folgenden aufgeführt. Jedem Leitsatz folgt eine knappe Erklärung und ein Vorschlag dafür, wie man mit ihm fertig wird.

»Ich gelte nur etwas, wenn ich etwas leiste.«
Das könnte der Lebensgrundsatz eines Perfektionisten sein oder eines Menschen, der Beachtung braucht. Es hinge ganz davon ab, was man unter ›etwas leisten‹ verstehen würde. Perfektionisten müssen sich darüber klar werden, daß sie niemals alles selber erledigen können, daß ihr wahrer Wert in ihrem ›Menschsein‹ liegt und nicht in dem, was sie an Arbeit leisten. Was die Menschen betrifft, die der Beachtung bedürfen, so vollbringen sie etwas um der Beachtung und des Beifalls willen und um ein weiteres Zuckerbrot zu bekommen. Dieses Verhalten ist jedoch sehr egoistisch wie auch mit Frustrationen verbunden, denn Zuckerbrot wird man nie genug erhalten.

»Ich gelte nur etwas, wenn ich gewinne.«
Das ist unverkennbar eine Variante des: »Ich gelte nur etwas, wenn ich die Fäden in der Hand halte.« Eine Umschreibung dieser Lebensauffassung hieße: »Gewinnen – verlieren.« Heutzutage wird viel von Erfolg haben und Gewinnen geredet, lebt man allerdings nach den Regeln des ›Gewinnen – Verlieren‹, dann setzt man sich ständigen Belastungen und Ärger aus. Ich sage daher lieber, gewinnen ist nicht alles – anderen gewinnen zu helfen, das ist alles.

»Ich gelte nur etwas, wenn ich leide.«
Das ist der Lieblingssatz von Menschen, die unter dem Märtyrer-Komplex leiden. Sie haben das Konfliktvermeiden und

Friedenstiften um jeden Preis zu höchster Vollendung gebracht. Ihr größter Lohn besteht in dem bewundernden Ausruf ihrer Mitmenschen: »Oh, Martin, ich weiß nicht, *wie* du das schaffst!«

»Ich gelte nur etwas, wenn man mich umsorgt.«
Dieser anmaßende Ausspruch geht zurück auf das ›Ich gelte nur etwas, wenn ich Beachtung finde‹ oder ›..., wenn mir Aufmerksamkeit geschenkt wird‹. Es ist ein typischer Leitsatz eines Letztgeborenen, ganz besonders eines weiblichen Nesthäkchens, das gewohnt ist, verwöhnt, umsorgt und von den großen Brüdern beschützt zu werden.

»Ich gelte nur etwas, wenn ich anderen zu Gefallen bin.«
Das ist ein Lieblingssatz des erstgeborenen Perfektionisten, der, während er heranwächst, es nie an Gehorsam gegenüber Vater und Mutter fehlen läßt. Als Ehepartner jedoch muß sich der Gefallenwollende davor hüten, sein Verhalten zu übertreiben, ganz besonders dann, wenn er/sie mit einem Kontrolleausübenden oder einem Perfektionisten verheiratet ist. Eine Ehe ist auf ›geben und nehmen‹ aufgebaut. Wird das Geben immer nur einem Gatten überlassen, dann fordert das irgendwann seinen Tribut von der Beziehung.

»Ich gelte nur etwas, wenn ich Gott diene.«
Ich habe oft Kirchgänger in meiner Praxis, die ernsthaften Glauben gleichsetzen mit ›für Gott rührig sein‹. Menschen mit der naturgegebenen Neigung, sich nur wertvoll zu fühlen, wenn sie Leistungen bringen oder gefällig sind, können in der Kirchengemeinde sehr schnell ›ausbrechen‹, da sie die ganze Arbeit leisten.

## Fünfter Teil

# Geschwisterfolge und Erziehung: Behandeln Sie Ihre Kinder niemals alle gleich

Keine Diskussion über das Thema Geschwisterkonstellation wäre vollständig, wenn man Eltern nicht einige praktische Hilfestellungen für die alltäglich auftauchenden Anforderungen an die Erziehung der Kinder an die Hand gäbe. Die abschließenden Kapitel des Buches über die Geschwisterfolge befassen sich damit:

- warum man Kinder nicht alle gleich behandeln soll
- wie realitätsnahe Erziehung sie durch den Tag bringen kann (und ihn manchmal auch für Sie retten kann!)
- wie die Erziehung von Perfektionisten – hauptsächlich von Erstgeborenen und Einzelkindern aussehen kann
- welchen Zwängen Zwei-Kinder-Familien unterliegen
- wie mittelgeborenen Kindern geholfen werden kann, sich weniger eingezwängt und mehr geliebt zu fühlen
- wie man mit liebenswerten Manipulierern umgeht – den Jüngsten in der Familie

# Weshalb realitätsnahe Erziehung auf jedes Kind anwendbar ist

Wie sehr lieben Sie Ihre Kinder?

Was soll ein Vater/eine Mutter nur darauf antworten? Sehr? Ziemlich stark? Zu 99,8 von 100 Prozent?

Nur Psychologen stellen solche Fragen wie: »Wie sehr lieben Sie Ihre Kinder?« Ich möchte lieber eine andere Frage stellen, die mir nützlicher zu sein scheint: Lieben Sie Ihre Kinder genügend, um sie Erziehungsmaßnahmen zu unterwerfen?

Beachten Sie bitte, daß ich *Erziehungsmaßnahmen* sagte, nicht *Bestrafung*. Ich berate jedes Jahr Hunderte von Kindern und ihre Eltern. Ich spreche anläßlich von Seminaren und Tagungen zu Tausenden von Eltern, Lehrern und Erziehern. Dabei rede ich über viele Themen, einschließlich Geschwisterkonstellationen. Ein Thema liegt allem anderen zugrunde:

*Lieben Sie Ihre Kinder genügend, um sie realitätsnah zu erziehen?*

Wenn in heutigen Familien etwas fehlt, dann ist es eine Methode oder eine Strategie, anhand derer Kinder eine beständige, von Liebe getragene Erziehung zuteil wird. Fast täglich werde ich mit den Früchten von Unbeständigkeit und Mangel der Erziehung in meiner Praxis konfrontiert.

Da suchen mich Eltern auf und stellen mir Fragen wie etwa: »Was kann ich tun, um unseren Matthias zu motivieren? Er verfügt über so viele Fähigkeiten, doch ihm scheint das gleichgültig zu sein.«

»Wir haben große Angst. Lisa trinkt unmäßig, und sie pflegt einen falschen Umgang. Was können wir tun?«

»Was sollen wir mit Willi tun? Er hört einfach nicht mehr auf uns. Er ist vollkommen widerspenstig und seine Redeweise ist ungebührlich.«

»Unsere Gaby raucht Marihuana. Sie tut das mit großer Unverfrorenheit, weil sie daran nichts Schlimmes findet. Wie können wir sie dazu bringen, damit aufzuhören?«

Meine Antwort dreht sich immer um dasselbe Thema. Man muß seine Kinder anhand der auf aktives Handeln aufgebauten realitätsnahen Erziehung führen. Was genau hat man unter realitätsnaher Erziehung zu verstehen? Ich habe schon ein ganzes Buch darüber in USA verfaßt: *Making Children Mind Without Losing Yours.* Im Vorwort habe ich realitätsnahe Erziehung ganz allgemein so beschrieben:

Handlungsorientierte Erziehung beruht darauf, daß es Augenblicke gibt – manchmal mehrere täglich –, in denen man den Kindern den Boden unter den Füßen wegziehen muß, um sie so zum Straucheln zu bringen. Das ist natürlich nicht wörtlich zu verstehen, doch wenn ich davon spreche, den Boden wegzuziehen, meine ich damit, ein Kind so zu erziehen, daß es Verantwortung für sich selbst übernimmt und lernt, Rechenschaft für seine Handlungsweise abzulegen.[1]

*Wie sieht Ihr persönlicher Erziehungsstil aus?*

Sie können die Sache auch auf eine andere Art angehen, indem Sie nämlich Ihren persönlichen Erziehungsstil analysieren. Drei Stile finden nach meinen Erkenntnissen in heutigen Familien Anwendung:

1. autoritäre Erziehung
2. freizügige (antiautoritäre) Erziehung
3. autoritative Erziehung

Autoritäre Eltern glauben stets zu wissen, was für ihre Kinder das beste ist. Viele Mütter und Väter meiner Generation wuchsen in autoritären Elternhäusern auf, und wenn auch Sie durch diese Erfahrung geprägt wurden, dann erinnern Sie sich sicher noch sehr deutlich, wie wenig Impulse und Anregungen Sie dabei erhielten. Sie taten, was man von Ihnen verlangte und hielten still. Kamen Sie irgendwelchen Anweisungen nicht nach, spürten Sie die Rute.

Ich erinnere mich an ein Gespräch mit der Moderatorin einer Fernsehunterhaltungssendung, an der ich als ›ortsansässiger Psychologe‹ teilnahm. Wir unterhielten uns über Geschwisterpositionen. Sie als Erstgeborene erinnerte sich sehr gut an die vielen Zwänge, denen sie ausgesetzt war und die sie zu mehr Leistung und zum Erreichen von Vollkommenheit antreiben sollten. Wenn es ihr nicht gelungen war, etwas perfekt zu machen, wurde sie hinausgeschickt, um selber Gerten von Bäumen und Büschen zu schneiden, die sie ihrem Vater bringen mußte, damit er ihr dann eine Tracht Prügel verabreichen konnte. Es ist überflüssig, darauf hinzuweisen, daß das Elternhaus dieser Dame als autoritär zu bezeichnen ist.

In Familien, in denen Eltern einen freizügigen Erziehungsstil pflegen, begegnen wir dem Kind, dem fast alles gestattet ist: »Was ist, Klausi, willst du jetzt ins Bett oder möchtest du lieber noch aufbleiben und mit uns die Spätnachrichten anschauen?«

»Ist schon gut, Schatz. Laß die Kleine nur mit den Hummel-Figuren spielen – ihr macht das Spaß.« Freizügige Eltern bedienen sich einer interessanten Logik. Sie lautet: »Wenn ich den kleinen Peter machen lasse, was er will, wird er mich lieben und sich immer wie ein lieber kleiner Junge verhalten.«

Natürlich ist genau das Gegenteil richtig. Freizügige (antiautoritäre) Erziehung bringt kleine Tyrannen hervor, die das Regiment im Haus führen. Freizügige Erziehung *bewirkt* Auflehnung eher, als daß sie sie verhindert, weil Kinder Wut und sogar Haß gegenüber ihren Eltern empfinden wegen mangelnder Führungshilfe und fehlender Grenzsetzungen.

In vielen Familien ist jedoch auch noch ein weiteres Problem existent: ›Unbeständigkeit.‹ Es ist typisch für viele Eltern, bis zu einem gewissen Punkt Freizügigkeit zu praktizieren. Dann, einem natürlichen Instinkt folgend, verlieren sie ihre Geduld und ihre innere Gelassenheit. Sie greifen mit aller Macht durch und autoritäres Gebaren gewinnt die Oberhand, ob nun für wenige Minuten oder über mehrere Wochen hinweg. Die betroffenen Kinder haben keine Sicherheit mehr, was sie zu erwarten haben.

Auf der anderen Seite lernen Kinder, das Spiel mitzuspielen. Sie lernen, wie weit sie es mit Vater und Mutter treiben können. Sie lernen, welche Lautstärke Mutters Stimme erreichen kann, ehe sie in die wirkliche Gefahrenzone geraten. Wie ich es in ›Making Children Mind...‹ ausdrückte: Unbeständigkeit in der Erziehung ist eine gute Methode, ein Kind hin und her zu stoßen (d. h. ein Jojo großzuziehen).

Es gibt da allerdings noch einen dritten Erziehungsstil, von dem ich glaube, daß er die Antworten auf unsere Probleme parat hält. Wir können das unstete Hin und Her der Schaukel zwischen autoritärer und freizügiger Erziehung beenden, wenn wir sie in der Mitte anhalten, was ich die *autoritative* Erziehung nenne. Unglücklicherweise klingt autoritativ so ähnlich wie *autoritär,* und die Leute geraten in die Gefahr, sie miteinander zu verwechseln. Zwischen beiden Begriffen besteht jedoch ein himmelweiter Unterschied. Autoritative Eltern beherrschen ihre Kinder nicht, noch treffen sie für sie alle Entscheidungen. Und sie lassen sich ganz gewiß nicht von ihren Kindern beherrschen noch sie alle Entscheidungen für die Familie treffen. Statt dessen machen sich autoritative Eltern die Prinzipien der realitätsnahen Erziehung zunutze, die ihnen als maßgeschneiderte Hilfe dabei zur Verfügung steht, mit der sie ihre Kinder mit Liebe korrigieren und heranbilden.

In meinem Buch ›Making Children Mind...‹ veranschauliche ich anhand des Beispiels eines Siebenjährigen, der das Spielzeug eines anderen Kindes zerbricht, wie autoritative Erziehung funktioniert. Wie sollten die Eltern reagieren? Eine auf der Hand liegende Reaktion wäre eine kräftige Ohrfeige oder vielleicht ein heftiger Klaps auf den Po gewesen, wenn es sich nicht um ein einmaliges Vergehen gehandelt hätte. Eine weitere verständliche Maßnahme wäre gewesen, das Kind in sein Zimmer zu schicken oder ihm eine Woche Hausarrest zu verordnen. Keine der erwähnten Maßnahmen ist nach meinem Dafürhalten die geeignete gewesen. In diesem Falle ist eine Disziplinierungsmaßnahme erforderlich, der die Realität zugrunde liegt, die besagt, wenn du das Eigentum eines anderen zerbrichst, mußt du dafür bezahlen.

Wie aber kann ein siebenjähriges Kind für ein Spielzeug bezahlen? Von seinem Taschengeld oder aus seiner Spardose. Die Gewährung von Taschengeld ist übrigens eine der bestgeeigneten Methoden, mit deren Hilfe Eltern realitätsnahe Erziehung ausüben können. Es ist geradezu erstaunlich, in welch jungen Jahren Kinder schon zu Finanzexperten werden können. Selbst das kleinste Kind erkennt schon bald die Bedeutung der ›untersten Zeile‹. Muß es für die Folgen seiner Handlungsweise aus der eigenen Tasche aufkommen, lernt es sehr schnell, über das, was es tut und warum es das tut, nachzudenken.[3]

### *Wie realitätsnahe Erziehungsmaßnahmen Ihren Tag retten können*

Das Gebiet der realitätsnahen Erziehung ist noch viel umfangreicher. Ich glaube, daß es eine wohlbegründete und vernünftige Lösungsmöglichkeit anbietet, *Kinder dazu zu bringen, achtzugeben.*

Ich habe mich mit vielen Problemen befaßt, die das Interesse der Eltern erregen:

Mit der Frage danach, warum Belohnungen und Bestrafungen nicht unbedingt wirkungsvolle Maßnahmen sind, wogegen Liebe und Aufmunterung solche sind.

Ich erläuterte den Unterschied zwischen Disziplinierung und Bestrafung.

Ich habe praktische Schritte angeboten, die jeder Erziehende unternehmen kann, um seinen Kindern beizubringen, für Handlungsweisen Verantwortung zu tragen und rechenschaftspflichtig zu sein.

Ich habe gezeigt, wie man ›den Boden unter den Füßen wegzieht‹ – d. h. eingreift und realitätsnahe Erziehung dort anwendet, wo sie erforderlich ist.

In solchen Situationen könnte ›den Boden wegziehen‹ bedeuten, eine Ohrfeige zu geben. In der Tat, ich glaube an die Maßnahme des Hose-stramm-Ziehens, doch gibt es meiner Ansicht nach meist andere viel wirkungsvollere und nützlichere Disziplinierungsmaßnahmen, bevor man Zuflucht dazu nimmt, dem Popo Schmerzvolles angedeihen zu lassen. Es gibt Situationen, in denen eine Ohrfeige für den Augenblick die beste Erziehungsmaßnahme ist. Der ganze Trick besteht jedoch darin, genau abzuschätzen, wann eine Ohrfeige angebracht ist und wann eine andere Vorgehensweise empfehlenswerter ist.

Mein amerikanisches Buch enthält zahllose Ideen, wie man mit Kindern umgeht: Alles wird behandelt – vom Wutanfall bis zum Kampf um die Zubettgehzeit, vom Umgang mit Lügen und Streitens bis zum Anstoßgeben, die Hausaufgaben zu machen und morgens aufzustehen. In den verbleibenden Kapiteln dieses Buches möchte ich Sie mit den grundlegenden Prinzipien und Besonderheiten der realitätsnahen Erziehung bekannt machen. Dazu gehören:

1. *Realitätsnahe Erziehung beinhaltet das beste mir bekannte System, unstetes Umherirren zwischen autoritärem Gebaren und Freizügigkeit zu vermeiden.* Die meisten Eltern erkennen instinktiv, daß sie sich autoritativ verhalten sollten – die Zügel in

der Hand halten, aber dennoch besonnen und gerecht sein. Den glücklichen Mittelweg autoritativen Verhaltens einzuhalten, gewährleistet am besten eine realitätsnahe Erziehung.

2. *Eltern legen es nicht darauf an zu bestrafen; sie sind stets bestrebt zu erziehen, heranzubilden und zu lehren.* Auf lange Sicht gesehen ist Erziehung wirkungsvoller als Bestrafung.

3. *Verfechter der realitätsnahen Erziehung bieten lieber Führung an, als daß sie sich der Gewalt bedienen; doch sind sie so handlungsorientiert, daß sie nie damit zufrieden sind, es nur bei Worten zu belassen.* Wenn durch ›Bestrafung‹ Schmerz verursacht oder irgendwelche andere Konsequenz hervorgerufen wird, dann ist es nicht der Erziehende, der es tut oder verursacht – das besorgt die Realität. Ihr Kind erfährt, wie die wirkliche Welt funktioniert.

4. *Verfechter der realitätsnahen Erziehung halten ihre Kinder für ihre Handlungsweisen für verantwortlich, welche es auch immer sein mögen, um den Kindern dabei zu helfen, aus Erfahrung zu lernen.* Diese Erfahrung kann Mißerfolg *wie Erfolg* umfassen, *in allen Fällen jedoch tragen die Kinder für ihr Tun die Verantwortung.*

5. *Vor allen Dingen: realitätsnahe Erziehung gibt Ihnen die beste Methode an die Hand, sich vor dem, was ich das Über-Eltern-Syndrom nenne, zu schützen.* Über-Eltern sind machtvolle Vorbilder, die ihre Kinder so beeinflussen, daß sie es nicht wagen, Fehler zu machen. Natürlich beschwört diese Art der Erziehung bei einem Kind, das sowieso schon die Anlage zu einem Perfektionisten in sich birgt (wie wir im nächsten Kapitel noch sehen werden, wenn es um die Erziehung des Erstgeborenen und des Einzelkindes geht) große Probleme herauf.

O ja, noch etwas: es ist meine feste Überzeugung, daß Eltern niemals ihre Kinder genau gleich behandeln sollten. Jedes Kind ist anders. Sie müssen Kinder aus jeder Geschwisterfolge mit bestimmten ganz spezifischen Methoden behandeln und für sie Verständnis aufbringen. Mein Vorschlag lautet nicht, alle Kinder zu verhätscheln oder einem Kind mit mehr Strenge zu begegnen als einem anderen. Im Gegenteil, wenn Sie sich die realitätsnahe Erziehung zunutze machen und jedes Kind den spezifischen Bedürfnissen gemäß behandeln, so ist das der einzige Weg, sicherzugehen, daß Sie absolut gerecht vorgehen!

Wichtigste Voraussetzung ist, über eine Strategie zu verfügen, wie mit jedem einzelnen Kind umzugehen ist. Im folgenden werde ich mich mit der Erziehung von Erstgeborenen und Einzelkindern befassen – denjenigen also, die am ehesten in die Falle des Perfektionismus geraten können, die ich an einer früheren Stelle in diesem Buch als ›allmählichen (schleichenden) Selbstmord‹ bezeichnete.

Wir werden einen Blick auf die Zwei-Kinder-Familie werfen, dabei vor allem auf das zweite Kind und darauf, wie es sich vom erstgeborenen wegentwickelt. Außerdem schauen wir uns ganz genau an, wie das zweitgeborene Kind das älteste entthront und was wir unternehmen können, dieses Erlebnis für die Nummer Eins weniger traumatisch verlaufen zu lassen.

Auch mit dem mittleren Kind werde ich mich befassen. Dazu werden alle gezählt, die zwischen dem ersten und dem letzten Kind rangieren. Das Hauptproblem besteht für einen Mittelgeborenen darin, daß er sich eingezwängt fühlt, wie ein fünftes Rad am Wagen, zu spät geboren, um noch der Privilegien des Erstgeborenen teilhaftig zu werden, und zu früh, um verhätschelt und verzärtelt zu werden, wie er es täglich bei seinem jüngsten Geschwister mit ansehen muß.

Auch Letztgeborene haben ihre Probleme. Ja, sicher, sie werden verhätschelt und verzärtelt, aber sie werden ebenso wie ›Bürger zweiter Klasse‹ behandelt: als nie groß genug, schnell genug oder klug genug, um mit den anderen mithalten zu können. Letztgeborene Kinder benötigen dringend der Aufmunterung und der Versicherung, daß sie etwas gelten und man ihnen zutraut, ihren Beitrag zu leisten.

Fahren wir also fort in der Betrachtung, wie die Erziehung der unterschiedlichen Geschwisterpositionen durchzuführen ist. Es gibt Schwierigkeiten und Fallstricke, die zu umgehen sind. Aber es gibt auch Erfolge, Erfüllungen und Freuden, die uns zuteil werden, während wir uns der Einzigartigkeit jedes einzelnen Kindes bewußt werden und es darin unterstützen, der vollkommene Mensch zu werden, wie ihn Gott beabsichtigt hatte.

## Der beste Freund Ihres Kindes sein

Ehe wir uns der Erziehung der Kinder aus den verschiedenen Geschwisterpositionen widmen, gebe ich Ihnen hier noch einige Tips, wie man Kinder dazu bringen kann, Verantwortung zu übernehmen. Ich nenne sie gern die neun Möglichkeiten, wie Sie der beste Freund Ihrer Kinder sein können.

1. Die Erziehungsmaßnahme sollte dem Verstoß angemessen sein. Beispiel: Das Kind hat sein Taschengeld für einen Zweck verwendet, den Sie als falsch erachten. Bittet es nun um zusätzliches Geld, noch ehe die Woche zu Ende ist, dann erklären Sie ganz einfach: »Tut mir leid, du mußt mit deinem Taschengeld auskommen, und wenn du nichts mehr übrig hast, so mußt du bis Samstag warten.«

2. Erzwingen Sie Gehorsam nicht mit Schlägen oder Schikanen. Denken Sie daran, daß der Stecken des Schäfers dazu dient, seine Schafe zu leiten, nicht um ihnen das Fell zu gerben.

3. Wenden Sie wann immer möglich an der Handlungsweise orientierte Maßnahmen an.

4. Versuchen Sie immer konsequent zu sein.

5. Legen Sie Nachdruck auf Ordnung, und betonen Sie die Notwendigkeit von Ordnung. Arbeit kommt vor Vergnügen oder Spiel und so weiter. Dieses Konzept verstärkt den Gehorsam und hebt hervor, daß die Notwendigkeit von Ordnung besteht – Ordnung ist wichtig.

6. Verlangen Sie von Ihrem Kind, stets für seine Handlungen rechenschaftspflichtig und verantwortlich zu sein.

7. Bringen Sie dem Kind gegenüber zum Ausdruck, daß es gut ist, gleichgültig wie unverantwortlich sein Verhalten auch gewesen sein mag.

8. Bieten Sie Ihrem Kind immer Möglichkeiten an, die die Zusammenarbeit, aber nicht den Konkurrenzdruck fördern.

9. Sollte es einmal nötig sein, Ihrem Kind den Hosenboden strammzuziehen, tun Sie es nur, wenn Sie Ihre Emotionen im Griff haben. Und erklären Sie nachher *immer,* warum die Schläge nötig waren, und lassen Sie auch *immer* die kraftvollen Worte folgen: »Ich habe dich lieb, und mir liegt etwas an dir.«

# Die Erziehung des Perfektionisten: Tips für die Erziehung Erstgeborener und Einzelkinder

Erstgeborene und Einzelkinder beschäftigt eine Hauptlast, die sie durchs Leben zu tragen haben:

### Perfektionismus

Mir ist bewußt, daß es Väter und Mütter gibt, die mir hier widersprechen werden. Sie berichten mir von ihrem Erstgeborenen, Andreas, der jetzt siebzehn ist, und dessen erster bewußter Schritt noch auf sich warten läßt. Er hat ganz im Gegenteil im letzten halben Jahr nicht einmal den Schritt unternommen, sein Bett zu machen.

Eine andere Mutter kommt zu mir und sagt: »Hören Sie, Dr. Leman, meine älteste Tochter Birgit ist so phlegmatisch, daß ich ihr einen Spiegel vor die Nase halten muß, um sicher zu sein, daß sie noch lebt. In Geschichte und Mathe hat sie eine 3 – und eine 1 mit Stern im Fernsehschauen.«

Ich halte jedoch an meiner Theorie fest, und das aus zwei Gründen: Mutter und Vater. Eltern von Erstgeborenen und von Einzelkindern sollten sich immer fragen: »Wer waren in den ersten Monaten und Jahren die Vorbilder im Leben des Kindes?« Die Antwort liegt auf der Hand: *Sie* waren es. Einem Kind, das jemanden, der so viel größer und älter ist, imitiert, drängt sich schon bald der Gedanke auf, daß es ›vollkommen‹ zu sein hat.

Bei der liebevollen Erziehung von Andreas und Birgit haben ihre Eltern, ohne sich dessen bewußt zu sein, die Anlage zum Perfektionismus gepflanzt. Nun da sie älter sind, scheinen sie nicht wie Perfektionisten auszusehen oder wie solche zu handeln. Die logische Erklärung aber dafür ist, daß sie deprimierte Perfektionisten sind. Schlampige Menschen und arme Studenten gehören häufig zu dieser Kategorie deprimierter Perfektionisten, die es aufgegeben haben, sich zu bemühen, weil es zu sehr schmerzt, wenn man Mißerfolg hat.

### Frank, der deprimierte Zwölfjährige

Weiterhin sollten sich alle Eltern die Frage stellen: »Wie perfektionistisch bin ich selber? Welche Erwartungen und Ansprüche stelle ich an mein Kind?« Ein leicht beeinflußbares, gewissenhaftes Kind in Verbindung mit anspruchsvollen, perfektionistischen Eltern ergeben ideale Bedingungen für eine deprimierende Situation. Dies galt auch für Franks Fall. Er war der zwölfjährige Sohn eines Chirurgen und einer Krankenschwester. Bei solch hochgebildeten, anspruchsvollen Eltern mußte Frank ein Perfektionist sein.

Franks Hauptproblem lag vermeintlich in seinem aufbrausenden Temperament. Er berichtete mir, daß er morgens aufstand und sich einen genauen Plan für den Tag zurechtlegte. Die meisten Zwölfjährigen sind nicht imstande, die nächste Viertelstunde zu planen, Frank jedoch hatte genaue Vorstellungen davon, was er im Tagesverlauf alles erledigen wollte. Er hatte sich dieses Verhalten bei seinen Eltern abgeschaut, vor allem bei seinem Vater, einem Chirurgen, der ein großer Vertreter von Planungen jeglicher Art und jedes und allem war.

Interessant dabei ist, daß Frank nicht einmal ein echter Erstgeborener oder ein Einzelkind war. Er war das zweite von zwei Kindern, jedoch sieben Jahre nach seinem älteren Bruder geboren. Bei einem solchen Altersunterschied zwischen den Kindern kann eine neue ›Familie‹ ihren Ursprung nehmen. Bei diesen hochmotivierten Eltern und dem Abstand von sieben Jahren zwischen ihm und seinem Bruder paßte Frank vollkommen in die Kategorie Erstgeborener.

Er hätte sogar leicht als Einzelkind durchgehen können, da er große Schwierigkeiten beim Umgang mit gleichaltrigen Kindern hatte. Die anderen Kinder wußten nichts von seinen Planungen für den Tag. Sie zeigten kein Interesse für Franks ›Zu erledigen‹-Listen. Wenn Franks Tag nicht seinen Vorstellungen gemäß verlief (das kam häufiger vor), dann bekam er einen richtigen Anfall von Jähzorn. Er sammelte seine Murmeln auf und ging nach Hause. Wenn ihm bei einem Fußballspiel beispielsweise ein oder zwei Fehler unterliefen, nahm er sich selbst aus dem Spiel und verließ das Spielfeld. Er war einfach nicht in der Lage, mit eigenem Mißgelingen umzugehen.

Zu Hause war es ähnlich. Hielt jemand eine Verabredung nicht ein, vergaß anzurufen oder trat irgendeine andere ›Katastrophe‹ ein und verdarb den Tagesplan, dann trat und warf er Sachen durch die Gegend oder bohrte Löcher in die Wände. Einmal wurde sein Hund Opfer schwerster Mißhandlungen.

Einen gewissenhaften Jungen wie Frank ärgerte dieses negative Verhalten sehr. Er litt schrecklich unter seinen Handlungsweisen, aber er war in seinem mit großer Sorgfalt gebauten Gefängnis des Perfektionismus gefangen.

Zu Beginn meiner Therapiearbeit mit Frank versuchte ich, ihm aufzuzeigen, daß niemand ohne einen Fehler oder einen Mißerfolg durch den Tag kommt. Auf sein sportliches Interesse abzielend, gab ich ihm zu bedenken, daß Gerd Müller über dreihundert Tore für seinen Verein erzielte, aber wesentlich häufiger nicht ins Tor traf.

Frank verstand die Anspielung, und auch seinem Vater gab sie zu denken. Der, als Franks großes Vorbild, hatte den Mut, seine eigenen Fehler und Unzulänglichkeiten einzugestehen, die er all die Jahre zu verbergen gesucht hatte. Das half Frank sehr, und er machte, was seinen Jähzorn anbelangte, große Fortschritte. In vielerlei Hinsicht blieb Frank ein Perfektionist, doch er erkannte, daß er nicht immer alles in der Hand haben oder steuern konnte, und daß selbst die durchdachtesten Pläne hin und wieder scheitern konnten. Er wurde ein viel glücklicheres Kind, weil er damit aufhörte, immer alles mit Gewalt erreichen zu wollen. Am wichtigsten aber war die Einsicht, daß er nicht vollkommen zu sein brauchte, um die Anerkennung und Liebe seines Vaters zu gewinnen.

*Die schwerste Krise, die ein Erstgeborener durchzustehen hat*

›Es mit Gewalt erreichen zu wollen‹, ist ein typischer Zug von Erstgeborenen. Älteste und Einzelkinder fassen das Leben sehr schnell als Kampf auf – als eine Prüfung oder einen sportlichen Wettkampf, den es zu bestehen gilt. Im Verlauf dieses Kapitels werden wir unser Augenmerk auf einige spezielle Hilfsmaßnahmen lenken, die Sie anwenden können, um dem erstgeborenen oder einzigen Kind im Kampf gegen den Perfektionismus beizustehen. Wir werden Sie auch über einige Aspekte von Hilfsmaßnahmen informieren, die Sie selber anwenden können, wenn Sie eine(r) jener Über-Väter/Über-Mütter sind.

Zunächst jedoch möchte ich die Aufmerksamkeit auf eine Angelegenheit lenken, die ich ›die schwerste Krise, die ein Erstgeborener durchzustehen hat‹, nenne. Es handelt sich dabei um ein sehr einschneidendes Erlebnis, nämlich: die ›Entthronung‹, die sich für das Älteste mit der Ankunft eines kleinen Bruders oder einer kleinen Schwester vollzieht.

Erstgeborene stehen für einen relativ langen Zeitraum im Mittelpunkt der Aufmerksamkeit, gemessen am Zeitbegriff im Leben eines kleinen Kindes. Ich sprach von der Lebensschablone, die jedes Kind bis etwa zum fünften Lebensjahr entwikkelt hat. Ist bis zur Vollendung des dritten Lebensjahres des Kindes kein weiterer Nachwuchs eingetroffen, so bedenken Sie, daß schon drei Fünftel – *60 Prozent* – des Lebensstils des Erstgeborenen ausgebildet sind, bevor der frische Eindringling von der Klinik nach Hause kommt. Zu einem großen Teil hat sich durch diesen Lebensstil dem Ältesten eingeprägt, Mittelpunkt zu sein. Eine der reizvollsten Aufgaben in der Kindererziehung besteht in der Vorbereitung des Erstgeborenen auf das Eindringen des neugeborenen Zweiten.

Mein Rat an alle Eltern ist, ihren Erstgeborenen das neue Baby in die Arme zu legen und es ihn halten zu lassen, es füttern und sogar, wenn möglich, wickeln zu lassen. Sicher kann die Windel etwas merkwürdig aussehen, doch es ist wichtig, das Älteste mit einzubeziehen. Lassen Sie Ihr Ältestes wenigstens ›für Mama die Packung mit den Windeln holen gehen‹.

Eine weitere besonders zu empfehlende Methode besteht darin, kurz vor der Ankunft von Nummer Zwei dem Erstgeborenen individuelle Aufmerksamkeit zu schenken. Unternehmen Sie einige ganz besondere Dinge mit ihm zusammen wie etwa folgende:

1. Lassen Sie Ihr Erstgeborenes bestimmte Spielsachen an einen sicheren Platz räumen, ›damit das Baby nicht an sie herankommt‹. Das mag sich für einen Erwachsenen ein wenig töricht anhören, für einen Dreijährigen jedoch klingt das durchaus plausibel.

2. Versichern Sie Ihrem Ältesten, daß Vater und Mutter es nie an Zärtlichkeiten mangeln lassen werden, wenn das zweite Kind da ist. Jeder wird genügend abbekommen.

3. Lassen Sie Ihr Erstgeborenes ein paar Spielzeuge aussuchen, die für das zweite Kind bestimmt sind. Das können neue sein, die es im Laden aussucht oder alte von sich, die es abzugeben bereit ist.

Sobald das zweite Kind aus der Klinik zu Hause eingetroffen ist, wird es dem Erstgeborenen bald dämmern, daß das ›Ding‹ nicht eine vorübergehende Episode ist, sondern daß es bleiben wird. Jetzt wird es doppelt wichtig, dem Ältesten ganz besondere Aufmerksamkeit zu schenken. Eine vielversprechende Methode ist, mit dem Kind über all die Dinge zu sprechen, zu denen das Neugeborene noch *nicht imstande ist.*

»...(Name des Neugeborenen) kann noch nicht einmal einen Ball fangen, kann noch nicht laufen, nicht sprechen, kann noch gar nichts.«

Streichen Sie deutlich heraus, daß das Baby schon ins Bett

muß, während das Ältere noch aufbleiben darf. (»Du bist schon drei – du brauchst noch nicht ins Bett. Du darfst noch länger mit Mama und Papa aufbleiben.«)

Entthronung ist nie eine leicht hinzunehmende Angelegenheit. Ganz gleich wie viele Vorsichtsmaßnahmen Eltern auch ergreifen mögen, das Erstgeborene wird sich die Frage stellen: »Warum? War ich nicht gut genug?« Eine Episode aus dem Kampf unserer eigenen Erstgeborenen ist in ›Super 8‹ erhalten. Die heldenhafte Szene zeigt Sande und Kevin, die stolz ihr Neugeborenes (Krissy) präsentieren, während Oma die Kamera bedient. Keiner von uns – nicht einmal meine Mutter – bemerkte unsere achtzehn Monate alte Tochter Holly, wie sie ins Bild schlüpfte und breit grinsend ihren Ellenbogen in Krissys Rippen vergrub.

Als wir später den Film zurückbekamen und ihn durch den Projektor laufen ließen, waren unsere Reaktionen ambivalent. Hollys Piekser mit dem Ellenbogen war eigentlich ganz niedlich, doch war er auch ein plastischer Beleg für die Empfindungen eines Erstgeborenen, der sich entthront fühlt und ein paar von der Natur bestimmte Schritte unternimmt, um sich seinen ›gerechten Anteil‹ an der Aufmerksamkeit der Eltern zurückzuerobern.

Der natürliche Hang des Erstgeborenen zum Egoismus läßt mich ein paar Worte zur Vorsicht einwerfen über die besondere Behandlung, die man dem ältesten Kind angedeihen läßt, um wegen des neuen kleinen Eindringlings im Haus eine Balance herzustellen. Lassen Sie sich niemals von Ihrem Ältesten um den Finger wickeln, um sich besondere Vorteile zu verschaffen, noch sollten Sie sich von ihm dazu verleiten lassen, ihn zu verwöhnen. Realitätsnahe Erziehung hält sich stets an die vorgegebenen Richtlinien und ist darin konsequent. Bestrafen Sie Ihren Erstgeborenen niemals in irgendeiner Form für einen Wut- oder einen Heulanfall. Gehen Sie zu ihm und reden Sie mit ihm über die Angelegenheit.

Schließen Sie nach jeder Strafmaßnahme Ihr Kind in die Arme, streicheln Sie es, und reden Sie mit ihm. In unserem besonderen Fall betonen Sie die Überlegenheit des Erstgeborenen über das Baby, weil er so viel mehr kann als das Kleine. Zählen Sie bei jeder sich bietenden Gelegenheit die Dinge auf, zu denen das Erstgeborene schon fähig ist, das Baby aber noch nicht. Er oder sie wird die ›Entthronungskrise‹ leichter überstehen, weil er das Bewußtsein hat, daß er fähiger, größer, stärker etc. ist.

### Erster zu sein bedeutet nicht, vollkommen zu sein

Obwohl es sicher zu empfehlen ist, das Ego des entthronten erstgeborenen Kindes zu stützen, indem man ihm erklärt, daß es größer und stärker ist und sich in allem besser auskennt als sein kleines Brüderchen oder Schwesterchen, so vergessen Sie doch nicht, daß Sie es mit einem Perfektionisten zu tun haben. Ihr Erstgeborenes hat angefangen, ein Perfektionist zu sein, lange bevor das zweite Kind hinzukam. Sehr früh – sogar schon im Verlauf des ersten Lebensjahres – beginnt der Erstgeborene von seinen erwachsenen Vorbildern, Papa und Mama, zu lernen und seinen Blick darauf zu richten, wie sie zu sein. Dazu gehört auch, über die gleichen Fähigkeiten zu verfügen wie sie, was aus einleuchtenden Gründen für ein kleines Kind unmöglich ist.

Der innige Wunsch des Erstgeborenen, Vaters und Mutters Fußspuren zu folgen, verstärkt sich meist, wenn die Eltern ihrem Ältesten noch spezielle Aufmerksamkeit schenken – oder ihre Elternrolle übertreiben. Sie neigen dazu, übermäßig beschützerisch zu sein und treiben das Kind unbewußt natürlich dazu, alles zu erreichen, wozu es imstande ist (und zu einigen Dingen ist es nicht imstande!). Es ist daher kein Wunder, daß Erstgeborene eher sprechen und laufen können als Kinder aus anderen Geschwisterfolgepositionen, sie verfügen über einen größeren Wortschatz etc. Erstgeborene ebenso wie ihre perfektionistischen Vettern und Kusinen, die Einzelkinder, wachsen zu ›kleinen Erwachsenen‹ heran. Teil des erwachsenen Verhaltens ist eine starke Autorititätshörigkeit, ein Überbleibsel ihres Bestrebens, den beiden Schlüsselpersonen in ihrem Leben – Vater und Mutter – zu gefallen.

Ein Erstgeborener schätzt Macht und Autorität vielleicht deshalb so hoch ein, weil er die leidvolle Erfahrung der Entthronung durchmachen mußte. Dr. Alfred Adler, der ein Pionier auf dem Gebiet der Geschwisterforschung war, behauptete, daß, wenn ein Kind seine Macht und sein Königreich, das ihm über viele Jahre, ehe der zweitgeborene Bruder oder die Schwester geboren wurde, gehörte, verliert, er besser als alle anderen Menschen die Bedeutung von Macht und Autorität versteht und ihren Wert erkennt. Im Erwachsenenalter kann es dazu führen, daß Erstgeborene die Bedeutung von Regeln und Gesetzen übertreiben. Sie glauben, alles sollte nach den Vorschriften gehen, und diese Vorschriften sollten nie geändert oder neu gefaßt werden.

Ein klassisches Beispiel dafür finden wir im Neuen Testament im Gleichnis vom verlorenen Sohn. Der jüngere Sohn (allem Anschein nach, der Jüngste in der Familie) nahm seinen Erbteil und verließ das Haus, um sich woanders ein schönes Leben zu machen. Der ältere Bruder blieb bei seinem Vater und hütete gehorsam die Herden und bestellte die Felder. Als der jüngere Sohn schließlich wieder zu Sinnen kam und nach Hause zurückkehrte, war der Vater darüber so erfreut und dankbar, daß er ein Festmahl bereiten ließ. Der ältere Sohn kehrte von den Feldern nach Hause zurück (wo sollte sich ein älterer Bruder sonst aufhalten, wenn nicht auf den Feldern arbeitend?), und als er des ganzen Trubels und Jubels gewahr wurde, erzürnte es ihn. Er konnte einfach nicht begreifen, wie sein jüngerer Bruder alles verpulvern konnte, um dann heimzukommen und ein Festmahl bereitet zu bekommen, zusammen mit einigen kostbaren Geschenken wie Kleinodien und Gewändern. Und er war hiergeblieben in der alten Heimstatt und hatte sich geschunden. Was hatte er für diese Entbehrungen erhalten? Nicht ein einziges Mal hatte sein Vater für ihn ein Bankett bereitet – nicht einmal eine kleine Party.[1]

Es ist typisch, daß Eltern bei ihren Erstgeborenen strengere Vorschriften und Regeln aufstellen als bei den spätergeborenen Kindern. Sie wollen beim ersten Kind alles richtig machen und ziehen die Zügel deshalb straffer an. Der autoritative Erzieher ist liebevoll und gerecht, aber auch konsequent und fest. Der autoritative Erzieher ist die gelungene Verbindung aus den beiden Extremen, die einem Kind so viel Schaden zufügen können: autoritärem Verhalten und zu großer Freizügigkeit.

### Nicole: Lügen waren ein einfacher Ausweg

Oft werde ich von Leuten gefragt, welcher Erziehungsstil mehr Schaden anrichtet: der autoritäre oder der freizügige? Ich kann beim besten Willen weder das eine noch das andere als schädlicher bezeichnen. Beinahe jede Woche begegne ich der Problematik beider in meiner Praxis.

Nicole war vierzehn, als ihre Eltern sie zu mir brachten, um sie wegen – wie sie es nannten – ›Widerspenstigkeit‹ zu beraten. Nicole war von der Schule geflogen, weil sie den Unterricht geschwänzt hatte. Außerdem nahm sie Drogen. Im Gespräch erzählte mir Nicole, daß ihre Eltern ihr nur sehr wenig Freiheit ließen und sie nahezu jeglicher eigenen Entscheidungsmöglichkeit beraubten. Sie suchten ihr nicht nur die Kleidung aus, sondern schrieben ihr auch vor, wie sie sie zu tragen hatte, wann sie ausgehen durfte, und wann sie wieder zu Hause zu sein hatte. Sie kontrollierten im wahrsten Sinne des Wortes jede Minute ihres Tagesablaufs.

Und natürlich: Je mehr die Eltern sie drängten, um so mehr zog sich Nicole zurück, wurde widerspenstig. In einer solch autoritären Umgebung war es für sie ein leichtes, lügen zu lernen. Ein Kind lernt, den Eltern das zu sagen, was diese hören wollen. Ist es einmal soweit gekommen, dann entwickelt das Kind zwei verschiedene Leben. So gab es die Nicole, die bei Vater und Mutter lebte, und da war die Nicole, die sich mit ihren gleichaltrigen Freunden herumtrieb.

Da Nicoles Leben so kontrolliert verlief, hatte sie nie gelernt, für sich selbst zu denken, als sie unter den Einfluß ihres Freundeskreises geriet. Ihre Kameraden erhielten von ihr alles; sie geriet in die Drogen- und Alkoholszene und ließ sich auch mit den Jungen in ihrer Schule ein. Im Verlauf unserer ersten Beratung erfuhr ich von Nicole, daß ihr Lebens-›Spielplan‹ vorsah, achtzehn zu werden, das Elternhaus zu verlassen, ein Auto zu kaufen und abzuhauen.

Nicole war eine Erstgeborene; sie hatte eine Schwester, die elf Jahre alt war und einen jüngeren Bruder mit acht. Auch Nicole gehörte zu der Kategorie der deprimierten Perfektionisten. Ihre Mutter, eine Über-Perfektionistin, hielt das Haus in tadellosem Zustand. Niemals war etwas von seinem angestammten Platz verrückt. Selbst Nicole hielt ihr Zimmer in einem untadeligen Zustand, was für jemanden, der so rebellisch war wie sie, ein ziemlich ungewöhnliches Verhalten dokumentierte. Dennoch paßte es zu ihrem ›Ich-sage-ihnen-das-was-sie-hören-wollen‹-Verhalten, das sie zu Hause an den Tag legte, um ihr wildes Leben im Kreis ihrer Freunde zu verbergen.

In Nicoles Mutter lag die Erklärung für den Perfektionismus zu Hause. Sie ›hatte die Hosen an‹ in der Familie; sie sagte jedem, was er zu tun hatte einschließlich dem Vater, einem Fernfahrer.

Es war nicht sehr schwer zu erkennen, warum Nicole in der beschriebenen Weise aufbegehrte (und warum ihr Vater Fernfahrer war). Sechs Wochen lang arbeitete ich mit Nicole und ihren Eltern. Zunächst verlief der Erfolg nur in kleinen Schritten, weil weder ihr Vater noch ihre Mutter zuhören wollten. Sie mußten erst dazu gebracht werden, Nicole ausreden zu lassen. Nicole hatte Angst davor, die Wahrheit darüber einzugestehen, daß sie einen schlechten Umgang pflegte, trank, Drogen nahm und ihren Sexualtrieb freizügig handhabe. Sie war sich sicher, daß ihre Eltern sie völlig verstoßen könnten und sie gar nicht mehr in ihrem Haus wohnen haben wollten.

Zum Glück waren ihre Eltern, was deren autoritäres Gebaren betraf, nicht jenseits jeglicher Hoffnung. Sie hörten wirklich zu, und sie lernten. Wir machten schließlich einige Fortschritte miteinander. Am Ende einer sechswöchigen Therapie veranlaßte ich Nicole, eine Zusammenfassung der positiven Ergebnisse, die unsere Gespräche erbracht hatten, schriftlich niederzulegen. Dabei kam folgendes heraus:

»Ich glaube, daß Vati und Mutti jetzt bereit sind, mir mehr Freiheit einzuräumen. Sie scheinen begriffen zu haben, daß ich ich bin und nicht sie. Wir werden uns wohl nicht mehr so häufig streiten. Ich möchte meine Eltern wirklich kennenlernen, wie ich auch möchte, daß sie mich und mein Verhalten begreifen lernen. Für sie wird es nicht einfach sein, mir wieder zu vertrauen, ich weiß, aber ich bin bereit, geduldig zu sein und auf diesen Tag zu warten. Ich habe ihnen eine Menge Kummer bereitet, und ich bin mir darüber im klaren, daß ein Teil dieser Probleme daher kommt, daß ich lügen mußte. Ich hatte immer das Gefühl, lügen zu müssen, weil ich mich, wenn ich ihnen die Wahrheit gesagt hätte, in große Schwierigkeiten gebracht hätte und sie mir nie wieder irgend etwas erlaubt hätten. Daher habe ich mich verpflichtet, ihnen zuzuhören. Gemeinsam ist es uns gelungen, in der Sache weiterzukommen. Vati und Mutti gewähren mir mehr Spielraum. Ich belüge sie nicht mehr und bin ehrlich zu ihnen. Es gibt mir ein gutes Gefühl, ehrlich zu sein.«

Nicole war der klassische Fall eines erstgeborenen Kindes, das sich bis zu einem gewissen Alter an den Eltern orientierte und sie in allem nachahmte. Die autoritäre Behandlung, der sie von seiten ihrer Eltern in den Jugendjahren ausgesetzt war, war jedoch zuviel für sie. Sie entwickelte sich zu einer deprimierten Perfektionistin, sie änderte ihr Verhalten, wurde hemmungslos und flippte herum – ihre Art, um Hilfe zu schreien.

Nicole kann auch als ein gutes Beispiel dafür dienen, warum Eltern niemals denken sollten, ihr Erstgeborenes sei kein Perfektionist, einfach nur, weil es aus der Reihe tanzt, nicht sein Zimmer aufräumt und nicht alle Regeln einhält. Dieses Kind mag gerade deswegen alle Regeln brechen, weil es ein Perfektionist ist, aber mit den Karten, die es vom Leben zugeteilt bekommt, nicht umzugehen weiß.

Die Art und Weise, wie wir Psychologen mit unseren Ratschlägen verfahren, kann den Eindruck erwecken, als versuchten wir, unsere Zuhörer und Leser zu Modell-Eltern zu wandeln, denen niemals Fehler unterlaufen. Sollte ich auch diesen Eindruck machen, dann verzeihen Sie mir. Ich glaube ganz im Gegenteil, daß kein Kind, aus welcher Geschwisterfolge-Position es auch kommen mag, auch immer ›Modell‹-Eltern oder, wie ich es zu nennen pflege, ›Über-Eltern‹ braucht. Besonders Erstgeborene und Einzelkinder sind schon genug mit dem Versuch beschäftigt, perfekt zu sein und sich vor Fehlern zu schützen, ohne sich auch noch auf Eltern einstellen zu müssen, denen wirklich niemals Fehler unterlaufen. Es gibt in der Tat nur wenige Eltern, wenn überhaupt welche, die nie Fehler *machen,* aber es gibt eine große Zahl von Eltern, die sich weigern, Fehler *zuzugeben!*

Hat Ihr dreijähriger Erstgeborener (oder einziger) Sie jemals sagen hören: »Es war meine Schuld. Ich hatte unrecht. Es tut mir leid«? Hat Ihr(e) Dreizehnjährige(r) je diese Äußerungen frei und offen von Ihnen zu hören bekommen? Viele Eltern drohen an diesen Worten zu ersticken, ganz besonders dann, wenn sie selbst Einzelkinder oder erstgeborene Perfektionisten sind.

Sind Sie selbst so etwas wie ein Perfektionist, dann denken Sie daran, daß Ihr Kind eher der Aufmunterung bedarf als des Anstachelns. Lernen Sie, Ihr Kind einfach in den Arm zu nehmen, wenn Sie sehen, daß es Probleme hat, und reden Sie beschwichtigend auf es ein. »Alles wird gut werden. Was macht dir zu schaffen? Du sagst, diese Sache schaffst du nicht. Möchtest du, daß ich dir dabei helfe?«

Erinnern wir uns an Marion, diese kleine Perfektionistin, die in der Vorschule einen Wutanfall bekam, weil es ihr nicht gelang, einen makellosen Kreis auszuschneiden, und die als Ehefrau in Wut geriet, als ihr Ehemann ›vergaß‹, seinen Teil der Hausarbeit zu verrichten. Es hätte ihr viel geholfen, wenn ihr

Vater oder ihre Mutter beim Ausschneiden des Kreises das Papier gehalten hätten und sie mit Bemerkungen wie etwa: »Es ist ganz schön schwer, nicht? Mir gelingt es auch nicht immer, einwandfreie Kreise auszuschneiden. Ich weiß noch genau, wie schwer es mir gefallen ist, als ich klein war« beruhigt hätten.

Oder nehmen wir die Situation, wo Mutter des Durcheinanders im Spielzimmer des Vierjährigen überdrüssg ist und ihn in sein Zimmer schickt, um dort aufzuräumen. Das Problem ist, daß diese Aufgabe dem Vierjährigen über den Kopf wachsen kann, weil einfach zu viele Spielsachen, Bücher, Malstifte und Puzzleteile im Zimmer verstreut herumliegen. Wie um alles in der Welt, soll er/sie das schaffen?

Vater oder Mutter könnten mit ins Zimmer gehen, sich dazu setzen und vielleicht folgendes sagen: »Liebling, es gibt hier viel zu tun. Ich werde mich darum hier hersetzen, während du dein Spielzeug wegräumst und mit dir darüber reden, was wir heute abend machen wollen.«

Es bestehen gute Aussichten, daß dem/der Kleinen die Aufgabe ganz gut von der Hand geht, und er/sie auch zu Ende bringt. Sollte nicht alles ganz so sein, wie Sie es sich vorstellen, so schelten Sie weder das Kind deswegen, noch übernehmen Sie die Arbeit für es. *Geben Sie sich mit einer ›weniger als vollkommenen‹ Ausführung der Aufgabe zufrieden*. Perfektionistische Eltern schweben häufig in der Gefahr, an das Kind Botschaften auszusenden, die ausdrücken: »Mach, daß du in dein Zimmer kommst und erfülle meine Erwartungen, Kind. Ich erwarte eine absolut einwandfreie Erledigung der Aufgabe oder du bekommst von mir keine Anerkennung.«

Damit will ich *nicht* sagen, daß Sie Ihrem Kind Gelegenheit geben, sich aus der Verantwortung zu stehlen. Lassen Sie es für seine Verantwortlichkeiten Rechenschaft ablegen; fordern Sie von ihm aber nicht, perfekt zu sein. Lockern Sie statt dessen Ihre perfektionistischen Vorschriften ein wenig. Beglückwünschen Sie Ihr Kind, wenn es sein Bettchen selbst gemacht hat, auch wenn es an einigen Stellen noch verknittert ist, aber nehmen Sie ihm die Arbeit nicht ab. Sie können ja die Tür schließen, und niemand wird die zwei, drei Knitter zu Gesicht bekommen.

Lernen Sie, flexibel zu sein. Statt Befehle zu erteilen, helfen Sie Ihrem Kind lieber, seine Aufgaben zu erledigen. Bedenken Sie, daß Sie das Vorbild Ihres Erstgeborenen und Ihres einzigen sind. Es hat keinen Bruder oder Schwester, zu dem es aufschauen und an dem es sich orientieren kann. An *Ihnen* muß es sich ein Beispiel nehmen, und Sie sind sein ehrfurchtgebietendes Vorbild. Sie sollten daher, wann immer es Ihnen möglich ist, zeigen, daß Sie auch nur ein Mensch sind, daß Sie Verständnis haben, daß Sie nicht vollkommen sind und daß von Fehlern die Welt nicht untergeht. Durch ein solches Verhalten können Sie in beträchtlichem Maße dazu beitragen, daß sich in Ihrem Erstgeborenen/Ihrem Einzelkind der Perfektionist etwas schwächer ausbildet; der Perfektionist, der sich von Erwartungen und Ansprüchen jagen und hetzen läßt, die weit über menschliches Leistungsvermögen hinausgehen.

Sie können Ihre eigene Unvollkommenheit auch auf andere Weise Ihrem Erstgeborenen/einzigen zeigen, indem Sie ihn/sie gelegentlich um Hilfe bitten. Damit meine ich jetzt nicht, bei der Pflege des Babys zu helfen, Mama die Windeln zu holen und so weiter. Ich rede davon, Ihr Kind zu fragen (und das können Sie durchaus schon bei einem sehr jungen Kind im Vorschulalter tun): »Hilfst du mir dabei zu überlegen, was wir heute zum Abendessen machen?«

Zugegeben, wenn dem Kleinen die Entscheidung völlig überlassen bleibt, mag es sein, daß er mit einer interessanten Diät aus Erdnußbutterbroten, Schokoladenplätzchen und Eiskrem aufwartet. Sie können dem allerdings vorbeugen, indem Sie ihn fragen, ob er zum Abendessen lieber Brathähnchen oder Spiegeleier möchte. Bieten Sie ihm eine Auswahl an Desserts an und lassen Sie ihn das wählen, das Sie dann auch auf den Tisch bringen. (Wenn Sie keine Schokoladenplätzchen als Nachtisch mögen, dann besorgen Sie sie erst gar nicht!)

Erinnern Sie sich noch an die neun Tips, die ich Ihnen gab, zu der Frage, wie Sie der beste Freund Ihres Kindes sein können? In jenen Tips werden Grundsätze zum Ausdruck gebracht. Mein Rat an frischgebackene Eltern eines ersten Kindes ist daher, diese Tips häufig zu überprüfen. Die Realität der Situation besteht darin, daß die Eltern eines Erstgeborenen mit all den erzieherischen Angelegenheiten doch nicht so vertraut sind. Ich versuche, Sie darin zu ermuntern, sich nicht zu verausgaben, der Welt erstes ›sich mustergültig benehmendes Kind‹ großzuziehen.

Ich kann mit (ziemlicher) Sicherheit sagen, dieser Fall wird sowieso nicht eintreten. Alle Kinder benehmen sich (mal) daneben – sogar meine. Andersherum gesagt: Alle Kinder machen Fehler – genauso wie ihre Eltern.

Eltern sollten bei ihrem ersten Kind eher etwas gelassener sein. Damit will ich nicht sagen, sie sollten zu freizügig sein. Ganz im Gegenteil, Sie sollten konsequent, gerecht und fest bei allen Kindern sein, ganz gleich welche Position sie in ihrer Geschwisterreihe einnehmen. Was mir allerdings Sorgen bereitet, ist dieses natürliche elterliche Verlangen, das erstgeborene Kind als eine Art Versuchskaninchen herzunehmen.

Schauen wir dem Problem ins Auge: Wir erwerben uns unsere ersten Kenntnisse beim Erstgeborenen, und die Tendenz ist, übermäßig streng mit ihm zu sein. Halten Sie sich das immer vor Augen, wenn Sie Ihr erstgeborenes Kind disziplinieren, ganz gleich in welchem Alter es sich gerade befindet. Behalten Sie auch im Gedächtnis, daß, welche Vorschriften, Regeln und Ansprüche Sie auch immer an Ihr ältestes Kind stellen, diese Vorschriften und Regeln auch für alle nachgeborenen Kinder Gültigkeit behalten sollten. Sollten Sie später diese Vorschriften vergessen haben, fragen Sie ganz einfach Ihre(n) Älteste(n). Er oder sie wird Ihnen ganz rasch wieder auf die Sprünge helfen können!

Bei der Anwendung von Erziehungsmaßnahmen, gleichgültig in welcher Altersstufe sie erfolgen, sollte die oberste Regel lauten, gerecht und konsequent zu sein. Wie ich schon mehrfach betont habe, ist bei Eltern die Neigung vorhanden, an ihrem ersten Kind Erziehungsmaßnahmen jeglicher Art in übertriebener Weise auszuprobieren. Erstgeborene und Einzelkinder werden sehr, sehr anfällig für Autorität, Vorschriften und Regeln. Holly, unsere älteste Tochter, hat eine Lieblingssendung. Unsere übergenaue, perfektonistische Erstgeborene liebt es, einem Richter dabei zuzuschauen, wie er über so schwerwiegende Fragen richtet, wie etwa: »Sollte ein Jugendlicher sein Geld, das er für einen Gebrauchtwagen ausgegeben hat, zurückerstattet bekommen, wenn der Autoverkäufer ihn angeschmiert hat?« Holly mag Vorschriften, Regeln und Gesetzesbestimmungen. Sie fällt sehr oft die gleichen Entscheidungen, wie sie sie bei dem Fernsehrichter abgeschaut hat. Unsere Telefonrechnung wies einmal eine Gebühreneinheit auf, die ich mir nicht erklären konnte. Ich hörte mich also um: »Wer hat diesen Anruf getätigt?« Es stellte sich heraus, daß es Holly gewesen war. Sie hatte mit dem Anruf während einer Sendung ihr Votum zugunsten des Klägers abgegeben!

Fair und gerecht mit Ihrem(r) Ältesten umzugehen bedeutet auch, sie/ihn nicht ständig als leicht verfügbaren Babysitter einzusetzen. Als Vater oder Mutter einer ältesten Tochter (Töchter geraten eher in die Situation als Söhne) von zehn, elf Jahren und jüngeren Kindern im Alter von sieben und vier, eröffnet sich Ihnen die als selbstverständlich angesehene Annehmlichkeit, die kleine Simone zu bitten, für ein paar Minuten auf den kleinen Bruder und die kleine Schwester aufzupassen, während Sie noch schnell ein paar Besorgungen machen.

Im Laufe der Zeit wird die kleine Simone dann gebeten, den ganzen Abend über auf die jüngeren Geschwister aufzupassen, während Sie mit Ihrem(r) Angetrauten ins Kino gehen. Ich will damit nicht sagen, daß es nicht auch Gelegenheiten gibt, bei denen Simone durchaus einmal die jüngeren Kinder beaufsichtigen kann, aber es sollte meiner Ansicht nach nicht zu einer normalen Angelegenheit werden, die jederzeit erwartet werden kann. Wollen Sie Ihrem Erstgeborenen das Gefühl von Gerechtigkeit vermitteln, dann machen Sie es sich zur Regel, ihm/ihr hin und wieder einen frei verfügbaren Abend zuzugestehen. Halten Sie es für nötig, die jüngeren Geschwister unter Aufsicht zu haben, dann lassen Sie einen Babysitter kommen. Das mindeste, was Sie tun sollten, ist, mit Ihrem(r) Ältesten über ihre/seine Pläne für den Abend zu sprechen, ehe Sie es als ganz selbstverständlich hinnehmen, daß er/sie alles andere fallenläßt und ›für ein paar Stunden den Babysitter spielt‹.

Natürlich muß nicht ausdrücklich erwähnt werden, daß in einer Zwei- oder Mehrkinder-Familie die Eltern alles daran setzen sollten, bei der Erziehung der jüngeren Kinder genauso konsequent zu sein, wie sie es beim Ältesten waren. Der Normalfall einer typischen Drei-Kinder-Familie sieht so aus: Die Eltern führen das erste Kind mit eiserner Hand (oder zumindest mit einem hölzernen Stock). Beim zweiten Kind sind sie schon etwas gelassener, und zu dem Zeitpunkt, wo das letzte auftaucht, sind sie schon wachsweich.

Sie können fast jedes erstgeborene Kind fragen, und er/sie wird Ihnen erklären, daß der Familienjüngste, das Nesthäkchen, ›sich alles erlauben darf‹. Womöglich sollte ein letztgeborenes Kind *mehr* mit Disziplinierungsmaßnahmen in Berührung kommen als ein erstgeborenes oder ein mittleres Kind. Dies jedoch ist ein sehr empfindlicher Bereich, und wir werden uns näher damit im Kapitel über die Erziehung des jüngsten Kindes beschäftigen.

# Tips für die Erziehung von Erstgeborenen

Es folgen nun noch einige individuelle Tips für die Erziehung eines perfektionistischen Erstgeborenen. Diese Vorschläge gelten gleichermaßen auch für Einzelkinder.

1. Verstärken Sie die Ihrem Ältesten bereits eingeprägten perfektionistischen Tendenzen nicht auch noch. Versuchen Sie nicht, ihn bei dem, was er sagt oder tut, zu ›verbessern‹. Erinnern Sie Ihr Kind in aller Ruhe daran, wie es sein ›sollte‹.

2. Denken Sie daran, daß Erstgeborene ein besonderes Bedürfnis haben, Regeln und Vorschriften zu kennen. Zeigen Sie Geduld, und nehmen Sie sich die Zeit, um die Dinge von ›A bis Z‹ zu erläutern.

3. Machen Sie sich die Stellung des Erstgeborenen innerhalb der Familie bewußt. Dem Erstgeborenen gebühren spezielle Privilegien, die mit allen zusätzlichen Verantwortlichkeiten einhergehen sollten.

4. Nehmen Sie sich Zeit, um mal als Eltern mit dem ältesten Kind allein zu sein. Erstgeborene reagieren auf das Zusammensein mit Erwachsenen positiver als Kinder aus anderen Geschwisterfolge-Positionen.

5. Hüten Sie sich davor, Ihre(n) Ältesten zu einem ›allzeit verfügbaren Babysitter‹ zu machen. Versuchen Sie zumindest, sich mit ihm/ihr abzustimmen, um herauszufinden, ob seine/ihre Pläne für den Tag oder Abend etwas Zeit zum Aufpassen auf die Kleinen zulassen.

6. Achten Sie sorgsam darauf, daß Sie Ihren heranwachsenden Erstgeborenen nicht mit immer mehr Verantwortlichkeiten überhäufen. Nehmen Sie eher Verantwortlichkeiten von seinen Schultern, und übertragen Sie sie den Jüngeren, sobald

diese fähig sind, die betreffenden Aufgaben zu übernehmen. Ein Erstgeborener erzählte mir einmal bei einem Seminar: »Ich war der Müllmann zu Hause.« Er wollte damit zum Ausdruck bringen, daß er alles zu Hause tun mußte, während Bruder und Schwester sich leicht drücken konnten.

7. Ihr(e) Älteste(r) liest Ihnen laut vor; dabei stößt er an ein Wort, das ihm Schwierigkeiten bereitet. Springen Sie jetzt nicht vorschnell mit einer Berichtigung ein, denn Erstgeborene sind gegenüber Kritik und Korrekturen außerordentlich empfindlich. Lassen Sie dem Kind Zeit, das Wort selbständig zu artikulieren. Geben Sie Hilfe nur dann, wenn es darum bittet.

# Die Erziehung in einer Zwei-Kinder-Familie: Zwei können angenehme Gesellschaft sein... oder eine Horde von Wilden

Wenn Erziehung von Erstgeborenen heißt, deprimierte Perfektionisten zu verhindern, so bedeutet die Erziehung von Zweitgeborenen, sich auf Rivalitäten gefaßt zu machen.

Da sich immer mehr Ehepaare heutzutage für nur zwei Kinder entscheiden, werfe ich noch einen kurzen Blick auf die Zwei-Kinder-Familie, wobei ich mein besonderes Augenmerk auf das zweitgeborene Kind richten will.

Ich habe mich immer schon gefragt, welcher Geschwisterfolge der Schöpfer der bekannten Avis-(Autovermietung-) Werbekampagne angehört, die jahrelang als Konkurrenz zu Hertz, dem anerkannten Marktführer der Branche, lief. Ich tippe darauf, daß er (oder sie) ein zweitgeborenes Kind ist, jemand, der absolut weiß, wenn du (nur) die Nummer Zwei bist, mußt du dich mehr ranhalten!

### Rivalität und Rollentausch

Ganz besonders in der Zwei-Kinder-Familie sind Rivalitäten vorgezeichnet, vor allem dann, wenn die Kinder vom gleichen Geschlecht sind. Beim Eintritt eines Zweitgeborenen in die Familie spielen stets einige grundlegende Aspekte eine wichtige Rolle. Einen dieser Aspekte könnte man folgendermaßen formulieren:

›Zweitgeborene Kinder entwickeln ihren eigenen Lebensstil (Lebensschablone) gemäß der Wahrnehmung, die sie von sich *selbst und den Schlüsselpersonen in ihrem Leben gewonnen haben.*‹

Eine ganz wichtige Persönlichkeit im Leben des zweitgeborenen Kindes ist zweifellos die ältere Schwester oder der ältere Bruder. Eine weitere Faustregel lautet: Jedes Kind in der Familie wird grundlegend beeinflußt und berührt von dem, der direkt über ihm steht: bei Erstgeborenen und Einzelkindern sind das die Eltern; beim Zweitgeborenen das Erstgeborene; beim dritten Kind das zweite und so weiter.

Wir beschäftigten uns schon mit der ›Entthronung‹ – jenem traumatischen Erlebnis, das jedes Erstgeborene durchmachen muß, wenn Nummer Zwei eintrifft. Manchmal kann Entthronung für das Erstgeborene den Vernichtungsschlag bedeuten, in anderen Fällen ruft sie nur Unannehmlichkeiten und Irritationen hervor. Wie sich die Entthronung nun auch immer auf das Erstgeborene auswirkt, sie bedeutet, daß er/sie nicht länger der Mittelpunkt im Leben der Eltern ist. Entthronung ist nun mal unvermeidbar. Mit ihr bildet sich automatisch ein Rivalitätsgefühl heraus.

Von seiten des Zweitgeborenen besteht der natürliche Drang, nach oben zu schauen, um herauszufinden, was und wer der vor ihm Geborene ist. Instinktiv wird sich das zweitgeborene Kind noch in sehr jungen Jahren entscheiden, ob es die Herausforderung annimmt und mit dem Erstgeborenen in Konkurrenz tritt oder ob es sich in eine total andere Richtung entwickelt und bestimmte Bereiche dem Erstgeborenen als dessen ureigenstes Terrain überläßt. Wenn nun das zweite Kind zupackt und die Führerschaft ›an sich reißt‹ und auch das Leistungsvermögen mitbringt, so nennen wir das einen ›Rollentausch‹ (oder Rollenumkehrung). Was die Rollenverteilung in der Familie angeht, so tritt das zweite Kind in allen praktischen Belangen an die Stelle des Erstgeborenen.

Zweitgeborene können auf vielerlei Arten in Konkurrenz zum Erstgeborenen treten. Manche tun das ganz offen, andere verhalten sich etwas geschickter – wenn nicht gar hinterhältiger –, um ihr Ziel zu erreichen. Schauen wir uns ein Beispiel an, in dem ein Zweitgeborener ganz offen die Rolle des Erstgeborenen übernahm und ganz sicher auch die geeignetere Person war.

Ich hatte einmal eine Familie, bestehend aus den Eltern und ihren zwei Kindern, in meiner Praxis. Die beiden Kinder, zwei Mädchen, lagen altersmäßig dicht beieinander. Die jüngere trat ganz offen in Konkurrenz zu ihrer Schwester, was aus bestimmten Gründen nicht so besonders schwer war. Die Ältere war von der Schule geflogen, weil sie zu oft den Unterricht schwänzte. Sie wechselte häufig ihre Arbeitsstelle und geriet sogar wegen Drogen mit dem Gesetz in Konflikt. Während ihre ältere Schwester viele Dinge verpatzte, brachte die Jüngere alles wieder ins reine. Da ihre Eltern für sie bürgten, verfügte sie schon mit sechzehn Jahren über ein eigenes Girokonto mit Scheckbenutzung. Sie ging aufs College und trat in ein vielversprechendes Ausbildungsprogramm zur Erlangung eines qualifizierten Abschlusses im Marketingbereich ein. Die Situation der älteren Schwester verschlimmerte sich noch dadurch, daß sie schwanger wurde und ein uneheliches Kind bekam. Sie lebte zu Hause bei den Eltern, die im gleichen Maße über ihre Älteste betrübt wie sie stolz auf die Jüngste waren.

Diese Beispiel zeigt uns den klassischen Fall eines Rollentauschs auf. Es veranschaulicht ebenso den traurigen Fall der Entthronung eines Ältesten durch den Zweitgeborenen. Jedes Erstgeborene wird zu einem gewissen Grad bei der Geburt des zweiten Kindes entthront, weil es nicht mehr ›der absolute König oder die absolute Königin im Schloß‹ ist. Diese Entthronung kann für die Ältesten jedoch schlimmer und heftiger vonstatten gehen, wenn sie sich der Herausforderung, die Schrittmacher in der Familie zu sein, nicht stellen.

Das jüngere Mädchen in unserem Beispiel betrachtete die große Schwester und erkannte, daß sie nur ein schleppendes Tempo vorgab, sich in Richtungen bewegte, die sich nicht auszahlten – im Dauerstreit mit den Eltern lag, Schwierigkeiten in der Schule hatte etc. Die Jüngere trieb in eine andere Richtung – entwickelte sich zu einem Mädchen, das gefallen will, wurde eine gute Schülerin und Studentin und eine ehrgeizige Arbeiterin. Sie ging dabei weder heuchlerisch noch manipulativ vor. Sie setzte einfach ihr Bestes daran, sich ganz offen an die Werte, die ihre Eltern hochschätzten, zu halten. Sie war bekannt dafür, daß sie am Ende des Schuljahres vom College nach Hause zurückkehrte und erklärte: »Hallo, Mama und Papa, ich geh' noch mal weg, um mir einen Job für die Ferien zu suchen. Ich werde nicht eher wieder da sein, als bis ich einen gefunden habe.« Und immer hatte sie noch vor dem Ende des Tages einen Job gefunden.

Einen weiteren berühmten Fall eines Rollentauschs schildert die Geschichte von Jakob und Esau im Alten Testament. Die Bibel berichtet uns von Jakob, dem Letztgeborenen der Zwillinge, der ein hinterhältiges, betrügerisches Verhalten an den Tag legt, was nicht unbedingt als Merkmal einer guten Anpassung an das Leben angesehen werden kann.

Manchmal frage ich mich, ob Isaak und Rebekka nicht so etwas wie eine sich selbsterfüllende Prophezeiung machten, als sie ihren Zwillingen die Namen gaben. Den Erstgeborenen nannten sie Esau, den Zweitgeborenen Jakob, was ›Verdränger‹ bedeutet (d. h. sich der Stellung eines anderen bemächtigen).

Esau, der kraftstrotzende, energische ältere Bruder war ein behaarter Macho-Typ, der viel Zeit außer Haus verbrachte. Jakob war in vielerlei Hinsicht geschmeidiger, glatter – er lungerte im Haus herum und war eher so etwas wie ›der Kavalier des Hauses‹ wie auch ein Feinschmecker und Genießer in jeglicher Beziehung und ebenso der Liebling der Mutter. Als Esau einmal hungrig von der Jagd nach Hause zurückkehrte, erkannte Jakob seine Chance. Esau bat Jakob um einen Teller von dem Linseneintopf, den dieser gerade zubereitet hatte. Sich die das Haus füllenden Wohlgerüche zunutze machend, entschloß sich Jakob, Esaus Mahlzeit mit einem ziemlich hohen Preis zu belegen. »Was hältst du von einem Tausch des Erstgeburtsrecht gegen einen Teller von dem Linsengericht?« schlug er vor.

Obwohl Esau ein Erstgeborener war, zählte es nicht unbedingt zu seinen Stärken, kritische Reflexionen anzustellen oder Dinge zu Ende zu denken. So antwortete er: »Warum nicht? Was nützt mir das Erstgeburtsrecht, wenn ich am Verhungern bin?«

Er stand sicherlich nicht kurz vor dem Hungertod. Esau war ganz einfach nur ›ausgehungert‹, wie es jeder von uns ist, wenn er schwere körperliche Arbeit im Freien geleistet hat. Jakob erhielt sein Erstgeburtsrecht im Tausch gegen einen Teller Linsensuppe. Danach überlistete er auch noch seinen Vater, um den väterlichen Segen zu erschleichen.[1]

Bei Kindern aus einer Zwei-Kinder-Familie haben wir es meist mit einem Erstgeborenen und einem Baby zu tun – mit dem gewissenhaften, gründlichen Schaffertypen und dem liebenswerten, gefälligen Charmeur. Ganz besonders trifft die Kombination von Erstgeborenem/Baby zu, wenn die beiden Kinder gleichgeschlechtlich sind. Bei einem Jungen und einem Mädchen ist es wahrscheinlicher, daß beide sich wie Erstgeborene entwickeln. Der Grund dafür liegt in den sehr klaren Erwartungen, die die Eltern hegen, was das Hineinwachsen der Kinder in männliche und weibliche Rollen betrifft. Schauen wir uns einmal eine Familie mit zwei Söhnen an, und untersuchen wir die lebhaften Aspekte der Erziehung der beiden.

In einer Zwei-Kinder-Familie, in der beide Kinder männlichen Geschlechts sind, entwickelt sich eine ausgeprägte Rivalität. Weiterhin muß man jedoch auch bedenken, daß zwei Brüder keine Schwierigkeiten im Umgang mit Jungen ihres jeweiligen Alters haben, wogegen sie für den Umgang mit dem anderen Geschlecht weniger gut ausgerüstet zu sein scheinen. Die Beziehung zwischen der Mutter und ihren beiden Söhnen ist problematisch. An ihr liegt es, ihnen all das beizubringen und vorzuleben, was das Frausein tatsächlich bedeutet.

Die Mutter zweier Jungen sollte ihnen nie – und ich meine *nie* – irgendwelche Drecksarbeit abnehmen. Sie sollte sich nie auf Machtproben einlassen oder sich in eine Position hineinmanövrieren lassen, in der die Söhne auf ihr herumtrampeln oder sie respektlos behandeln könnten. Warum nicht? Weil sie für ihre beiden Söhne nicht nur die Stellung als Erziehender oder als Mutter, sondern auch die des weiblichen Geschlechts als Ganzes verkörpert. Wenn die beiden Söhne die Erfahrung machen, daß sie auf ihr herumtrampeln können, werden sie das gleiche auch später mit ihren Frauen machen. Der Anstieg der Zahl geschlagener Frauen in letzter Zeit kommt in der Tat nicht von ungefähr. Man kann viele dieser Fälle in die Kindheit und Jugend des jeweiligen (Ehe-)Mannes zurückverfolgen und darauf, wie er gelernt hat, sich Frauen gegenüber zu verhalten.

Kommen wir aber auf die beiden Brüder zurück, und betrachten wir uns ganz besonders einmal den älteren. Der wird sich im Normalfall sehr mit dem ›Establishment‹ (Vater und Mutter) identifizieren. Er wird der Bannerträger, der die Werte der Familie hochhält und sie getreu in die Tat umsetzt. Vermutlich nimmt er die Führerposition ein und wird zum ›Sheriff‹ oder ›Polizisten‹ der Familie, wenn es darum geht, den jüngeren Bruder bei der Stange zu halten. Der ältere Bruder findet sich häufig in der Position des Beschützers des kleinen Bruders wieder.

Dem Älteren gefällt es meist sehr, daß ihm der jüngere Bruder Folge leistet, und so lernt er schon auf diese elementare Art eine ganze Menge über die Umsetzung von Führungsqualitäten in die Praxis. Das ist auch ein wesentlicher Grund dafür, daß wir im späteren Erwachsenenleben in Führungspositionen mehr Erstgeborene finden.

Auf der anderen Seite der Familie steht der Jüngere und beobachtet den großen Bruder, um sich zu entscheiden, welchen

Weg er einschlagen will. In der Mehrzahl der Fälle scheint ein weiterer Grundsatz zutreffend zu sein:

›Das zweite Kind wird sich zum Gegenteil des Erstgeborenen entwickeln, ganz besonders dann, wenn der Altersunterschied weniger als fünf Jahre beträgt und die beiden Kinder dasselbe Geschlecht haben.‹

Das jüngere Kind schaut sich die Situation genau an und treibt gewöhnlich in eine andere Richtung. Diese mag ihn trotzdem in unmittelbare Rivalität zu seinem älteren Bruder bringen, denn wenn er entschlossen ist, seinen älteren Bruder zu überflügeln im Hinblick auf Führerschaft und Leistung, dann kann sich die Situation sehr unangenehm entwickeln. Für den Älteren kann sich das absolut vernichtend auswirken, wenn sich der Rollentausch vollzieht.

Rivalitäten treten viel eher bei Kindern auf, die altersmäßig nahe beieinander sind. Bei einem Altersunterschied von drei, vier Jahren wird sich die Rivalität weniger heftig entfalten. Auf seiten des Erstgeborenen wird sich ein gutes Maß an Führungseigenschaften auftun. Sind die beiden Söhne jedoch nur elf Monate auseinander, werden die Eltern alle Hände voll zu tun bekommen.

Die Möglichkeit, sich eine klare Überlegenheit zu verschaffen, ist für den Älteren geringer, wenn beide Brüder kurz nacheinander geboren wurden. Ganz besonders gilt das dann, wenn auch noch körperliche Gegebenheiten hinzukommen. Allein schon durch Vorteile an Körpergröße und -gewicht kann der jüngere Bruder einen vollständigen Rollentausch er- und bewirken.

Eines der anschaulichsten Beispiele von Rollentausch, mit dem ich je konfrontiert wurde, bildeten Dieter, fünfzehn Jahre alt und sein jüngerer Bruder Michael, der vierzehn Jahre alt und fast fünfzehn Zentimeter größer war als sein ›großer‹ Bruder. Ihr ganzes bewußtes Leben lang war Michael immer größer, stärker und auch schneller gewesen. Das alles ließ in Dieter das Gefühl aufkeimen, daß das Leben es mit ihm nicht gut gemeint hatte. Und daß seine Eltern ihn zudem noch mit allen möglichen autoritären Vorschriften härter traktierten als Michael, half ihm in keiner Weise. Noch mit fünfzehn Jahren mußte er um neun Uhr im Bett sein. Die Eltern gewährten ihm kein Taschengeld, weil er angeblich über ›kein Verantwortungsgefühl‹ verfügte. Sie behaupteten, sie könnten ihm nicht vertrauen und ließen ihm aus dem Grunde keinerlei Freiheit. Dieter reagierte darauf, indem er log, stahl und jähzornig war.

Bevor Dieter zu mir kam, hatte er zu Hause Löcher in die Wände geschlagen, Fensterscheiben zerbrochen und sich das Auto der Familie ›ausgeborgt‹, obwohl er noch zu jung zum Autofahren war. Nachdem ich die ganze Geschichte kannte, schlug ich den Eltern als erstes vor, die Zügel, an denen sie Dieter führten, etwas zu lockern. Die Zubettgehzeit wurde den Bedürfnissen eines Fünfzehnjährigen angepaßt, und ihm wurde Taschengeld gewährt. Ich brachte die Eltern so weit, daß sie ihre eiserne Vorschrift ›kein Autofahren dürfen, ehe du nicht achtzehn bist‹ abschwächten. Einem Jungen, der gerade im Begriff ist, sein sechzehntes Lebensjahr zu vollenden, zu sagen, daß er erst in zwei Jahren Autofahren lernen dürfe, ist fast so, als würde man eine Granate scharf machen aber gleichzeitig hoffen, daß sie nicht losgeht. Was Wunder also, daß Dieter sich ohne Erlaubnis das Auto ›ausgeborgt‹ hatte!

Mir gelang es, mit Dieter in der Rollentausch-Problematik weiterzukommen, indem ich ihm nahelegte, damit aufzuhören, sich ständig mit seinem um so vieles größeren Bruder zu vergleichen. Als große Hilfe erwies sich dabei Michael, der ein freundlicher, sympathischer Junge war und der seinen älteren Bruder im großen und ganzen mochte und in mancherlei Hinsicht sogar wie dieser sein wollte. Es hatte ihn nicht danach gedrängt, ihre Rollen umzukehren; es war einfach so passiert.

Dieter griff meinen Rat, sich nicht dauernd mit seinem Bruder zu vergleichen, auf, und obwohl es ihm nicht völlig gelang, sich vom Stachel des Rollentauschs zu befreien, machte er gute Fortschritte. Seine Temperamentsausbrüche ließen nach, er hörte auf zu lügen und zu betrügen, und seine Noten in der Schule besserten sich von Vierern und Dreiern auf Einser und

Zweier. Die Eltern waren so beglückt über diese Entwicklung, daß er zu seinem achtzehnten Geburtstag seinen Führerschein machen durfte. Ganz besondere Freude bereitete es ihm, seinen Bruder Michael im Auto mitzunehmen, der zum Autofahren noch zu jung war.

### *Zwei Mädchen aufzuziehen ist kein Zuckerschlecken*

Was geschieht nun, wenn beide Kinder einer Zwei-Kinder-Familie Mädchen sind? Die elementare Rivalität von Kindern gleichen Geschlechts ist sicher vorhanden, jedoch wahrscheinlich nicht so ausgeprägt. Rollentausch mag dennoch vorkommen, wie am Beispiel der älteren der beiden oben beschriebenen Schwestern gezeigt, die die übrige Familie in große Betrübnis stürzte.

In einer Familie mit zwei Töchtern kommt dem Vater eine Schlüsselstellung zu. Als Vater sollten Sie sich bewußt machen, daß die Mädchen um Ihre besondere Aufmerksamkeit wetteifern. Bemühen Sie sich, jeder Tochter allein so viel Zeit wie nur möglich zu widmen. Es wird so viel über die Zeit, die man mit der Familie verbringt, geredet – jene Gelegenheiten, bei denen die ganze Familie gemeinsam ausgeht, um ein Eis zu essen oder sich einen Film anzuschauen. Sie sollten aber auch einmal einen Abend gemeinsam zu Hause verbringen, um zusammen zu spielen. Und obwohl diese gemeinschaftlich verbrachte Zeit als überaus positiv zu bewerten ist, so ersetzt sie doch nie jene Gelegenheiten, in denen ein Kind Vater oder Mutter ganz für sich allein haben kann.

Bei der Arbeit an diesem Kapitel habe ich im Verlauf des Abends die beiden folgenden Einladungen meiner erstgeborenen und zweitgeborenen Töchter erhalten:

Von Holly: »Bitte komm zu mir, ich möchte mit dir reden.«

Von Krissy: »Darf ich heute nacht bei dir im Schlafzimmer auf dem Fußboden schlafen?«

Wenn ich klug bin, werde ich auf die beiden Briefchen so reagieren, daß ich mit jedem Kind einzeln ein paar Augenblicke verbringe. Kleine Mädchen wetteifern gern um Papas Aufmerksamkeit.

Hin und wieder gibt es Eltern, die sich fragen, ob es nicht tatsächlich zum Egoismus eines Kindes beiträgt, wenn man sich zu oft mit ihm allein beschäftigt. Meine Antwort ist ein klares ›Nein‹. Auch wird in den meisten Fällen für diese Art des Beisammenseins gar nicht so viel Zeit geopfert. Wenn Sie aber diese Zeit aufbringen, dann fördern Sie damit sicher nicht den Egoismus des Kindes in dem Maße, wie Sie seine Selbstachtung und den Sinn für seinen eigenen Wert stärken.

### Ein Junge für dich, ein Mädchen für mich

Rivalitäten zwischen einem Jungen und einem Mädchen sind gewöhnlich viel weniger ausgeprägt, wenn überhaupt vorhanden. Nehmen wir das Beispiel einer ›älterer Bruder/jüngere Schwester‹-Kombination, in der der Altersunterschied drei Jahre beträgt. Der dreijährige Horst hatte eine weniger einschneidende Entthronungsphase durchzustehen, als die kleine Helga zu Hause eintraf. Schon bald wurde ihm auch klar, daß Helga ein Mädchen war und keine ernsthafte Bedrohung für ihn darstellte und ihn nicht aus seinem ›Reich‹ verdrängen würde.

Es hat den Anschein, als verfügten kleine Jungen wie Horst über einen natürlichen Instinkt in dieser Beziehung. Im allgemeinen läuft der Konkurrenzkampf zwischen einem Jungen und seiner jüngeren Schwester weniger dramatisch ab. Im Gegenteil, zwischen einem erstgeborenen Buben und einer zweitgeborenen Schwester können durchaus enge Gefühlsbindungen entstehen.

In einer solchen Konstellation entwickelt sich das Mädchen meist zu einem sehr femininen Wesen. Sie hat Vater und Mutter und den großen Bruder, die sie bedienen, für sie einstehen und sie umsorgen. Ein einigermaßen friedliches Familienleben ist für den Zeitraum des Heranwachsens der beiden Kinder gewährleistet, aber im späteren Leben kann sich das für die kleine Schwester verhängnisvoll auswirken, wenn sich nämlich herausstellt, daß sie zu unselbständig ist und von Männern abhängig wird. Die Ehe kann für eine in diesen Umständen aufgewachsene Frau sehr bald desillusionierend sein und sie zu einem prädestinierten Kandidaten für die klassische Sieben-Jahre-Ehe machen.

Ist die Schwester das ältere der beiden Geschwister, finden wir den typischen Fall eines Jungen mit einer zweiten Mutter. Das kann durchaus ganz gut klappen, es sei denn, den kleinen Kerl überkommt das Gefühl, daß zwei Mütter doch zuviel sind.

Ich erinnere mich an einen fünfzehnjährigen Jungen, der von zu Hause ausriß, weil sich seine Mutter und seine Schwester ›gegen mich verbündeten und mich ständig schikanierten‹. Die Mutter tat sich in diesem Fall als Hauptmissetäterin hervor, doch stand ihm die ältere Schwester nicht gerade hilfreich zur Seite, als sie meinte: »Du bist *so* unreif!«

Johannes kehrte schließlich nach Hause zurück, nachdem er sich eine Woche lang bei einem Freund am anderen Ende der Stadt versteckt gehalten hatte. Wie sich während der Beratung, zu der sich die Familie bei mir einfand, herausstellte, begehrte Johannes dagegen auf, daß seine Mutter ›die Hosen in der Familie anhatte‹ und ihn ebenso wie seinen ruhigen, zurückhaltenden Vater beherrschte. Glücklicherweise erwies sich die Mutter als klug genug, lernen zu wollen. Nach einer ganzen Reihe von Sitzungen, in deren Verlauf ich den Vater dazu ermutigte, auch einmal Wortführer zu sein und eine Leitfunktion zu übernehmen, hatten wir es geschafft. Johannes vollführte keine Ausreißer-Kapriolen mehr.

Zugegebenermaßen beschreibt Johannes' Beispiel einen extremen Fall. Ein typischeres Szenario zeigt die ältere Schwester und den jüngeren Bruder, die in viel weniger radikaler Weise ihren jeweiligen Weg beschreiten. Genießen sie die gleiche Behandlung, und erhalten sie die gleichen Chancen, dann nehmen sie beide Züge von Erstgeborenen an, also die eines erstgeborenen Mädchens und eines erstgeborenen Jungen.

Genau das geschah im Fall meiner ältesten Schwester Sally und meinem zweitgeborenen Bruder Jack. Sally war eine typische Erstgeborene: gewissenhaft, gut erzogen, Anführerin der organisierten Anfeuerungsrufer in der Highschool und äußerst beliebt. Außerdem war sie eine Einser-Schülerin und -Studentin. Sie konnte die Leute allerdings damit etwas nerven, daß sie nach Schulaufgaben und Klausuren aus dem Prüfungsraum herauskam, sich den Kopf hielt und jammerte: »Ich bin durchgefallen, ich weiß, ich bin durchgefallen!«

Zwei Tage später fand sich ihr Name in Verbindung mit der Note Eins oben auf der Liste am schwarzen Brett.

Jack gehörte nicht ganz zu der Eins-mit-Sternchen-Gesellschaft, in der sich Sally befand, aber auch er konnte sich mit seinem Zwei-Plus-Notendurchschnitt sehen lassen, kam auf die Empfehlungsliste des Dekans und erwarb sich einen Doktortitel. Außerdem war er ein hervorragender Abwehrspieler seiner Football-Mannschaft in der Highschool wie auch später des College-Teams. Er hatte eine Menge Freunde – vor allem unter den jungen Damen!

Jack trat nie in einen Konkurrenzkampf mit Sally ein, und sie behandelte ihn mit viel Respekt – und selbst bei seinen sportlichen Heldentaten führte sie die Sprechchöre an. Als sie noch kleiner waren, versuchte Sally ihren jüngeren Bruder (drei Jahre jünger) gelegentlich zu bemuttern, doch er konnte dem nicht viel abgewinnen. Ihr war wesentlich mehr Glück beim »Bärchen« Kevin beschieden, der fünf Jahre später hinzustieß. Darüber später.

In welcher Konstellation auch immer, die Zwei-Kinder-Familie bietet ein außerordentlich ersprießliches Forschungsfeld zur Erprobung des grundlegenden Erziehungsprinzips: *Ihre Unterschiedlichkeit und Verschiedenheit zu akzeptieren.* Natürlich sollten Unterschiede immer akzeptiert und respektiert werden, ganz gleich, wie viele Kinder der Familie angehören, aber »nur zwei« zu haben hat etwas an sich, das die Herausforderung und den Reiz noch schärfer in den Blickpunkt rückt. Wir erkennen schon bald, daß wir bestimmte Dinge eher zu akzeptieren bereit sind als manche andere. Einen Größenunterschied von 15 cm zwischen zwei Kindern beispielsweise können wir akzeptieren. Aber angenommen, eines der Kinder zeigt ein abweichendes Verhalten oder völlig verschiedene Reaktionen und Empfindungen; mit einem Kind ist es einfach, umzugehen, oder wie es viele Eltern auszudrücken pflegen: es ist »gut«, und das andere Kind ist ein echtes Früchtchen: sein Verhalten und Benehmen wird als »schlecht« bezeichnet.

Die Herausforderung und der Reiz liegt für die Eltern in der Erkenntnis, daß jedes Kind anders ist. Sie müssen jedes Kind gleichermaßen lieben und doch mit jedem anders umgehen. Sie müssen eine Art Ordnung und Konsequenz in der Familie aufrechterhalten und sich dennoch der vorhandenen individuellen Unterschiede ständig bewußt sein.

Gerade in dieser Woche noch sagte eine neunzehnjährige junge Frau in einer Sitzung zu mir: »Ich möchte, daß Sie meiner Mutter klarmachen, daß ich nicht wie meine ältere Schwester bin.«

Das Mädchen gab damit zu verstehen, daß ihre Mutter ihr ständig in den Ohren lag, die ältere Schwester zum Vorbild zu nehmen. Weil sie das nicht machte, fühlte sie sich nicht akzeptiert. Wenn es etwas gibt, das wir als Eltern unseren Kindern geben können und müssen, dann ist das die ungeteilte Liebe, Liebe, die nicht durch ihre Schulnoten, ihr Benehmen und ihre Leistungen zu Hause oder durch sonst irgend etwas bestimmt wird. Die Herausforderung lautet, jedes Kind einfach nur für das zu lieben, was es ist.

Wenn Ihnen das gelingt, dann kann eine Zwei-Kinder-Familie in der Tat zu einem Kinderspiel werden. Denken Sie dabei auch an die vielen Vorteile einer solchen Familie: Die ganze Familie paßt besser in ein normales Auto; in einem Restaurant haben Sie immer einen Tisch für sich, da die meisten Tische sowieso für vier Personen hergerichtet sind.

## Tips für die Erziehung in einer Zwei-Kinder-Familie

Wie bei allen anderen Geschwisterfolge-Konstellationen empfehle ich, daß Sie sich die Grundsätze der realitätsbezogenen Erziehung noch einmal vergegenwärtigen. Für die Zwei-Kinder-Familie im speziellen scheint es mir wichtig zu sein, auf Konsequenz und Gerechtigkeit besonderen Nachdruck zu legen.

1. Gelten für die Kinder unterschiedliche Zubettgehzeiten? Selbst wenn der Unterschied nur eine halbe Stunde beträgt, sollte dieser nachdrücklich durchgesetzt werden. Ihr Erstgeborener liegt auf der Lauer...

2. Sind Verantwortlichkeiten untereinander aufgeteilt und ist das Taschengeld unterschiedlich hoch? Als Regel gilt: Das älteste Kind erhält das meiste Taschengeld und übernimmt die größte Zahl der Verantwortlichkeiten; dennoch, wie früher schon einmal gesagt, überladen Sie Ihren Ältesten nicht damit, und stellen Sie sicher, daß auch das jüngere Kind seinen Teil übernimmt.

3. Vermeiden Sie es, Vergleiche anzustellen. Das klingt so einfach aus dem Munde eines Psychologen und ist doch so mühevoll im Alltagsleben zu verwirklichen. Vergegenwärtigen Sie sich die Gefahren, die mit den berühmten Worten verbunden

sind: »Warum bist du nicht wie dein Bruder (deine Schwester)?« Ganz ohne Zweifel ist das eine Kind *nicht* wie das andere (sein Bruder oder seine Schwester). Die Bemerkung richtet nicht nur Unheil an, sondern sie ist auch töricht und eine Verschwendung Ihres Atems.

4. Halten Sie sich nicht sklavisch daran, für das eine Kind das zu tun, was Sie für das andere getan haben. Jedes Kind anders zu behandeln kann manchmal heißen, daß ein Kind mal »ein bißchen mehr« bekommt als das andere. Das gleicht sich im Endeffekt alles wieder aus.

5. Beschäftigen Sie sich mit jedem Kind allein. Gewähren Sie beiden Kindern viele Gelegenheiten, mit Ihnen allein zu sein. Wie stellen Sie es nur an, in Ihrem randvollen Terminkalender Zeit dafür zu finden? Sie werden diese Zeit nicht *finden*. Sie müssen sie sich *schaffen*. Nehmen Sie ein Kind allein mit zum Einkaufsbummel, ja, nehmen Sie es selbst auf eine Geschäftsreise mit. Oder, wenn möglich, gehen Sie morgens eine halbe Stunde früher von zu Hause los, und gehen Sie in aller Ruhe mit ihm frühstücken, bevor Sie Ihr Kind an der Schule absetzen. Es werden sich Dutzende von Möglichkeiten für diese Vier-Augen-Unternehmungen auftun, wenn Sie nur wirklich *wollen*. Behalten Sie dabei immer nur die Hauptregel im Gedächtnis: Was Sie mit einem Kind tun, müssen Sie auch mit dem anderen tun.

# Die Erziehung des mittleren Kindes: Aus der ›Klemme‹ helfen

Unser mittleres Kind ist Krissy, augenblicklich elf Jahre alt. Es ist nicht überraschend, daß sie sich zu einem freundlichen, auf Menschen zugehenden Kind entwickelt hat von ziemlich genau dem Tag an, an dem sie sich der Existenz ihrer älteren Schwester Holly bewußt wurde wie auch des Umstandes, daß sie niemals Vater und Mutter ganz für sich allein haben würde.

Krissys erster Tag im Kindergarten ist ein Tag, den meine Frau nie vergessen wird. Mit einem etwas mulmigen Gefühl setzte Sande Krissy in den Bus, sprach ein ›Danke, Herr, daß du sie beschützt‹-Gebet und ging ins Haus zurück, wo sie versuchte, sich auf die häuslichen Aufgaben zu konzentrieren.

Krissy war inzwischen in den Kindergarten gefahren und schien dort eine herrliche Zeit verbracht zu haben. Um Viertel vor zwölf Uhr mittags hielt der Kindergarten-Bus vor unserer Haustür, und zwei kleine Wichte, die in unserer Nachbarschaft wohnten, stiegen aus. Nicht jedoch Krissy.

Zu Sandes Ehre gereicht es, daß sie weitere fünfundzwanzig Minuten wartete, ehe sie den Panik-Schalter betätigte. Sicher, sie dachte, daß bald ein zweiter Bus aufkreuzen würde. Als das nicht geschah, rief sie im Kindergarten an. Man teilte ihr dort mit, daß Krissy den Bus bestiegen hatte, und man konnte sich dort auch nicht erklären, warum Krissy nicht vor ihrem Haus ausgestiegen war.

Das war der Punkt, an dem Sandes Gedächtnis aussetzte und sie allen Schein, Kindererziehung jederzeit im Griff zu haben, mit dem sie sich umgab, verlor. Sie drehte durch. Sie rief alle nur denkbaren Leute an, um zu fragen, ob sie Krissy gesehen hätten. Zwischen ihren Anrufen klingelte das Telefon:

»Hallo, Mama, hier ist Krissy.«

»Krissy! Wo *steckst* du?«

»Ich bin im Haus meiner besten Freundin.«

»Schatz, *wo bist du? Bei wem* bist du?«

Krissy legte den Hörer zur Seite. »Wie heißt du noch?« hörte Sande sie fragen.

Es stellte sich heraus, daß »Wie-heißt-du-noch« Jennifer hieß, ein kleines Mädchen, das Krissy an ihrem allererstem Tag im Kindergarten kennengelernt hatte. Jennifers Zuhause lag an derselben Busstrecke, an der auch unser Haus lag, und Krissy hatte beschlossen auszusteigen, um ihrer neuen Freundin einen Besuch abzustatten. Ihr war nie eingefallen, daß ihre Mama sich um sie sorgen könnte, wenn sie an unserer Haltestelle nicht aussteigen würde. Es war nicht ihre Absicht, ungehorsam zu sein, sondern sie war einfach ihrem unbeschwerten, geselligen Ich gefolgt.

In Wirklichkeit setzte Krissys unbekümmerte Lebensweise viel früher als im Kindergarten ein. Mir ist in Erinnerung geblieben, wie die achtzehn Monate alte Krissy im Freibad »schwamm« mit Schwimmflügeln an ihren Oberarmen. Das Becken war voll mit älteren Kindern, die ins Wasser sprangen, herumspritzten, Wellen schlugen, und Krissy war mittendrin und freute sich ihres Lebens.

Wie es scheint, ist Krissy mit allem zurechtgekommen, eine sehr unkomplizierte, freundliche Natur, die am ersten Morgen im Kindergarten eine »beste Freundin« kennenlernen konnte. Holly, ihre Schwester, hat immer den sehr viel ernsthafteren Weg auf die Dinge des Lebens zu gewählt, wie es für den Perfektionisten typisch ist. Holly ist *nie* aus dem Kindergarten-Bus ausgestiegen, bevor er vor ihrer Haustür hielt. Sie kam, was immer auch geschehen mochte – direkt nach Hause, *Vorschriften sind Vorschriften.*

Holly lebt nach dem Code, nach dem sich alle gewissenhaften Menschen richten. Sie ist ruhig, aufmerksam und nachdenklich, eine ausgezeichnete Schülerin und eine unersättliche Leseratte. Krissy ist eher wie ihr Vater. Lesen kostet große Anstrengung. Das Leben draußen bietet so viel, was auszuprobieren und zu genießen ist. Krissy liest lieber in Menschen als in Büchern. Holly hat auch Freunde, doch ihre engsten Freunde sind ihre Bücher.

Kann man Krissy als typisches mittleres Kind bezeichnen? Ja – und nein. Wenn Sie sich noch an die Aufstellung der Wesensmerkmale mittlerer Kinder erinnern, wissen Sie, daß sie von Widersprüchlichkeiten durchsetzt war. Beispielsweise sind mittlere Kinder gesellig, freundlich, aus sich herausgehend. Alle drei Charaktereigenschaften treffen auf Krissy zu. Doch eine große Zahl Mittelgeborener werden auch als in sich zurückgezogen, ruhig und scheu charakterisiert. Viele mittlere Kinder schaffen das Leben spielend mit ihrer unverkrampften Einstellung. Dazu gehört Krissy, meistens jedenfalls. Unter dieser vergnügten, munteren Gemütsverfassung ist sie ein sehr empfindsames kleines Mädchen, das so störrisch und trotzig sein kann wie ein mediterraner Packesel.

Es ist weitaus schwieriger, ein mittleres Kind einzuschätzen als sonst irgendeines in der Kinderschar. Erstgeborene und Jüngste – sie ragen alle deutlich hervor. Das mittlere Kind dagegen assimiliert sich etwa so wie eine Wachtel am Wüstenboden.

Die gleichen Grundsätze, die auch auf zweitgeborene Kinder zutreffen, sind normalerweise gleichermaßen auf das mittlere Kind anwendbar. Wie Zweitgeborene befolgen mittlere Kinder die auf ihre Situation zurechtgebogene Version von Murphys Gesetz, das da lautet:

Ich werde mein Leben dementsprechend einrichten, was ich in meiner Familie direkt über mir vorfinde. Ich unterziehe die Situation einer genauen Einschätzung und schlage dann den Weg ein, der mir der beste erscheint.

Wenn eine Verallgemeinerung bei mittleren Kindern überhaupt möglich ist, dann die, daß sie sich eingezwängt (oder eingeklemmt) und/oder unterdrückt fühlen. Daher ist es wichtig
für Eltern, sich bewußt zu werden, daß ein mittleres Kind oft
das Gefühl hat, als ob »jeder in sein Leben hineinredet«. Nicht
nur, daß ein mittleres Kind ein Autorität ausstrahlendes Elternpaar über sich hat, nein, da hält sich auch noch eine ältere
Schwester oder ein älterer Bruder auf. Ist diese/r altersmäßig
nicht weit entfernt (zwei bis drei Jahre), dann wird sie/er mit
ziemlicher Sicherheit mehr als genug dem mittleren Kind vor-
schreiben, was es zu tun hat. Und dann ist da natürlich auch
noch das Baby in der Familie, das Jüngste, das sich alles erlauben zu dürfen scheint. Das Mittelgeborene fühlt sich in der
Falle. Es ist zu jung für die Privilegien, über die sein älterer
Bruder oder die ältere Schwester verfügt, und es ist zu alt, um
sich die Streiche und Späße erlauben zu dürfen, die das Nesthäkchen oftmals treibt.

Dieser Druck von oben und unten treibt mittelgeborene Kinder dazu, sich überflüssig zu fühlen, nicht dazu passend oder
dazugehörig. Sie haben nichts zu sagen und sind machtlos. Jeder andere scheint seine eigenen Entscheidungen zu treffen,
während sie nur dazu aufgefordert werden, still zu sitzen, zuzuschauen und folgsam zu sein.

Meine Frau und ich erhielten eine Kostprobe davon, wie
empfindlich ein mittleres Kind auf elterliche Entscheidungen
reagieren kann, als Krissy ihre Mutter wegen eines Theater-
spiel-Kurses zur Rede stellte, zu dem Sande sie ein paar Tage
zuvor angemeldet hatte. Krissy ist eine sehr sensible Natur.
Ihre Lippen wölbten sich vor, und Tränen rannen ihr die Wangen herab, als sie ihrer Mutter vorhielt, wie unfair es von ihr gewesen sei, sie für diesen Theaterspiel-Kurs anzumelden. Zufällig stieß ich zu dem Gespräch hinzu. Ich fragte: »Aber Krissy,
magst du Theaterspielen nicht?«

»Ich finde es toll!« (Seufzer.)

Ich lachte und meinte: »Warum machst du Mama dann Vorwürfe?«

»Ihr denkt vielleicht, es ist lustig, aber ich finde es gar nicht so lustig. Was würdet ihr denn sagen, wenn ich Mami zum Schwimmunterricht anmelden würde?«

Darüber mußte ich erst einmal nachdenken. Wir haben einen kleinen Swimming-pool im Garten, und Sande betritt ihn vielleicht zweimal im Jahr, um sich kurz anzufeuchten. Doch ich verstand, was Krissy meinte. Sie wollte sich selbst für den Kurs anmelden. Sie brauchte die Hilfe ihrer Mutter nicht dazu!

Die Moral von der Geschicht' lautet daher: Achten Sie darauf, Ihr mittelgeborenes Kind nach seinen Ansichten zu fragen, ganz besonders dann, wenn die Angelegenheit oder Entscheidung es direkt betrifft. Natürlich ist es sehr wichtig, nach den Meinungen aller Kinder zu fragen, wann immer es möglich ist, denn das trägt dazu bei, ihre Selbstachtung und ihren Verantwortungssinn auszubilden.

### Gibt es Hoffnung für das mittlere Kind?

Bisher klingt vieles in diesem Kapitel nach einer Sympathieerklärung für mittelgeborene Kinder. Gibt es irgendeinen zur Hoffnung Anlaß gebenden Ausweg für den armen kleinen mittelgeborenen Michael, der sich aufmacht, um Freunde zu suchen, da er sich daheim überflüssig vorkommt? Was vermögen Eltern zu tun für Kinder, die solch empfindsame Bündel an Widersprüchlichkeit sind? Die sich eingezwängt und unterdrückt fühlen, weil die Erwachsenen über ihre Ansichten und Meinungen hinweggehen und alle Entscheidungen für sie treffen?

Wir haben schon darauf hingewiesen, daß mittleren Kindern ein Mitspracherecht bei allen Entscheidungen, die sie selbst oder die Familie betreffen, einzuräumen ist – eine weitere erfolgverheißende Übung ist, um ein übriges zu tun, zeigen Sie dem mittleren Kind, daß es etwas Besonderes ist. Bedenken Sie immer, daß es mit vielen Frustrationen verbunden sein kann, ein mittelgeborenes Kind zu sein. Man bekommt ein »neues« Hemd oder einen »neuen« Pullover und entdeckt dann, daß es/er schon vier Jahre alt ist. Für ein zweites oder drittes Kind in der Geschwisterreihe zeigt sich das Leben nicht immer von seiner prachtvollsten Seite.

Eine meiner Methoden, Krissy das Gefühl von Besonderheit zu vermitteln, besteht darin, mich an ihrem Geburtstag mit ihr zu verabreden und sie zum Frühstück einzuladen. Ein Blick in meinen Terminkalender wird ihr zeigen, daß der 16. Mai absolut frei von jeglichen Terminvereinbarungen ist. Der Grund dafür: Es ist Krissys Geburtstag. Wir beginnen ihn, indem wir zusammen frühstücken gehen. Fällt der Geburtstag auf einen normalen Schultag, lade ich sie zum Frühstück ein und hole sie nach der Schule zum Mittagessen ab. Das nehmen wir dann an einem der nobleren Speiseplätze ein.

In unserer Familie nehmen Geburtstage eine ganz hervorragende Stellung ein. Das, was ich mit Krissy unternehme, gilt gleichermaßen für alle Kinder, nur bin ich mir bei ihr ganz besonders darüber im klaren, wie wichtig es gerade für sie ist. Als ich das letzte Mal mit Krissy an ihrem Geburtstag beim Frühstück war, trat einer der örtlichen Pfarrer, der mich erkannt hatte, an unseren Tisch und erkundigte sich: »Sind Sie nicht Dr. Leman?« Ich bejahte, und er fuhr fort: »Oh, ich bin so erfreut, Sie hier zu treffen. Eigentlich hätte ich Ihnen heute schreiben sollen, um Sie einzuladen, bei unserer Pfarrerkonferenz am 16. Mai nächsten Jahres einen Vortrag zu halten.«

Dann begann er die wunderschöne Lage des Ortes, an dem die Konferenz stattfinden sollte, zu würdigen, und er erklärte, wie sehr sich alle auf meine Anwesenheit dort freuen würden.

Krissy wurde immer unruhiger, während der Mann mit uns sprach, bis sie mich schließlich in die Rippen stieß und laut erklärte: »Mein Papa kann nicht kommen.«

»Jetzt sei bitte einmal still, Krissy, ich habe mit diesem Herrn etwas zu besprechen...«

Der Pfarrer berichtete weiter von seinen prächtigen Plänen für diese Zusammenkunft am 16. Mai nächsten Jahres. Krissy hielt es nicht mehr länger aus, und sie rief jetzt noch lauter: »Er kann nicht kommen!«

Jetzt endlich merkte ich auf – ebenso auch der Pfarrer. Und es traf mich wie ein Keulenschlag: Der 16. Mai war ja Krissys Geburtstag! Sie reagierte nur sehr sensibel auf das Verantwortungsgefühl ihres Vaters gegenüber *ihrem* (Geburts-)Tag. Zum Glück hatte sich der Pfarrer in bezug auf das Datum geirrt, es war der 18. Mai, an dem man mich brauchte. Daher war es mir möglich, beide Termine einzuhalten und meine Charakterfestigkeit gegenüber Krissy zu wahren. Wäre tatsächlich der 16. Mai der Tag gewesen, an dem ich bei der Konferenz hätte sprechen sollen, zu schade... In unserer Familie hat am 16. Mai die Außenwelt keinen Zutritt.

Wir finden natürlich noch zwei weitere unantastbare Daten in Dr. Lemans Kalender: den 14. November und den 18. Februar. Denn auch Holly und dem kleinen Kevin bereitet es Freude, sich aussuchen zu dürfen, wohin sie zum Essen gehen wollen, welchen Kuchen sie sich wünschen... Bei uns zu Hause werden Kuchen ganz groß geschrieben – Regenbogenkuchen, Weltraumkuchen, Charlie-Brown-Kuchen – *alles ist an deinem Geburtstag möglich!*

Durch den lautstarken Einspruch, den Krissy erhob, um mir zu verstehen zu geben, daß ich unsere spezielle Geburtstagsverabredung nicht einfach anderweitig verplanen könne, selbst wenn es erst für das darauffolgende Jahr war, zeigte sie die Widersprüche auf, die sich in einem mittleren Kind auftun können. Eine große Zahl mittelgeborener Kinder hätte sich gar nicht erst so lautstark mitgeteilt. Das sind die, die sich sträuben, anderen Menschen ihre wahren Gefühle zu offenbaren. Sie sind die typischen Konfliktvermeider, die sich weigern, sich einer Situation mutig zu stellen.

Krissy jedoch ist sensibel. Bei vielen Mittelgeborenen schwappt Empfindsamkeit über in Wut und Zorn. Nach meiner Erfahrung in der Therapie sind es meist Erstgeborene oder Mittelgeborene, die Zorn und Bitterkeit in sich spüren. Bei Krissy wissen wir immer, wann ihr etwas nicht paßt. Bei einem anderen Mittelgeborenen mag es jedoch sein, daß man ein bißchen nachbohren muß.

Bieten Sie Ihrem mittleren Kind zahlreiche Gelegenheiten, seine Gefühle und Empfindungen mitzuteilen. Nennen Sie zwei mittlere Kinder Ihr eigen, beispielsweise ein zweit- und ein drittgeborenes zwischen dem ersten und dem letzten Kind, so geben Sie ganz besonders Obacht auf das drittgeborene, denn das kann leicht in dem Gewühl untergehen. Belassen Sie es nicht bei gelegentlichen beiläufigen Bemerkungen von der Art: »Wie geht's dir?« Verabreden Sie sich darüber hinaus zu einem Spaziergang mit ihm, oder nehmen Sie es zum Einkaufen mit, und reden Sie mit ihm während der Fahrt. (Gespräche während der Fahrt zu führen, ist eine empfehlenswerte Sache – es fällt leichter, über Gefühle zu sprechen, wenn man aus dem Fenster schaut und nicht direkt in Vaters oder Mutters Gesicht.)

## Das Eingezwängtsein fördert die psychische ›Muskelbildung‹

Ich habe groß herausgestellt, wie sozial und kommunikationsfreudig mittlere Kinder sein können. Das Gefühl, daheim zurückgesetzt zu werden, eingezwängt oder zumindest unverstanden zu sein, bewirkt, daß sie schneller bereit sind, aus dem Familienverband auszuscheren, um sich außerhalb einen Freundeskreis zu erschließen.

Eltern sind oft erstaunt darüber, wie ihre Mittelgeborenen kommen und gehen, und sie fragen sich, was an anderer Leute Häuser denn so viel reizvoller ist. In dieser Zeit erwirbt sich – ohne sich dessen bewußt zu sein – das mittlere Kind unschätzbare Lehren für sein Leben. Indem sie Freundschaften schließen, bekommen die mittleren Kinder Übung darin, Beziehungen zu knüpfen und diese auch in Gang zu halten. Sie schärfen und verfeinern ihre sozialen Fähigkeiten, während sie den Umgang mit ihren gleichaltrigen Kameraden und anderen Menschen außerhalb des Elternhauses erlernen. Wenn dann der endgültige Zeitpunkt gekommen ist, das Haus zu verlassen, sind sie viel besser vorbereitet, sich den Realitäten des Lebens – eine Ehe zu führen, sich den Lebensunterhalt zu verdienen und seinen Platz in der Gesellschaft zu finden – zu stellen.

Sie sollten daher nicht an Ihrem mittleren Kind verzweifeln, wenn es immer davonzulaufen scheint. Sie wären in der Tat gut beraten, wenn Sie Ihrem Mittelgeborenen zu verstehen geben, daß Sie wissen, wie wichtig Freunde sind. Mir ist bewußt, daß in manchen Fällen der Freundeskreis (die Bezugsgruppe) zu einem Problem werden kann; betrachten Sie aber die Freunde nicht zwangsläufig als Gegenspieler, die Ihr Kind auf die schiefe Bahn bringen (wollen). Laden Sie die Freunde Ihres mittleren Kindes doch einmal zu sich nach Hause ein für eine Nacht oder gar ein Wochenende. Auch das ist eine Möglichkeit, Ihrem Mittelgeborenen zu verstehen zu geben, daß er – und seine Freunde – Ihrer Meinung nach etwas Besonderes sind.

Über ein weiteres Paradoxon, das bei der Suche des mittleren Kindes nach Freunden im Spiel ist, sollten Sie sich klarwerden: Wenngleich sich das mittelgeborene Kind zu Hause irgendwie als überflüssig vorkommt, sollte das Elternhaus ein um vieles sicherer und vieles mehr verzeihender Ort bleiben als die Welt draußen. Wenn sich das mittlere Kind auch in seinem Freundeskreis sehr wohl fühlen mag, so ist doch jederzeit die Möglichkeit gegeben, daß es sich mit seinen Freunden überwirft. In diesem Fall kann der Freundeskreis schneller dahinschmelzen als eine Eiskugel an einem Hitzetag im Sommer. Das sind die Gelegenheiten, in denen das Kind lernen kann, daß eine Umarmung von Vater oder Mutter doch nicht ganz so schlecht sind.

Natürlich sind nicht alle mittelgeborenen Kinder Gesellschaftslöwen. Eine ganze Reihe von Faktoren kann sie davon abhalten, viele Freunde zu haben: Körpergröße und äußere Erscheinung, Schüchternheit, Ängste, die Notwendigkeit oder das Verlangen danach, lange zu arbeiten oder zu lernen. Aber selbst dann, wenn das mittlere Kind sozusagen »im Haus bleibt«, gerät es unwillkürlich in einen Lernprozeß, der ihm dabei hilft, ein besser auf das Leben vorbereiteter Mensch zu werden. Dieser Prozeß setzt ein in Form von Verhandeln und Kompromisse-Schließen.

Mittlere Kinder können sich mit ihren Vorstellungen nicht immer durchsetzen. Der Älteste scheint immer ein bißchen mehr zu bekommen, länger *auf*bleiben und *aus*bleiben zu dürfen usw. Das jüngste Kind darf sich alles erlauben und erhält dabei auch noch größere Beachtung. Zu dem Zeitpunkt scheint das alles sehr ungerecht zu sein, doch es ist ein hervorragendes Training. Mittlere Kinder schweben weitaus seltener in der Gefahr, verwöhnt zu werden, und sie neigen daher sehr viel weniger dazu, vom Leben enttäuscht zu werden oder zu hohe Ansprüche zu stellen. Die typischen Verwicklungen, Verwirrungen und Enttäuschungen, die man als mittleres Kind zu durchleben hat, stellen sich häufig als verkappte Segnungen heraus.

Ich führte letztens ein Gespräch mit einer Mutter, die so stolz auf ihren sechzehnjährigen Sohn war, weil er ihr nie irgendwelchen Kummer bereitete. Er war so anders als viele Teenager, die sie kannte – immer hilfsbereit, Ge- und Verboten folgend und so weiter. Ich lächelte nur und wünschte ihr weiterhin Erfolg, doch ich konnte mich des Gedankens nicht erwehren, ob dieser Junge nicht in Wahrheit in großen Schwierigkeiten steckte. Staute sich in ihm alles an? War er einer der typischen gefallenwollenden Menschen, denen niemals der Gedanke kommen würde, den Eltern zu widersprechen? Was würde mit ihm in ein paar Jahren passieren, wenn die familiäre Nabelschnur durchtrennt würde und er sich »draußen mitten unter ihnen« befände? Hätte er die psychischen Muskeln entwickelt, um mit dem Leben zurechtzukommen?

Was will ich damit sagen? Etwa, daß alle folgsamen Teenager zu schwach sind, mit dem Leben fertig zu werden, sobald sie das Elternhaus verlassen? Ganz und gar nicht. Allerdings meine ich, eine ganze Menge von Leuten zu beraten, die folgsame Kinder und Jugendliche waren, ihren Eltern gegenüber gefällig und ergeben. Als Erwachsene haben sie nun große Schwierigkeiten, mit Problemen fertig zu werden, mit Nachbarn zurechtzukommen usw. usw. Je mehr Erfahrungen ich in meinen Therapiesitzungen sammle, desto deutlicher erkenne ich, daß ein bißchen »Eingezwängtsein« in den Entwicklungsjahren gar nicht so schlecht sein muß. Es ist eher ein fundamentales Training für die wahre Schlacht des Lebens, die dann einsetzt, wenn man das Elternhaus verläßt und sich selber durchschlagen muß.

Verzweifeln Sie daher nicht, wenn Sie ein mittleres Kind Ihr eigen nennen, das sich gerade in dieser Situation des Eingezwängtseins (»Klemme«) zu befinden scheint. Helfen Sie ihm dabei, sie durchzustehen, halten Sie sein Licht am Brennen, und am Ende wird es möglicherweise heller leuchten als das der anderen!

### Tips für die Erziehung von mittleren Kindern

Vergegenwärtigen Sie sich die Prinzipien der realitätsnahen Erziehung und wenden Sie diese in Verbindung mit den folgenden Ratschlägen an, die speziell für den Umgang mit Mittelgeborenen konzipiert sind.

1. Machen Sie sich bewußt, daß viele mittlere Kinder vermeiden, ihre wahren Gefühle zu offenbaren. Ist dies bei Ihrem mittleren Kind der Fall, nehmen Sie sich Zeit, hin und wieder allein mit ihm zu reden. Gespräche unter vier Augen sind für jedes Kind von großer Wichtigkeit, doch ein mittleres Kind wird am wenigsten auf seinen gerechten Anteil bestehen. Setzen Sie alles daran, ihm diesen zukommen zu lassen.

2. Bemühen Sie sich verstärkt darum, Ihrem Mittelgeborenen das Gefühl von Besonderheit zu vermitteln. Ein mittleres Kind wird sich typischerweise zwischen den Geschwistern eingeklemmt fühlen. Eines Abends nahm ich meine drei Kinder zum Bowling mit. Wir ließen uns an einem Tisch nieder und begannen, eine Punkteliste aufzustellen, als eine heftige Diskussion darüber ausbrach, wer als erster werfen dürfe. Während Holly

233

und Kevin heftig um die Ehre rangen, beobachtete ich, daß Krissy sich schweigend zurückhielt. Darum sagte ich: »Krissy, du darfst wählen.« Sie setzte den Namen ihres Vaters oben auf die Liste, danach Hollys und Kevins.

3. Außer dafür Sorge zu tragen, daß sich Ihr Kind als etwas Besonderes fühlt, sollten Sie ihm einige wiederkehrende Privilegien einräumen, die ihm grundsätzlich täglich oder wöchentlich zustehen. Das mag so etwas Banales sein, wie ein Fernsehprogramm ohne Störungen durch andere Familienmitglieder anschauen zu dürfen. Vielleicht ist es der Besuch eines ganz bestimmten Restaurants. Wichtig ist nur, daß es der *ausschließliche* Bereich des mittelgeborenen Kindes ist.

4. Wann haben Sie sich zuletzt darum bemüht, Ihrem Mittelgeborenen ein neues Kleidungsstück zu kaufen, anstatt ihm ein vom älteren Kind schon getragenes zu bescheren? Viele Familien verfügen über genügend Einkommen, so daß dies kein Problem sein sollte. Allerdings gibt es auch Familien, in denen aus finanziellen Erwägungen von Geschwistern übernommene Kleidung zu einem normalen Bestandteil der Kinder- und Jugendzeit wird. Gelegentliche Weitergabe von getragener Kleidung ist durchaus akzeptabel, Ihr mittelgeborenes Kind aber wird etwas Neues besonders schätzen, vor allem, wenn es sich um ein so augenfälliges Kleidungsstück wie einen Mantel oder eine Jacke handelt.

5. Hören Sie genau hin, was Ihr Mittelgeborenes an Antworten oder Erklärungen auf Vorgänge in seiner Umgebung gibt, was es über bestimmte Situationen denkt usw. Das Verlangen, Konflikte zu vermeiden und kein Aufsehen zu erregen, kann sich den wahren Gegebenheiten und Tatsachen entgegenstellen. Sie werden es vielleicht mit den Worten auffordern müssen: »Also, komm, erzähl mir die ganze Sache. Du bekommst auch keine Schwierigkeiten deswegen. Ich möchte wissen, was wirklich in dir vorgeht.«

6. Vor allem jedoch eins: Sorgen Sie dafür, daß das Fotoalbum seinen Anteil an Bildern mit Ihrem Mittelgeborenen aufweist. Lassen Sie ihn nicht zum Opfer des Schicksals werden, das schon fast zu einem Klischee geworden ist, nämlich: zig Bilder seines älteren Bruders oder der älteren Schwester zu finden und kaum eines von sich.

# Die Erziehung des Letztgeborenen:
# Dem Nesthäkchen
# beim Großwerden helfen

Die ersten Worte, die ich Eltern als Rat für ihr Letztgeborenes mit auf den Weg gebe, lauten: *Hüten Sie sich davor, sich manipulieren zu lassen!*

Bei der Ankunft des Letztgeborenen wird nicht er, dieser süße kleine Kerl, der das Ende der Reihe markiert, als der wahre Feind zu betrachten sein. *Er* kann nichts dafür, daß er so niedlich ist. *Sie* kann nichts dafür, daß sie alle mit ihrem zahnlosen Lächeln becirct.

Erinnern Sie sich noch an die Erziehungsstile, die wir schon diskutiert haben?

Autoritäre Eltern sagen: »Mach es so, wie ich es dir sage, sonst passiert etwas!«

Autoritative Eltern sagen: »Ich möchte, daß du es so und so machst, weil...«

Freizügige Eltern aber sagen ihrem Letztgeborenen: »Ja, du machst, was du willst, du süßer kleiner Fratz.«

### Die unerklärliche Macht des Letztgeborenen

Von Letztgeborenen scheint eine unerklärliche, seltsame Macht auszugehen, die Eltern nachgiebiger und weicher werden läßt, obwohl sie bei den anderen Kindern ein ganz schön strenges Regiment geführt haben. Vielleicht sind sie müde geworden. Oder sie sind einfach sorgloser geworden, weil sie glauben »zu wissen, wie der Hase läuft«, und deswegen die Zügel schleifen lassen können. Was immer es auch sein mag, nicht selten schauen die Eltern weg, wenn das Letztgeborene sich vor den Hausarbeiten drückt und seinen älteren Geschwistern auf die Nerven fällt. (Anschwärzen ist z. B. eine Fähigkeit, über die ganz besonders die Jüngsten der Familie verfügen, wobei zunächst ein älteres Kind so lange gereizt wird, bis es in Wut gerät, und das Jüngste dann schreiend davonläuft, um bei der Mutter Schutz zu suchen. Ich war ein Experte darin, meinen Bruder Jack in Rage zu bringen.)

Wenn sich Familienbabys schon nicht alles erlauben dürfen, so versuchen sie doch zumindest, zu manipulieren oder Faxen zu machen, und oft erwischt man sie dabei, wie sie anderer Leute Ruhe stören. Selbst wenn es gelingt, die Mätzchen ihres Nesthäkchens in den Griff zu bekommen, schweben Eltern doch immer in der Gefahr, durch den berühmten Satz: »Mami, das kann ich nicht!« manipuliert zu werden. Dieser klagende Hilfeschrei ist ein erfolgversprechendes Mittel, das von Letztgeborenen (wie auch von älteren Geschwistern) gern angewendet wird, damit ihnen der Lebensweg geebnet werde. Sie sind ganz besonders geschickt darin, für ihre Hausaufgaben Hilfe zu erhalten. Mir sind in meiner Praxis Kinder begegnet, deren scheinbare Hilflosigkeit ihre Elternhäuser in Nachhilfeinstitute verwandelt hat, gleich nachdem abends das Geschirr gespült war. Es ist eine Sache, Kinder bei ihren Hausaufgaben zu ermutigen und sie dazu zu bringen, überhaupt erst einmal anzufangen; es ist eine ganz andere Sache, die Hausaufgaben für sie (die Kinder) zu erledigen. Viele Eltern lassen sich dazu hinreißen, die Arbeit des Kindes zu tun in dem Glauben, daß sie dem Kind dadurch helfen. In Wahrheit aber hemmen sie es, weil das Kind davon abgehalten wird, zu lernen, seine eigenen Gedanken zu entwickeln.

Ich habe einmal mit einem Siebtkläßler gearbeitet, dessen älterer Bruder in der letzten Klasse der Mittelschule war. Die Eltern hatten den kleinen Rotschopf im Frühjahr des siebten Schuljahres zu mir geschickt, weil er so schlechte Leistungen zeigte. Der Bub war der jüngere von zwei Geschwistern.

Erfolg stellte sich nicht gleich ein. Der Junge steckte in der Schule in allen möglichen Schwierigkeiten. Seine Eltern mußten sich zu mehr Schulkonferenzen hinbemühen, als ihnen lieb war. Er schaffte es so gerade, die siebte Klasse abzuschließen. Den ganzen Sommer arbeiteten wir miteinander. Im Herbst dann verließ der ältere Bruder das Haus und ging aufs College. Dies schien den benötigten Durchbruch zu bewirken. Mit Beginn der achten Klasse fing der Junge an, auf einige Maßnahmen, die ich für ihn aufgestellt hatte, zu reagieren. Seine Eltern erkannten einige positive Ergebnisse.

Die Anregungen, die ich den Eltern empfahl, waren ganz elementar:

1. Den Jungen dabei zu unterstützen, auf seinen eigenen Füßen zu stehen und ihm nicht *mehr* bei den Hausaufgaben zu helfen, als es absolut notwendig war.

2. Nach dem Essen kein Hinausrennen zum Spielen mehr, kein Fernsehen mehr, nichts mehr derartiges, bevor nicht alle Verantwortlichkeiten erledigt waren. Dazu gehörten die Arbeiten im Haus und selbstverständlich die Schulaufgaben.

3. Vater und Mutter abends nicht mehrere Stunden lang als Nachhilfelehrer zu mißbrauchen. (Das stand in Verbindung damit, den Jungen dazu zu bringen, auf eigenen Füßen zu stehen.)

Dieser Junge vollführte im Herbst des achten Schuljahres eine gewaltige Wendung zum Positiven. Sein schlechtes Betragen in der Schule hörte auf und seine Zensuren besserten sich auch ohne große Mithilfe von Vater und Mutter. Der Bub hatte einfach viel zu lange im Schatten seines großen Bruders gestanden, so daß er völlig niedergeschlagen und entmutigt war. Oder wie ich es auch häufig ausdrücke: »Sein Licht war ausgeblasen worden.« Der ältere Bruder war so zuversichtlich und so tüchtig, war so viel größer und stärker, daß der jüngere dadurch innerlich erlosch. Sobald der Ältere das Haus verlassen hatte, blühte der Jüngere auf.

Die Eltern waren erleichtert, als sie nicht mehr Abend für Abend drei oder vier Stunden damit zubringen mußten, dem Letztgeborenen zusätzlichen Unterricht zu erteilen, um seine Noten gerade so über Wasser zu halten. Ganz besonders die Mutter war glücklich darüber, denn der größte Teil dieser Aufgabe oblag ihr, obwohl sie obendrein auch noch den ganzen Tag über arbeiten mußte. Jeden Abend um 19 Uhr »richtete sie ein Klassenzimmer her« und sank um 23 Uhr erschöpft ins Bett. Der ebenfalls todmüde dreizehnjährige Bub tat es ihr nach. Kaum hatte der Sohn begriffen, daß er die Fähigkeiten besaß, es alleine zu schaffen, änderte sich alles.

### Die komische Sache mit der Magenverstimmung am Wochenende

Ich habe auch jüngste Kinder betreut, denen alles, was mit der Schule zusammenhing, schlichtweg gleichgültig war. Ich weiß, wes Geistes Kind sie sind, weil ich ganz genauso empfunden habe, als ich heranwuchs. Es mag tatsächlich vorkommen, daß ein Kind echte Lernprobleme hat oder sonstwelchen Unzulänglichkeiten unterworfen ist, doch in der Mehrzahl der Fälle ist es eine Sache der Einstellung bzw. der Grundhaltung.

Meiner Überzeugung nach hätten sich meine verheerenden schulischen Leistungen durch einen einfachen Schritt von seiten meiner Eltern günstiger gestalten können. Meine Mutter hätte damit aufhören sollen, ständig zur Schule zu laufen, um mit den Lehrern zu reden. Sie hätte es lassen sollen, auf diese Weise die Gründe für die Schwierigkeiten ihres kleinen Kevin ausfindig machen zu wollen. Hätte sie einfach nur erklärt: »Also, mein Kind, kein Fußball mehr, ehe du nicht in der Schule klarkommst«, hätte ich wahrscheinlich in der sechsten oder siebten Klasse eine Kehrtwendung vollzogen.

Aber Vater und Mutter erkannten meinen Bluff nicht. Sie haben nie einen Schlußstrich gezogen. Kurzum, sie ließen mir alle Freiheiten, und ich nutzte das so weit wie möglich aus. Beispielsweise litt ich unter einer seltsamen Unpäßlichkeit, die sich die »Freitag/Montag-Bauchschmerzen« nannten. Ich wachte an den besagten Tagen morgens auf und fühlte mich schlecht. Natürlich konnte ich nicht zur Schule gehen. Komischerweise stellte sich bis zum Nachmittag ein Wunder ein. Punkt drei Uhr war ich völlig genesen! Diese Krankheit ist noch unter anderen Bezeichnungen geläufig. Die eine heißt: »das Wochenende durch Vortäuschung von Bauchschmerzen zu verlängern.« Irgendwie ist meine Mutter nie dahintergekommen. Ich vermute, daß sie einfach nicht glauben konnte, daß ihr kleines Bärchen sie belügen könnte.

Ein anderer Trick, den ich meisterlich beherrschte, war, »religiöses Fieber« zu bekommen, ganz besonders Mittwoch- und Sonntagabend, wenn es noch Arbeit zu erledigen gab. Das Geschirr türmte sich im Spülbecken, und die Abfalleimer und Papierkörbe quollen über, doch keine dieser weltlichen Versuchungen konnte mich vom Haus des Herrn fernhalten. »Mami, ich muß zum Jugendkreis! Bis später!« Und Mami erledigte zu Hause die ganze Arbeit, während ich meinen Teil dazu beitrug, die Gruppenleiter auf die Palme zu bringen.

*Von wem oder was wird das jüngste Kind verwöhnt?*

»Na ja, *von den Eltern* natürlich«, würden die meisten Leute antworten. Das stimmt wohl auch, doch hin und wieder werden die Eltern massiv von den anderen Kindern in der Familie dabei unterstützt. Wie sehr das Letztgeborene verwöhnt oder verzogen wird, hängt möglicherweise auch davon ab, zu welchem Zeitpunkt (und als wievieltes Kind) es im Familienverband auftaucht. Als Beispiel nehmen wir eine Familie, in denen drei Töchter und der letztgeborene Sohn die Kinderschar bilden.

FAMILIE A

| | |
|---|---|
| Tochter | – 11 |
| Tochter | – 9 |
| Tochter | – 6 |
| Sohn | – 3 |

In dieser Konstellation sieht es so aus, als wäre der kleine Kerl gegenüber den drei Mädchen vollkommen in der Minderheit.

240

Was hier jedoch aller Wahrscheinlichkeit nach geschieht, ist, daß sich eine starke Beziehung zwischen Mutter und Sohn entwickelt. Der kleine Bastian wird nach drei Mädchen als eine Kostbarkeit angesehen, vor allem von der Mutter, und sie wird im Zweifelsfall eher für ihn Partei ergreifen, wenn sich die älteren Schwestern darüber beklagen, von ihrem Bruder ständig belästigt zu werden.

In dieser Familie gibt es in Wahrheit zwei Letztgeborene, einen jüngsten Sohn und eine jüngste Tochter. Das allein bietet fast schon die Gewähr für Spannungen zwischen der sechsjährigen Tochter und dem dreijährigen Sohn. Üblicherweise bilden sich in solchen Familien »Bündnisse« heraus, die in diesem speziellen Fall voraussichtlich folgendes Aussehen haben werden: Die Elfjährige wird sich mit der Sechsjährigen zusammentun und die Neunjährige mit ihrem dreijährigen Bruder.

Das dritte Kind könnte sich dabei in einer wenig beneidenswerten Lage befinden, ganz besonders dann, wenn sich die beiden älteren Mädchen entschlössen, den kleinen Jungen unter ihre Fittiche zu nehmen und bei allen Streitigkeiten, die bei vier Kindern immer wieder vorkommen können, für ihn Partei zu ergreifen. Andererseits kann es geschehen, daß alle drei Mädchen den Bruder als Quälgeist empfinden und außerordentlich gereizt reagieren, wenn sie von der Mutter häufig darum gebeten werden, auf den Kleinen aufzupassen.

Schauen wir uns eine andere Familie an, in der das letztgeborene Kind eine besondere Position innehat. Hier haben wir es nun mit einem erstgeborenen Mädchen zu tun, dem zwei Jungen folgen und einer kleinen »Prinzessin«, die das Schlußlicht bildet. Das Schaubild dazu sieht folgendermaßen aus:

**FAMILIE B**

| | |
|---|---|
| Tochter | – 13 |
| Sohn | – 12 |
| Sohn | – 10 |
| Tochter | – 4 |

Als Positivum für das jüngste Mädchen kann sich die Existenz der beiden älteren Brüder erweisen, die mit großer Wahrscheinlichkeit die Beschützerrolle übernehmen, es sei denn, sie entwickelt sich zu einem rechten kleinen Biest. Verursacht durch die Aufmerksamkeit, die sie von ihren Brüdern erhält, kann bei ihr ein Männerbild entstehen, das in ihr die Vorstellung weckt, alle Männer seien fürsorglich und liebevoll. Von der älteren Schwester erhält sie zusätzlich noch »bemutternde« Zuwendung und Streicheleinheiten, denn erstgeborene Mädchen sind dazu besonders gern bereit.

Negativ könnte sich auswirken, daß sich bei dem Nesthäkchen der Gedanke festsetzt, die ganze Welt drehe sich nur um sie. Sie wird möglicherweise Vaters Augapfel. Die Folge könnte sein, daß sie ihn um den Finger wickeln wird und fast alle ihre Wünsche von ihm erfüllt bekommt. Wird dieses Verhalten übertrieben, dann könnte sie in dem Glauben aufwachsen, sie könne das mit allen Männern so machen. Diese Einschätzung kann sich als Trugschluß erweisen und ihren Wunsch nach einer glücklichen Ehe gefährden.

Kurzum, die kleine Prinzessin wird total verzogen und verdorben, wenn die Eltern nicht bewußt darauf achten, nicht zu freizügig und nachsichtig mit ihr umzugehen. Sie könnte sonst zu einem patzigen, unausstehlichen Erwachsenen heranwachsen, der unmäßige Ansprüche und Erwartungen an seine Mitmenschen stellt.

Eine der schädlichsten Auswirkungen zu großer elterlicher Freizügigkeit besteht darin, dem Kind vieles zu leicht zu machen. Später als Erwachsener mag sich das letztgeborene Kind als nicht genügend vorbereitet auf das wirkliche Leben erweisen. Mißgeschicke werden als übermächtig empfunden.

Ich habe einmal mit einer Familie – der Mutter (einer Witwe) und fünf Kindern – gearbeitet. Die Kinderschar umfaßte zwei ältere Schwestern, denen zwei Brüder folgten, und die jüngste Tochter, die sieben Jahre jünger war als der jüngste Bruder. Der Vater starb, als die jüngste Tochter dreizehn war. Zu dem Zeitpunkt, an dem ich die Beratung übernahm, war die jüngste

Tochter sechsundzwanzig Jahre alt. Sie lebte in vollständiger Abhängigkeit von der Mutter. Dreizehn Jahre lang hatten Mutter und jüngstes Kind allein zusammengelebt, da alle anderen Kinder das Haus schon verlassen hatten, als der Vater starb. Die Tochter war von ihrer Mutter völlig abgeschirmt bzw. »erdrückt« worden, und zwar so, daß es ihr, als ich sie das erste Mal sah, an jeglicher Art von Bildung und Selbstvertrauen mangelte. Die anspruchsvollsten Aufgaben, mit denen man sie betrauen konnte, waren Hausputz und Babysitting.

Dies ist sicherlich ein sehr extremer Fall eines Elternteils – der Mutter –, die das Kind so dringend braucht, daß sie ihm nicht gestattet, erwachsen zu werden. Dasselbe geschieht jedoch auch in einem weniger ausgeprägten Maße immer dann, wenn die Eltern zu freizügig oder nachsichtig handeln und dem Kind zu viele Hindernisse aus dem Weg räumen. Behandeln Sie Ihr Kind zu lange wie ein Baby, machen Sie es für das Leben nutzlos, oder es verkrüppelt in der einen oder anderen Hinsicht.

### Die andere Seite der Letztgeborenen

Was ich immer wieder herauszustreichen versucht habe in diesem Buch ist: Keine Geschwisterfolge-Position paßt in nur ein bestimmtes Schema. Nicht alle Charakteristika treffen gleichermaßen auf alle Letztgeborenen zu. Vielleicht sind Sie ein jüngstes Kind und überhaupt nicht verzogen oder verwöhnt; oder Ihr letztgeborenes Kind ist nicht das, was man einen »Manipulierer« nennt. Womöglich ist Ihr Jüngster gar derjenige, der von allen anderen Familienmitgliedern gelenkt und beeinflußt wird. Obwohl jüngste Kinder so häufig verzärtelt und verhätschelt werden, kann es genauso geschehen, daß sie mehr geprügelt und geschlagen werden, als ihnen gebührt, ganz besonders von ihren älteren Geschwistern.

Fachleute auf dem Gebiet der Geschwisterforschung behaupten, daß jüngste Kinder Schwierigkeiten mit der »Informationsverarbeitung«[1] haben, will heißen: Es scheint ihnen Probleme zu bereiten, Sachverhalte richtig zu begreifen. Die älteren Geschwister sind immer so klug – so wissend und autoritätsausstrahlend. Ganz gleich, ob die älteren Kinder etwas vollkommen Unrichtiges von sich geben, wenn sie dem Benjamin der Familie gegenüber nachdrücklich Behauptungen aufstellen oder Äußerungen tun – das Jüngste nimmt sie als bare Münze, weil die Geschwister nun mal so viel größer, stärker und »wissender« oder »klüger« sind.

Aus meinem Dasein als Letztgeborener ist mir in Erinnerung geblieben, wie dumm ich mir vorkam, wenn Sally oder Jack mich über alles belehrten – angefangen von den Dingen des Lebens bis hin zur Uhrzeit. Mein großer Bruder Jack, der fünf Jahre älter war, hatte eine sehr direkte Art, mich zu belehren: Er schmierte mir eine.

Sicher hatte ich das häufig selber provoziert. Ich war ein Meister darin, Jack zu ärgern, indem ich ihn reizte und piesackte, bis er seine Beherrschung verlor und mir eine Ohrfeige versetzte. Daraufhin rannte ich Zeter und Mordio schreiend umher, und Vater schritt zur Tat. Das bereitete mir ungeheures Vergnügen, doch war die Sache mit einem hohen Preis verbunden, denn früher oder später erwischte mich Jack allein in einer Situation, in der ich ihm nicht auskommen konnte oder in der ich meine Eltern nicht davon überzeugen konnte, daß er an allem schuld war. Natürlich hat er mich nie so verprügelt, daß ich um mein Leben bangen mußte. Er traktierte mich einfach nur ein wenig mit den Fäusten um des Prinzips willen.

Einmal wandte er eine andere Taktik an, um mir eine Lehre zu erteilen. Er verpetzte mich bei meinen Eltern, als ich im Alter von acht Jahren hinter dem Hühnerstall Zigaretten rauchte. Diese Geschichte kam mich teuer zu stehen. Ich wurde unverzüglich ohne Abendessen ins Bett geschickt – eine ganz schön schmerzvolle, bittere Behandlung für ein Nesthäkchen, das gewohnt war, sich alles erlauben zu dürfen.

Sally hatte eine andere Methode, dem kleinen Kevin Zucht und Ordnung beizubringen. Als meine »zweite Mutter« litt sie häufig, wenn ich grob und gemein war, zuviel Lärm machte oder ganz einfach eine dicke Lippe riskierte. Nur, sie wandte einen anderen Stil an. Sie verfügte über eine gewisse Art, mir das Gefühl zu geben, als wäre es mein eigener Wunsch, mich besser zu benehmen. Sie sagte nicht: »Benimm dich nicht so abscheulich« oder »Was ist los mit dir, warum reißt du dich nicht zusammen?«

Wann immer mir jemand – Eltern, Lehrer usw. – gebot, nicht in einem solchen Ton zu reden, war das eher Öl auf mein Feuer. Ich wurde durch solche Bemerkungen nur noch weiter angestachelt, mir mehr Aufmerksamkeit zu verschaffen, indem ich gegen die etablierte Gesellschaft aufbegehrte.

Sallys Methode war eine andere. Sie war tatsächlich so etwas wie eine Amateur-Psychologin, die ihr Handwerk meisterhaft beherrschte. Wenn ich wieder einmal verrückt spielte, fragte sie mich: »Ist das dein Ernst? Willst du dich wirklich so benehmen?«

Ich versuchte, witzig zu sein und meinte: »Klar – nur so macht es doch Spaß!« Doch tief in mir drinnen wußte ich es besser. Sally war im Begriff, den Samen zu pflanzen, der später von der Mathematiklehrerin in der Highschool gewässert und von einer wunderschönen Schwesternhelferin, der ich in der medizinischen Klinik von Tucson begegnete, als ich dort Hausmeisterarbeiten verrichtete, mit aller Sorgfalt gepflegt werden sollte.

Um der Wahrheit über meine Vergangenheit Gerechtigkeit widerfahren zu lassen, muß ich zurückblickend zugeben, daß es selbstverständlich auch Gelegenheiten gab, in denen ich Sally auch so weit treiben konnte, wie ich es mit Jack schaffte. Ich höre sie noch schreien: »Mutter, würdest du ihn bitte hier wegholen?« Und unzählige Male klagte sie: »Er kann sich alles erlauben. Ich durfte das in seinem Alter noch nicht.«

Trotz des schon Legende gewordenen unbeschwerten und sorglosen Daseins und ihres Rufs, sich alles erlauben zu können, sehen sich Letztgeborene vielerlei Stößen und Schlägen in ihrem Leben ausgesetzt, die die Behauptung Lüge strafen, daß jüngsten Kindern alle Wege geebnet sind. Zwei Hauptprobleme haben wir schon erwähnt. Erstens: Letztgeborene können in zu großer Abhängigkeit und zu unselbständig bleiben, wenn sie verzärtelt und verhätschelt werden. Jedes Familienmitglied kann sich dabei schuldig machen, von den Eltern bis zu den älteren Brüdern und Schwestern.

Das zweite Problem ist, daß jüngste Kinder in einem sehr starken Maße Mißhandlungen, Unterdrückungen, dem Unmut und den Neckereien der älteren Geschwister ausgesetzt sein können. Eltern glauben oft, daß ihnen nur noch die Kristallkugel eines Hellsehers – oder ein neues Wunderwerk an Computer-Software – dabei helfen kann, herauszufinden, wann ihr Jüngster wirklich eine aufs Dach bekommt oder wann er nur seine Falschspielertricks anwendet. Wenn ich in Beratungen mit Eltern über ihre Letztgeborenen spreche, erkläre ich ihnen normalerweise, daß, wenn ihnen schon eine Fehleinschätzung der Situation unterläuft, sie die Angelegenheit so hinwenden sollten, daß dem jüngsten Kind geholfen wird. Es muß lernen, auf eigenen Füßen zu stehen und mit dem Leben fertigzuwerden, auch wenn es gelegentlich geneckt oder eingeschüchtert wird.

Vieles hängt auch vom Alters- und Größenunterschied ab. Dennoch ist es eine Sache für einen Letztgeborenen, geneckt zu werden, und eine ganz andere, wenn auf ihm herumgetrampelt wird. Bei uns zu Hause genießt der kleine Kevin den wesentlichen Schutz von Mama und Papa, denn er ist erst sieben, seine Schwestern dagegen schon elf und zwölf, außerdem sind die Geschwister größer und stärker. Natürlich kann auch der Kleine hin und wieder ein rechter Plagegeist und Piesacker sein, und es gibt Augenblicke, in denen er sich an den Rand des unheilvollen Abgrunds vorwagt. Dann verschaffe ich mir seine

Aufmerksamkeit, indem ich ihm drohe: »Kevin, wenn du dich nicht zusammenreißt, lasse ich in drei Sekunden die beiden Schwestern auf dich los.« Kevin reißt sich zusammen – und zwar ganz schnell. Vor allem Krissy flößt ihm ungeheuren Respekt ein. Sie ist stark und behende, und was kleine auf die Nerven fallende Brüder angeht, zeigt sie nicht sehr viel Langmut.

Ein weiteres Hindernis, das sich vor Letztgeborenen aufbaut, sollte durchaus nicht vergessen werden: Sie sind nun mal die letzten Kinder, und nichts von dem, was sie tun, ist wirklich noch etwas Originäres. Die älteren Geschwister haben schon vor ihnen sprechen, lesen, Schuhe schnüren und Radfahren gelernt. Und machen wir uns nichts vor: Es *ist* für Eltern nicht leicht, über den dritten oder vierten schiefen Bleistifthalter oder Briefbeschwerer, der in den vergangenen fünf oder zehn Jahren aus dem Zeichen- und Bastelunterricht in der Schule mit nach Hause gebracht wurde, in Verzückung zu geraten.

Die Familienpsychologin Edith Neisser erfaßt das Wesen der Frustrationen, die Letztgeborene häufig darüber empfinden, daß nichts, was sie tun und unternehmen, etwas großartig Neues zu sein scheint. Sie läßt eine Achtkläßlerin zu Wort kommen, die über die Situation, ältere Brüder und Schwestern zu haben, folgendes äußert:

»Egal, was ich jemals tun werde, es wird nicht wichtig genommen werden. Wenn ich die Schule verlasse, machen sie Examen am College, oder sie heiraten; wenn ich das College je abschließen sollte, wird Susi vielleicht gerade ein Baby bekommen. Und selbst wenn ich sterbe, wird es für meine Familie nichts Neues mehr sein. Keiner wird mehr dasein und dem Beachtung schenken.«[2]

Wenn Sie in Ihrer Familie Heranwachsende in diesem Alter haben, so kommt ihnen solche übertriebene Theatralik sicher bekannt vor, doch in dem, was dieses Mädchen sagte, steckt auch ein Körnchen Wahrheit. Die Hauptaussage lautet: »Es wird niemand mehr da sein, der dem Beachtung schenkt.« Darin wird eine Tatsache zum Ausdruck gebracht, über die sich jeder Erziehende eines Letztgeborenen bewußt werden sollte:

»Schenke ich den erstmals vollbrachten Dingen des kleinen Sebastians genügend Beachtung? Gut, es ist mein dritter oder vierter Bleistifthalter, aber es ist sein *erster*. Ich sollte von seinen ›erstmals vollbrachten Dingen‹ genauso viel Aufhebens machen wie von denen der älteren Kinder.«

Ihr Jüngster ist, seien Sie zumindest dessen versichert, sich seiner besonderen Stellung in der Familie durchaus bewußt. Er wird sicher nicht gerne tauschen wollen. Das alles wurde wieder ganz lebendig vor meinen Augen, als ich kürzlich mit Kevin allein im Auto unterwegs war. Nur so zum Spaß fragte ich ihn: »Wie ist es, Kevin, hättest du etwas dagegen, wenn Mami noch ein Baby bekommen würde?«

Es entstand eine längere Pause, in der Kevin die Frage gründlich durchdachte. Schließlich meinte er: »Ich glaube, das ist in Ordnung – solange es ein Mädchen ist!«

### Tips für die Erziehung von Letztgeborenen

Die Anwendung realitätsnaher Erziehung ist beim Familienbaby besonders geboten, weil man von Natur aus dazu neigt, bei ihm die Erziehung schleifen zu lassen. Machen Sie sich nochmals die Grundsätze, die sich mit Verantwortlichkeit und Rechenschaftspflicht befassen, bewußt. Versuchen Sie zusätzlich folgende Vorschläge zu beherzigen:

1. Sorgen Sie dafür, daß dem Jüngsten ein angemessener Teil der Verpflichtungen im Haus übertragen wird. Letztgeborene Kinder kommen oft mit einem nur geringen Anteil der Abeiten im Haus davon. Zwei Gründe sind dafür maßgeblich: a) Sie sind Meister darin, sich vor den Arbeiten zu drücken; b) sie sind so klein und »hilflos«, daß sich die anderen Familienmitglieder entschließen, diese Tätigkeiten selber zu übernehmen.

2. Denselben Grundsätzen folgend, sorgen Sie dafür, daß sich Ihr Nesthäkchen, was Familienregeln und -vorschriften anbe-

trifft, nicht alles erlauben darf. Statistiken zufolge ist das jüngste Kind am wenigsten Disziplinierungsmaßnahmen unterworfen, und es braucht auch nicht in dem Maße zu gehorchen, wie es die älteren Geschwister tun mußten. Es schadet nichts, sich darüber Notizen anzufertigen, wie man es mit den Verantwortlichkeiten der älteren Kinder gehalten hat, um dieselben Regeln – wie die Zubettgehzeit etwa – auf das jüngste Kind anzuwenden.

3. Während Sie sich bemühen, Ihr jüngstes Kind nicht zu verhätscheln, sollten Sie gleichzeitig dafür Sorge tragen, daß es in der Menge nicht unter- oder verlorengeht. Es ist kein Geheimnis, daß Letztgeborene das Gefühl haben, daß »nichts, was ich tue, wichtig ist«. Stellen Sie alle Leistungen Ihres Jüngsten groß heraus, und sehen Sie zu, daß es an der »Ausstellungsfläche« auf der Kühlschranktür (oder sonstwo) mit seinen Werken gleichberechtigt beteiligt ist.

4. Bringen Sie Ihren Jüngsten schon frühzeitig mit Büchern zusammen. Es ist nicht zu früh, wenn Sie ihm mit sechs Monaten aus bunten, reichbebilderten Büchern vorlesen. Wenn es Anstalten macht, selbst lesen zu wollen, dann nehmen Sie es ihm nicht ab: Jüngste Kinder »lassen sich gern vorlesen«, und sie werden Ihnen die Aufgabe überlassen, wenn Sie dem nicht entgegenwirken. Das ist möglicherweise einer der Gründe, warum Letztgeborene als die schlechtesten und schwächsten Leser der Familie gelten.

5. Wann immer nötig, fordern Sie Ihr Nesthäkchen heraus, sich zu beweisen. Ich habe immer das Gefühl gehabt, meine Eltern hätten bei mir in schulischen Belangen härter durchgreifen sollen. Doch sie haben nie wirklich irgendeinen Druck ausgeübt oder mich vor die Wahl gestellt wie etwa: »Entweder du bringst bessere Leistungen in der Schule, oder du hörst mit dem Fußballspielen auf.« Oder: »Ohne Hausaufgaben kein Fernsehen.«

6. Durch die Ankunft eines dritten oder vierten Kindes scheint den Eltern zu viel aufgebürdet zu werden. Überlegen Sie sich, ob Sie Ihr jüngstes Kind nicht vielleicht vernachlässigen, weil Sie einfach nicht mehr über die Zeit zu verfügen scheinen, die Sie früher hatten. Verzichten Sie, wenn nötig, auf bestimmte Vorhaben, damit Sie sicher sein können, jedem Kind eine angemessene Zeit zu widmen.

# Epilog

*Die eine Sache, ohne die nichts geht*

Wenn Sie bis hierher vorgedrungen sind, dann sind Sie vermutlich ein Erstgeborener, der Freude daran hat, sich noch einmal die wesentlichsten Punkte ins Gedächtnis zurückzurufen. Sind Sie ein unerschrockenes mittleres oder ein jüngstes Kind, verharren Sie noch eine Weile. Es gibt noch eine Geschichte zu erzählen, von der ich annehme, daß sie Ihnen gefallen wird.

Zunächst einmal aber nochmals zusammengefaßt die wichtigsten Punkte über Geschwisterpositionen, die man sich merken sollte:

1. Wie wichtig die Position in der Geschwisterreihe auch sein mag, sie bedeutet nur einen Einfluß, keine endgültige Lebenswahrheit, die fest zementiert und unverrückbar ist im Hinblick darauf, wie sich ein Kind entwickeln wird.

2. Die Art und Weise, wie Eltern mit ihren Kindern umgehen, ist von ebensolcher Bedeutung wie ihre Geschwisterposition, ihre Umgebung und ihr Umfeld, ihre körperlichen wie geistigen Wesensmerkmale.

3. Jede Geschwisterfolge hat ihre eigenen Stärken und Schwächen. Eltern müssen beides akzeptieren, während sie dem Kind helfen, positive Züge zu entwickeln und mit den negativen fertig zu werden.

4. Keine Geschwisterposition ist »besser« oder wünschenswerter als eine andere. Erstgeborene scheinen ein Monopol auf Leistung und Schlagzeilen zu besitzen,

doch die Tür steht auch den Spätergeborenen weit offen. Es liegt ganz an ihnen.

5. Die Angabe über die Geschwisterfolge-Position ergibt niemals ein psychologisches Gesamtbild eines Menschen. Keine Theorie über Persönlichkeitsentwicklung kann das leisten. Statistiken über und Charakteristika der Geschwisterfolge-Position sind nur Indikatoren, die zusammengenommen mit physischen, geistigen und emotionalen Faktoren ein umfassendes Bild ergeben.

6. Das Verstehen einiger grundlegender Prinzipien der Geschwisterfolge bedeutet nicht, daß man über ein Schema verfügt, anhand dessen sich alle Probleme von selbst lösen lassen oder man seine Persönlichkeit über Nacht verändern kann. Sich selbst zu verändern ist die schwierigste Aufgabe, die ein Mensch überhaupt in Angriff nehmen kann. Das bedarf langer und zäher Arbeit.

### *Nur eines ist absolut notwendig*

Nach unendlich vielen Stunden der Vorbereitung darauf, Psychologe und Therapeut zu werden und weiteren unzähligen Stunden des Gesprächs mit Menschen aus allen Lebensbereichen und -situationen, habe ich die Erkenntnis gewonnen, daß man nie genug wissen kann. Nach all der Lektüre von Büchern, der Nutzbarmachung all der Techniken und Methoden und des Gebrauchs der richtigen Worte (wie man hofft) gibt es noch eine Sache von gleichrangiger Bedeutung, ohne die Sie nie wagen sollten, auszukommen. Diese Geheimwaffe wirkt bei allen Geschwisterpositionen gleichermaßen gut. Ohne sie jedoch wird das Zusammenleben – vor allem das in der Familie – ein hoffnungsloses Unterfangen.

Die folgende Geschichte veranschaulicht, welche unentbehrliche Erziehungstechnik ich damit meine. Ich spreche nicht von einer Fertigkeit, die Sie sich in soundso vielen Unterrichtsstunden aneignen können. Ich rede von einer Kunstfertigkeit, die man sich allmählich und oft nur unter Schmerzen erwirbt. Denn gerade in dem Augenblick, wo man glaubt, die Angelegenheit durchschaut zu haben, geschieht etwas, das Sie daran erinnert, wie ursprünglich das Leben ist und wie weit der Weg zum Verstehen noch ist.

In dem Frühjahr, als Holly zehn Jahre alt war, entschloß ich mich eines Tages, eine jener erzieherischen Verfahrensweisen, die ich in meinem gerade beendeten Buch, das »Making Children Mind Without Losing Yours« hieß, so vehement verfochten hatte, für mich selber wieder einmal aufzufrischen. Welche Verfahrensweise ich damit meine? Mit jedem einzelnen Kind allein mehr Zeit zu verbringen. Wenn man eine Unzahl Beratungstermine mit dem Versuch, umherzureisen, in Talk-Shows aufzutreten und für Bücher über bessere Erziehung zu werben, miteinander verknüpfen will, gerät man leicht in die Situation eines Arztes, der dringend eine Dosis seiner eigenen Medizin benötigt.

Ich hatte dabei Holly im Sinn. Sie war auch verfügbar, und so rief ich Sande an, um ihr mitzuteilen, daß ich es wieder einmal an der Zeit fände, mit unserer Ältesten allein einen Abend zu verbringen. Sande war unbedingt dafür.

Ich behielt meinen Plan für mich, bis ich sie abends von ihrem Softball-Spiel abholte. Als sie ins Auto einstieg, fragte ich: »Holly, was hältst du davon, heute abend mit Papa auszugehen?«

Ihre spontane Reaktion war die Frage: »Ohne *sie*?«

»Nur wir beide ganz allein.«

»*Ja, toll!*«

Holly warf ihren Softball-Handschuh auf den Rücksitz, und wir starteten in einen Abend, der dann wirklich großartig wurde. Gegen 22 Uhr bogen wir wieder in unsere Garageneinfahrt ein, zu einer Zeit also, die weit über die Ausgehzeit für eine Zehnjährige an einem Donnerstagabend, dem am nächsten Morgen ein neuer Schultag folgte, hinausging. Als ich den Motor abstellte, richtete Holly eine Frage an mich. Zurückblickend wird mir bewußt, daß es eine äußerst wichtige war. Meine selbstbewußte kleine Erstgeborene hatte den Abend ohne *sie* sehr genossen. Jetzt wollte sie noch ein bißchen Zuckerguß auf ihren Kuchen, einfach nur um des Prinzips willen.

»Papi, machst du mir eine Extra-Freude? Darf ich meinen Schlafsack in euer Zimmer holen und neben deinem Bett auf dem Boden schlafen?«

Als der Welt führender Verfechter der realitätsnahen Erziehung bemerkte ich sofort, daß ich rasch handeln mußte. Denn schließlich weiß ich ja, was für meine Kinder das Beste ist. Schneller als jeder Familientherapeut es sollte, antwortete ich: »Holly, nein. Schau mal, es ist schon spät, und du mußt morgen zur Schule. Ich möchte, daß du jetzt ins Bett gehst – du brauchst einen *ordentlichen Schlaf*.«

Noch ehe mir das »ordentlicher Schlaf« über die Lippen gekommen war, wurde mir bewußt, daß ich gegen eine Grundregel verstoßen hatte, die ich in meinen Beratungen, Seminaren und in meinen Büchern so vehement vertrete.

*Geben Sie niemals eine voreilige Antwort auf die Bitte eines Kindes.* Denken Sie zumindest erst ein paar Augenblicke darüber nach, und geben Sie dann dem Kind eine Antwort, hinter der Verständnis und Logik steckt.

Meine kurzangebundene Antwort war in der Tat von bestechender Logik – im Verständnis eines Erwachsenen: Der folgende Tag *war* ein Schultag, es *war* schon spät, und Holly *brauchte wirklich* ihren Schlaf. Sicher, ich brauchte auch den meinigen, da ich am kommenden Morgen um 5 Uhr aufstehen mußte, um das Flugzeug um 7 Uhr zu erreichen, das mich zu meinem Verlag nach New Jersey bringen sollte, wo ich bei einer Verkaufskonferenz die Weisheit meines neu erscheinenden Buches rühmen wollte.

Auf Holly machte mein väterlicher Ratschlag und seine Weisheit über einen »ordentlichen Schlaf« keinen Eindruck. Sie hatte vor, ordentlich zu schlafen – neben meinem Bett. Ich war wirklich unlogisch, und augenblicklich rannen die Tränen über die Wangen meiner Erstgeborenen.

»Aber Papi, ich will doch nur neben deinem Bett schlafen...« Ich hätte wissen müssen, daß Holly mehr ein durchset-zungsfreudiger Perfektionist war als einer jener sanftmütigen Menschen, die gefallen wollen. Aber ich war müde – es war schon spät, und ich mußte wieder früh auf sein.

»Holly, nein. Der Boden ist hart, du wirst dort nicht gut schlafen. Jetzt komm, wir haben einen tollen Abend miteinan-der verbracht. Verdirb ihn jetzt nicht.«

Für Holly war er allerdings schon verdorben. »Du läßt mich nie *irgend etwas* machen«, jammerte sie, während der wunder-volle Abend vor meinen Augen wie eine Seifenblase zerplatzte.

Ich führte Holly ins Haus und brachte sie zu Bett, wobei sie immerzu schluchzte: »Nie läßt du mich irgend etwas machen, nie läßt du mich irgend etwas machen...«

Da ich mich frustriert, verärgert und schuldig fühlte, alles auf einmal, fand ich, daß ich mich lieber mit Kofferpacken beschäf-tigen sollte, denn morgens um fünf hätte ich dazu bestimmt nicht viel Zeit. Ich hatte Sande gebeten, eine Hose und ein Hemd, die ich im Flugzeug tragen wollte, zu waschen und zu bügeln. Natürlich hatte meine liebevolle Frau die Sachen auch gewaschen und getrocknet. Nur hatte sie, wie ich später be-merkte, ganz vergessen, sie zu bügeln, und war zu Bett gegan-gen.

Stellen Sie sich die Szene einmal bildlich vor: Ich hörte Holly schniefen und schluchzen und dabei immer wieder vor sich hin-murmeln: »Nie läßt du mich irgend etwas machen.« Es ging auf Mitternacht zu. Ich mußte bei Anbruch des Tages das Flugzeug erreichen, und ich stand am Bügelbrett und dachte über alle an-deren Möglichkeiten nach:

1. Irgend etwas anderes anzuziehen (doch dies war meine Lieblingskombination und für den Flug das Bequemste);

2. Sande aufzuwecken und sie zu bitten, es zu tun (keine gute Idee; sie braucht mindestens vierzig Minuten, um wach zu werden, wenn sie einmal eingeschlafen war);

3. es selber zu tun (möglicherweise könnte ich das bei der Verkaufskonferenz anbringen als Illustration dafür, welch ein liebevoller und aufopfernder Vater ich war).

Doch Hollys Heulen und Jammern quälten mich. Sie hörte einfach nicht auf. Es wurde eher noch schlimmer.

*Sie ist wieder einmal ein echter Quälgeist, Leman*, sagte ich zu mir, *es ist an der Zeit, ihr den Teppich unter den Füßen wegzuziehen.*

Innerlich angespannt schritt ich in ihr Zimmer und hielt meine Ansprache. Es war wohl in Wirklichkeit eher polterndes Gebrüll:

»Also, Holly, jetzt hör mir mal gut zu! Ich habe jetzt die Nase voll, verstehst du? Wir haben einen herrlichen Abend miteinander verbracht – herrlich. Aber nun ist es Zeit für dich, im Bett zu sein und zu schlafen. Und willst du wissen, warum ich so wütend bin, Holly? Weil ich gerade bemerkt habe, daß die Sachen, die deine Mutter für mich zurechtgelegt haben sollte, da noch ganz verknautscht herumliegen. *Meine Laune ist nicht besonders gut!*«

Ich krönte meine lautstarken Ausführungen mit der Anweisung, sofort zu Bett zu gehen, und damit *basta!*

Als ich Hollys Zimmer verließ, knallte ich die Tür, daß das ganze Haus erzitterte und alle aufweckte – nun ja, Sande rollte sich wohl auf die andere Seite. Ich ging ins Wohnzimmer und schaltete die Spätnachrichten ein. Dort saß ich dann und versuchte, mich wieder zu fangen. Doch dann stürzten die Schuldgefühle über mich herein. Ich wußte, daß ich im Unrecht war. Ich hatte überreagiert, um es einmal milde auszudrücken. Hollys Gewimmer hatte nachgelassen, doch war mir klar, ich mußte etwas unternehmen, um es wieder in Ordnung zu bringen. Einen Kuß wollte ich ihr geben. Vielleicht schlief sie schon, doch ich mußte ihr unbedingt einen Kuß geben.

Ich riß mich zusammen, und mit einem elenden Gefühl drückte ich Hollys Zimmertür sanft auf.

Holly lag nicht in ihrem Bett.

*Sie hat mir nicht gehorcht. Jetzt kann sie etwas erleben!*

Ich stürmte durch das ganze Haus und suchte Holly. Was hatte ich gerade über den sparsamen Gebrauch von Schlägen geschrieben? Diesmal jedoch hatte ich noch ein paar kräftige

Ohrfeigen übrig. Meine erste Vermutung war, daß sie in unserem Schlafzimmer war. Holly war womöglich zu ihrer Mutter ins Bett geschlüpft oder lag mit ihrem Schlafsack auf dem Fußboden, so wie sie es von vornherein vorgehabt hatte. Doch Holly war nicht in unserem Schlafzimmer. Daher schaute ich in Kevins Zimmer – keine Holly dort. Dann schaute ich in Krissys Zimmer – auch keine Holly. Meine zehnjährige Tochter schien nicht mehr im Haus zu sein, und es war immerhin nach elf Uhr nachts. War sie weggelaufen?

Wann immer mich etwas beunruhigt oder mir Sorgen bereitet, tu ich das, was jeder ausgebildete Therapeut tut, um sich wieder in die Gewalt zu bekommen: Ich marschierte geradewegs zum Kühlschrank, um mir etwas Eßbares herauszuholen. Auf dem Weg zur Küche kam ich an unserem Nähzimmer vorbei, und da erblickte ich Holly. Sie war dabei, eines meiner Hemden zu bügeln.

Ihre ersten Worte waren so etwas von niedlich, wenn man an Erstgeborene und Perfektionismus denkt: »Papi, ich kann wirklich nicht gut bügeln.«

Holly gab ihr Bestes, und sie wandte die altmodische Methode an, das Hemd zu besprengen – mit ihren Tränen.

Ich sagte nur: »Holly, kannst du mir verzeihen?«

Und Holly antwortete: »Ich habe den ganzen Abend verdorben... ich habe den ganzen Abend kaputtgemacht.«

»Nein, Holly, Papi hat alles verdorben. Ich war im Unrecht. Wirst du mir verzeihen?«

Ein Wesensmerkmal von Holly ist, sie liebt es, Dingen Nachdruck zu verleihen: »Ich habe den ganzen Abend verdorben... ich habe den ganzen Abend kaputtgemacht...«

Ich unternahm noch einen Versuch: »Holly, wirst du einmal still sein und Papi sich entschuldigen lassen?«

Holly stellte das Bügeleisen ab, tat zwei Schritte auf mich zu und barg ihren Kopf an meiner Brust. Sie nahm mich in die Arme, drückte mich und hielt mich fest und schluchzte dabei, sie habe mich sehr lieb. Ich tat dasselbe. Einhundertzwanzig Sekunden später lag Holly im Bett und schlief.

Irgendwie gelang es mir, meine Sachen fertigzubügeln. Irgendwie erreichte ich nach nur wenigen Stunden Schlaf am nächsten Morgen mein Flugzeug.

Ich kam in den Verlag und stellte in der Verkaufsabteilung mein neues Buch über Kindererziehung vor. Die Schnitzer, die mir noch Stunden zuvor unterlaufen waren, ließ ich unerwähnt, doch am leichtesten fiel mir der Teil der Präsentation, als ich erklärte:

»Ich glaube, daß wir in den Augen eines Kindes dann wirklich groß erscheinen, wenn wir zu ihm gehen und uns für unsere Fehler entschuldigen, nicht für seine. Für mich steht fest, daß die Worte, ohne die Eltern niemals auskommen werden, lauten: ›Ich war im Unrecht. Verzeihst du mir?‹«

# Quellennachweis

*Geschwisterfolge... ist das so etwas wie Astrologie?*

1. »Using Birth Order and Sibling Dynamics in Career Counseling«, Richard W. Bradley in *The Personnel an Guidance Journal*, September 1982 S. 25. Bradley zitiert aus dem Artikel »Is First Best?« in *Newsweek*, 6. Januar 1969, S. 37.
2. »Motivational and Achievement Differences Among Children of Various Ordinal Birth Positions«, R. L. Adams und B. N. Phillips in *Child Development*, März 1972, S. 157.
3. Walter Toman: *Familienkonstellationen*

*Jeder einzelne lebt in seinem Familienzoo*

1. Dr. James Dobson: *Hide or Seek*, 1974, darin bes. Kapitel 2.
2. Bradford Wilson und George Edington: *First Child, Second Child*, New York 1981, S. 259.
3. Wilson und Edington in *First Child, Second Child*, zufolge bekommt eine Frau von Vierzig drei- bis viermal eher Zwillinge als eine halb so alte Frau! Bevor Frauen Zwillinge bekommen, haben sie normalerweise schon ein Kind vorher geboren. Zwillinge wachsen gewöhnlich mit mindestens einem älteren Geschwister auf, und ihre Eltern sind bei der Geburt meist um die Vierzig (s. S. 262).
4. Psalm 139; 13–16.
5. James H. S. Bossard: *The Large Family System*, Pennsylvania Press 1966, S. 79.
6. Walter Toman: *Familienkonstellationen* a.a.O.
7. Bspw. Römerbrief 1;16.

*Der Erstgeborene: Wer zuerst kommt, mahlt zuerst*

1. Die Geschichte mit Sande und dem halbgaren Lachs ist auch in einem meiner Bücher erwähnt, doch wiederhole ich sie hier mit einigen Ausschmückungen, weil sie uns den nachgiebigen Erstgeborenen so deutlich vor Augen führt, der lieber gefallen möchte, als sich zu beschweren oder zu beklagen.
2. Schöpfungsgeschichte 4;3–8.
3. »What Scholars, Strippers and Congressmen Share«, Studie von Richard Zweigenhaft, berichtet von Jack Horn in *Psychology Today* Mai, 1976, S. 34.

*Der einsame einzige*

1. »Does the Only Child Grow Up Miserable?« v. Toni Falbo in *Psychology Today*, Mai 1976, S. 60.
2. Alfred Adler: *Menschenkenntnis*, Frankfurt 1981, S. 143.
3. Lucille K. Forer, Ph. D., und Henry Still, *The Birth Order Factor*, 1976, S. 9, 10.
4. Forer, a.a.O. S. 255.

*Ein Rezept für deprimierte Perfektionisten*

1. B. Wilson u. G. Edington, a.a.O., S. 29.
2. Übernommen von Dr. David Stoop, *Self-Talk: Key to Personal Growth*, New Jersey 1982, S. 120.

### Spätgeborene, und was sie antreibt

1. Wilson u. Edington, a.a.O., S. 92.
2. Dieses Zitat steht bei Edith G. Neisser: *Brothers and Sisters*, New York 1951, S. 154, aus: *The Middle Moffat*, von Eleanor Estes.
3. Wilson u. Edington, a.a.O., S. 95.
4. Wilson u. Edington, a.a.O., S. 99.
5. Wilson u. Edington, a.a.O., S. 99.
6. Wilson u. Edington, a.a.O., S. 102.
7. Wilson u. Edington, a.a.O., S. 104.
8. Wilson u. Edington, a.a.O., S. 103.
9. »Birth Order and Relationship«, Pam Hait in *Sunday Woman*, 12. September 1982, S. 4.

### Der Jüngste

1. Wilson u. Edington, a.a.O., S. 108.
2. »A Lastborn Speaks Out – At Last« Mopsy Strange Kennedy, *Newsweek*, 7. November 1977, S. 22.
3. Wilson u. Edington, a.a.O., S. 108.
4. Siehe auch mein Buch: *Parenthood Without Hassles*, S. 12.
5. *Parenthood*... a.a.O., S. 12.
6. Matthäus 18;21,22.
7. Wilson u. Edington, a.a.O., S. 109, 110.

### Ehen werden nicht im Himmel geschlossen

1. Walter Toman, *Familienkonstellationen*, a.a.O.

*Ich gelte nur etwas, wenn ich...*

1. Alfred Adler, Menschenkenntnis, Frankfurt 1981, S. 192.
2. Adler, Menschenkenntnis, a.a.O.


*Weshalb realitätsnahe Erziehung auf jedes Kind anwendbar ist*

1. Siehe: K. Leman: *Making Children Mind Without Losing Yours*, New Jersey 1984, S. 11.
2. Leman, a.a.O., S. 27.
3. Leman, a.a.O., S. 27, 28.
4. Leman, a.a.O., S. 109.
5. Leman, a.a.O., S. 88, 89.
6. Leman, a.a.O., S. 115, 116.


### Die Erziehung des Perfektionisten

1. Lukas 15; 11–32.


### Die Erziehung in einer Zwei-Kinder-Familie

1. Schöpfungsgeschichte 25; 19–34; 27; 1–40.


### Die Erziehung des Letztgeborenen

1. Wilson u. Edington, a.a.O., S. 110.
2. Edith G. Neisser, *Brothers and Sisters*, a.a.O., S. 165, 166.

# Register

# DIE SELBSTBEWUSSTE FRAU

**ANNE DICKSON**

## frau sein

Selbstfindung
Selbstvertrauen
Selbstbewußtsein

10956

**ANNE DICKSON**

## Die Harmonie der Innenwelt

Die neue Sexualität
der Frau

10996

**GOLDMANN**

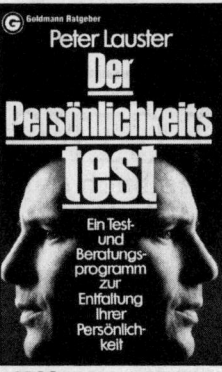

# ALTERNATIV LEBEN

GOLDMANN

Pierre Derlon
## Die geheime Heilkunst der Zigeuner
Die Kraft der Pflanzen, Wurzeln, Erden

**10303**

GOLDMANN

Trees Laridon / Willy Maes
## Makrobiotisch Kochen
Gesunde Ernährung verlängert das Leben

**10301**

GOLDMANN

MARIANN KJELLRUP
## Bewußt mit dem Körper leben
Eutonie: Durch Spannungsabbau zu Harmonie und Wohlbefinden

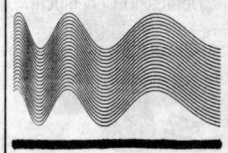

**10304**

GOLDMANN

PETER SCHWIND
## Alles im Lot
Körperliches und seelisches Gleichgewicht durch ROLFING

**10302**

GOLDMANN

Christopher Markert
## I GING
Das Buch der Wandlungen

**10300**

GOLDMANN

Hiltrud Lodes
## Atme richtig
Der Schlüssel zu Gesundheit und Ausgeglichenheit

**10305**

# GOLDMANN

# NATÜRLICHE HEILMETHODEN UND BIORHYTHMIK

10932

10943

10761

10988

10306

Renzo Corcos
Das große Rezeptbuch
der Heilkräuter für
Gesundheit
und Schönheit
10766

Tokujiro Namikoshi
Shiatsu
10765

**GOLDMANN**

# ASTROLOGIE
## IM GOLDMANN TASCHENBUCH

10965

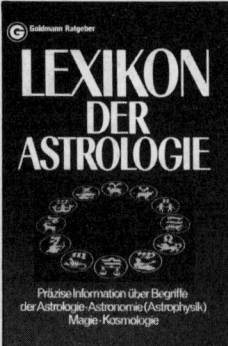

10925

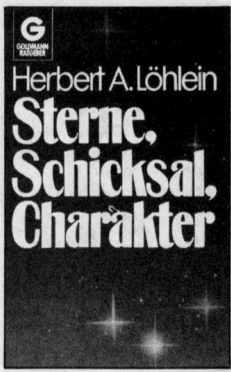

10921

10953

10915

10517

**GOLDMANN**

# GUTER RAT
# VON GOLDMANN

**10803**

**10549**

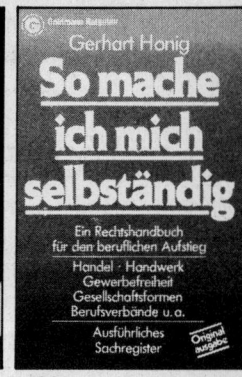

**10835**

**10969**

**10970**

**10519**

# GOLDMANN